Die Ablehnung von Schiedsrichtern bei gleichzeitiger Sicherung betrieblicher Geheimnisse mittels einstweiliger Verfügung

Europäische Hochschulschriften

European University Studies
Publications Universitaires Européennes

Reihe II	**Rechtswissenschaft**
Series II	Law
Série II	Droit

Band/Volume **5584**

Andreas Seegers

Die Ablehnung von Schiedsrichtern bei gleichzeitiger Sicherung betrieblicher Geheimnisse mittels einstweiliger Verfügung

Eine praktische Auseinandersetzung unter besonderer Berücksichtigung unvollständiger Schiedsvereinbarungen

PL ACADEMIC RESEARCH

Bibliografische Information der Deutschen Nationalbibliothek
Die Deutsche Nationalbibliothek verzeichnet diese Publikation in der Deutschen Nationalbibliografie; detaillierte bibliografische Daten sind im Internet über http://dnb.d-nb.de abrufbar.

Zugl.: Hamburg, Bucerius Law School, Diss., 2013

H 360
ISSN 0531-7312
ISBN 978-3-631-65084-4 (Print)
E-ISBN 978-3-653-04261-0 (E-Book)
DOI 10.3726/978-3-653-04261-0

PL Academic Research ist ein Imprint der Peter Lang GmbH.
Peter Lang – Frankfurt am Main · Bern · Bruxelles · New York · Oxford · Warszawa · Wien

Dieses Buch wurde vor Erscheinen peer reviewed.

www.peterlang.com

Meinen Eltern

Vorwort

Die Bucerius Law School – Hochschule für Rechtswissenschaft – hat die vorliegende Arbeit am 23.09.2013 als Dissertation angenommen. Die mündliche Prüfung fand am 20. November 2013 statt.

Endlich ist nun der Zeitpunkt gekommen, an dieser Stelle einigen Personen zu danken, die mich bei der Arbeit an dieser Dissertationsschrift unterstützt haben und ohne die ein Abschluss nicht denkbar gewesen wäre.

Zunächst gilt ein besonderer Dank meinem Doktorvater, Herrn Prof. Dr. Matthias Jacobs, für die Betreuung dieser Arbeit und die Erstellung des Erstgutachtens. Herr Professor Jacobs stand mir mit wertvoller Kritik und Anregung zur Seite. Herrn Prof. Dr. Karsten Thorn danke ich für das Interesse an der Arbeit und die Erstellung des Zweitgutachtens.

Ebenfalls möchte ich die Gelegenheit nutzen und dem Max-Planck-Institut für ausländisches und internationales Privatrecht Hamburg sowie seinen Mitarbeitern meinen Dank aussprechen. Ich durfte dort unter hervorragenden Bedingungen forschen und habe von den vielfältigen Einflüssen meiner dortigen Mitstreiter schwer profitiert. Den Universitäten Münster und Hamburg danke ich ebenfalls für die über Gebühr in Anspruch genommenen Möglichkeiten, dort meine Arbeit zu vervollständigen.

Meine Freunde Dr. Dirk Zuhorn, Dr. Kristian Klosterkemper und Dr. Sebastian Deichgräber haben mir während dieser Zeit in unterschiedlichster Weise ihre Hilfe angeboten und geleistet. Sie zählen darüber hinaus zu denjenigen, die mit ihrer Unternehmungslust immer wieder für die nötige Abwechslung gesorgt haben. Dafür danke ich Euch sehr!

Zutiefst dankbar bin ich Frau Dorothea Unkrüer. Sie hat mich durch alle Hochs und Tiefs begleitet, Korrektur gelesen und durch ihre unermüdliche Lebensfreude entscheidend zum Entstehen dieser Arbeit beigetragen.

Der innigste Dank gilt schließlich meiner Familie, insbesondere meinen Eltern Brigitte und Christian Seegers. Um es mit wenigen Worten zu sagen: Ihr seid großartig, in jeder Lebenslage. Euch ist diese Arbeit gewidmet.

Hamburg, im Februar 2014
Andreas Seegers

Inhaltsverzeichnis

Literaturverzeichnis XV

Zum Gegenstand der Arbeit und Gang der Untersuchung 1

Teil 1: Einleitung und Grundzüge der Schiedsgerichtsbarkeit 5
I. Begriff und Rechtsnatur der Schiedsgerichtsbarkeit 5
II. Art der Schiedsgerichtsbarkeit 8
1. Das Institutionelle Schiedsgericht 8
2. Das ad hoc-Schiedsgericht 9
III. Häufig genannte Vorteile der Schiedsgerichtsbarkeit 9
1. Keine Beteiligung der Öffentlichkeit 10
2. Freie Schiedsrichterwahl 11
3. Verfahrensdauer 11
IV. Ausgangs- und Interessenlage: Bestellung von Schiedsrichtern und Konstituierung des Schiedsgerichts 12
1. Definition Konkurrent 12
2. Beispiel einer Konkurrentensituation 13
3. Die Bestellung der Schiedsrichter 13
a) Gebot überparteilicher Rechtspflege bei der Besetzung des Schiedsgerichts 13
b) Praktische Notwendigkeiten bei der Ernennung und grundsätzliche Zulässigkeit von Konkurrenten als Schiedsrichter 14
c) Bestellungsverfahren von Schiedsrichtern und Kenntniserlangung vom Streitgegenstand 16
d) Beispiel einer Schiedsrichterbestellung bei gleichzeitiger Preisgabe erster Geschäftsgeheimnisse 17
e) Konstituierung des Schiedsgerichts 17
V. Zwischenergebnis 18

Teil 2: Ablehnung eines Schiedsrichters 21
I. Ablehnung des Schiedsrichters gem. §§ 1036, 1037 ZPO 21
1. Verfahren der Schiedsrichterablehnung 22
2. Besetzung des Schiedsgerichts bei Entscheidung gemäß § 1037 II 2 ZPO 24

3. Entscheidung über die Schiedsrichterablehnung gemäß § 1037 ZPO ohne Mitwirkung des abgelehnten Schiedsrichters bzw. des Schiedsgerichts 27
a) Vereinbartes Verfahren nach § 1037 I ZPO 27
aa) Verfahren der Ablehnungsentscheidung gemäß § 1037 I ZPO 28
bb) Unmittelbare Entscheidung des staatlichen Gerichts 28
(1) Abdindbarkeit des Vorschaltverfahren gemäß § 1037 II 2 ZPO 29
(2) Unabdingbarkeit des Vorschaltverfahrens gemäß § 1037 II 2 ZPO 30
(3) Streitentscheidung zu Gunsten der Abdingbarkeit 31
cc) Herausforderungen bei der Erstellung von Schiedsklauseln zum Schutz von Geschäftsgeheimnissen gemäß § 1037 I ZPO 32
(1) Beispiel einer Klausel zur Enthaltung des abgelehnten Schiedsrichters bei der Entscheidung über seine Ablehnung 32
(2) Auswirkungen dieser Klausel 33
b) Unmittelbare gerichtliche Entscheidung im gesetzlichen Verfahren nach § 1037 II 2 ZPO 34
aa) Einzelschiedsrichter: 34
bb) Zwei- und Drei-Personen-Schiedsgerichte 35
(1) Potentielles Stimmverhalten 36
(2) Unmittelbare Entscheidung aus rechtsstaatlichen Gründen 37
c) Fortsetzung des Schiedsgerichts gemäß § 1037 III 2 ZPO 38
4. Kontakt zwischen Partei und Schiedsrichter im Laufe des Verfahrens 40
5. Zwischenergebnis 44
6. Hintergrund des Verfahrens gem. § 1037 II 2 ZPO und Entstehungsgeschichte des deutschen Schiedsrechts seit 1998 46
a) UNCITRAL-Modellgesetz 46
b) Umsetzung ins deutsche Recht zum 1.1.1998 47
c) Auswirkungen auf das Ablehnungsverfahren 49
d) Verfassungsrechtliche Konformität des § 1037 II 2 ZPO 51
aa) Formeller Gehalt des Art. 101 I 2 GG 51
bb) Materieller Gehalt des Art. 101 I 2 GG 52
cc) Freiwilliger Verzicht der Parteien 54

II. Ablehnung des Schiedsrichters über § 1038 ZPO 55
1. Anwendbarkeit von § 1038 ZPO und Abgrenzung zu §§ 1036, 1037 ZPO 56
a) Abgrenzung über § 1037 III 2 ZPO 56
b) Abgrenzung über objektive und subjektive Hinderungsgründe 57
aa) Beispiel zur Neutralitätsproblematik 58
bb) Auswirkungen auf die Abgrenzung der Ablehnungsverfahren 58
2. Materielle Voraussetzungen des § 1038 I 1 ZPO 59
3. Zwischenergebnis und weitergehende Anforderungen an die Schiedsrichterablehnung gemäß § 1038 ZPO 61
III. Die Maßnahmen gemäß § 1035 IV ZPO und § 1032 II ZPO 62
1. Unwirksamkeit der Bestellung des Schiedsrichters gemäß § 1035 IV ZPO 63
2. Unzulässigkeit des Schiedsverfahrens in einer bestimmten Zusammensetzung gemäß § 1032 II ZPO 64
3. Gemeinsame Vorteile der Maßnahmen gemäß §§ 1035 IV und 1032 II ZPO 65
IV. Ergebnis Ablehnungsverfahren 66

Teil 3: Zulässigkeit und Begründetheit einer einstweiligen Verfügung zur Bewahrung der Integrität der Geschäftsgeheimnisse 69
I. Grundlegendes zur einstweiligen Verfügung 70
1. Funktion und Grundlage des einstweiligen Rechtsschutzes 70
a) Sicherung des Gläubigers vor Nachteilen durch Zeitablauf 72
b) Schutz des Gläubigers vor Vereitelungsmaßnahmen des Schuldners 73
c) Zwischenergebnis zur Funktion des einstweiligen Rechtsschutzes 74
2. Praktische Relevanz des einstweiligen Rechtsschutzes 74
3. Abgrenzung zwischen Arrest und einstweiliger Verfügung 77
4. Darstellung der relevanten Maßnahmen der einstweiligen Verfügung 78
II. Adressat und Inhalt der einstweiligen Verfügung 81
III. Zwischenergebnis: Rechtsschutzziel des Antragstellers und einschlägige einstweilige Verfügung 83
IV. Einzelheiten zu Leistungs- oder Befriedigungsverfügungen und insbesondere Unterlassungsverfügungen 84
1. Entwicklung der Leistungs- oder Befriedigungsverfügung 84
2. Die Unterlassungsverfügung 88

3. Die Vorwegnahme der Hauptsache 92
a) Herleitung des Verbots der Vorwegnahme der Hauptsache 92
b) Notwendigkeit der Vorwegnahme der Hauptsache 94
c) Rechtfertigung der Vorwegnahme der Hauptsache: Effektivität und Ausgewogenheit des Rechtsschutzes 95
V. Zuständigkeit für den Erlass der einstweiligen Verfügung 98
1. Einstweilige Verfügung durch das Schiedsgericht 99
a) Rechtslage zur Zuständigkeit des Schiedsgerichts bis 31.12.1997 99
b) Rechtslage zur Zuständigkeit des Schiedsgerichts ab 1.1.1998 102
2. Einstweilige Verfügung durch das staatliche Gericht im Rahmen des Schiedsverfahrens 105
3. Ausschluss der Zuständigkeit des staatlichen Gerichts 108
a) Art. 9 UNCITRAL-Modellgesetz 110
b) § 1033 ZPO 111
c) Umsetzung des Art. 9 UNCITRAL-Modellgesetz im Ausland 111
d) Zeitliche Einordnung des Meinungsstands zur Ausschlussvereinbarung 113
e) Zeitpunkt vor Konstituierung des Schiedsgerichts 114
f) Meinungsstand zur Ausschlussvereinbarung nach Konstituierung des Schiedsgerichts 114
aa) Vorrang des effektiven Rechtsschutzes durch Unabdingbarkeit der Zuständigkeit des staatlichen Gerichts 114
bb) Vorrang der Parteivereinbarung 117
cc) Zwischenergebnis: Entscheidung zugunsten des maßgeblichen Parteiwillens 120
4. Ergebnis zur Zuständigkeit für die einstweilige Verfügung bei unvollständigen Schiedsvereinbarungen 123
VI. Vereinbarkeit der einstweiligen Verfügung am Maßstab des § 1026 ZPO 125
1. *LG Hamburg*, Beschluss vom 8. August 2006 128
2. *HansOLG Hamburg*, Beschluss vom 23. Februar 2007 129
VII. Begründetheit der einstweiligen Verfügung und deren Vereinbarkeit mit dem Schiedsgerichtsverfahren 129
1. Verfügungsgrund 130
2. Verfügungsanspruch 131
a) Entscheidung des *LG Hamburg* vom 8. August 2006 133
b) Entscheidung des *HansOLG Hamburg* vom 23. Februar 2007 133

Teil 4: Bestellung bzw. Ablehnung eines Konkurrenten als Schiedsrichter 135
I. Besetzung des Schiedsgerichts bei einer Auseinandersetzung unter den Gesellschaftern über interne Angelegenheiten der Gesellschaft 136
1. Einschränkung des Wahlrechts durch den Schiedsvertrag 136
2. Pflichten aus der gesellschaftsrechtlichen Treuepflicht 138
a) Pflicht zur Verschwiegenheit 139
b) Grenzen der Verschwiegenheitspflicht des Gesellschafters 141
3. Auslegung der Schiedsvereinbarung im Licht der gesellschafterlichen Treuepflicht und abschließende Beurteilung der Bestellung eines Konkurrenten zum Schiedsrichter 142
a) Sachkompetenz des Schiedsrichters 143
b) Schweigepflicht und Unteilbarkeit des Schiedsrichters 144
c) Entscheidung des HansOLG Hamburg 147
aa) HansOLG Hamburg, Beschluss vom 23. Februar 2007, AZ 11 W 111/06; 329 O 222/06: 147
bb) HansOLG, 14. Senat, 10. Juli 2006, AZ: 14 Sch 2/06: 147
4. Ergebnis 148
II. Undurchführbarkeit des Schiedsverfahrens gemäß § 1032 ZPO: 149

Teil 5: Endergebnis in Thesen, Entwurf einer Schiedsvereinbarung und Ausblick 151
I. Ergebnis in Thesen 151
II. Entwurf einer Schiedsvereinbarung 155
III. Ausblick 155

Literaturverzeichnis

Aden, Menno	Der einstweilige Rechtsschutz im Schiedsgerichtsverfahren Der Betriebsberater 1985, Seiten 2277–2282 Zit.: Aden, BB 1985, S…
Ahrens, Hans-Jürgen	Der Wettbewerbsprozess 6., völlig neu bearbeitete und erweiterte Auflage, Köln 2009 Zit.: Ahrens/Bearbeiter, Kap…, Rn…
Ahrens, Hans-Jürgen	Wettbewerbsverfahrensrecht Köln, 1983 Zit.: Ahrens, Wettbewerbsverfahrensrecht, S…
Albers, Stephan	Der parteibestellte Schiedsrichter im schiedsgerichtlichen Verfahren der ZPO und das Gebot überparteilicher Rechtspflege Dissertation an der WWU Münster, Frankfurt am Main, 1995 Zit.: Albers, S…
Bamberger, Heinz Georg/**R**oth, Herbert	Kommentar zum Bürgerlichen Gesetzbuch Band 2: §§ 611–1296 2. Auflage, München 2008 Zit.: Bamberger/Roth/Bearbeiter, §…, Rn…
Bärmann, Johannes	Schiedsfähigkeit Festschrift für Friedrich Weber zum 70. Geburtstag, Seiten 1–22 Berlin, 1975 Zit.: Bärmann, FS Weber, S…
Bandel, Stefan	Einstweiliger Rechtsschutz im Schiedsverfahren Dissertation an der Universität München, 2000 Zit.: Bandel, Einstweiliger Rechtsschutz im Schiedsverfahren, S…

Baumbach, Adolf/**L**auterbach, Wolfgang/**A**lbers, Jan/**H**artmann, Peter
Zivilprozessordnung mit Gerichtsverfassungsgesetz und anderen Nebenge-setzen
70., völlig neubearbeitete Auflage, München 2012
Zit.: Baumbach/Lauterbach/Hartmann, §..., Rn...

Baur, Fritz
Arrest und einstweilige Verfügung in ihrem heutigen Anwendungsbereich
Der Betriebsberater 1964, Seiten 607–615
Zit.: Baur, BB 1964, S...

Baur, Fritz
Betriebsjustiz
Juristenzeitung 1965, Seiten 163–167
Zit.: Baur, JZ 1965, S...

Baur, Fritz
Neuere Probleme der privaten Schiedsgerichtsbarkeit
Berlin, 1980
Zit.: Baur, Neuere Probleme der privaten Schiedsgerichtsbarkeit, S...

Baur, Fritz
Studien zum einstweiligen Rechtsschutz
Tübingen, 1967
Zit.: Baur, Studien zum einstweiligen Rechtsschutz, S...

Baur, Fritz/**S**türner, Rolf/**B**runs, Alexander
Zwangsvollstreckungsrecht
13., neu bearbeitete Auflage, Heidelberg 2006
Zit.: Baur/Stürner/Bruns, Rn...

Baur, Hansjörg
Verfahrens- und materiell-rechtliche Probleme des allgemeinen Unterlas-sungsanspruchs des Betriebrats bei betriebsverfassungswidrigen Maßnah-men des Arbeitgebers
Zeitschrift für Arbeitsrecht 1997, Seiten 445–504
Zit.: Baur, ZFA 1997, S...

Benda, Ernst/**W**eber, Albrecht
Der Einfluss der Verfassung im Prozessrecht
Zeitschrift für Zivilprozess 1983, 96. Band, Seiten 285–306
Zit.: Benda/Weber, ZZP 96, S...

Berger, Christian	Einstweiliger Rechtsschutz im Zivilrecht Leipzig, 2005 Zit.: Berger, Einstweiliger Rechtsschutz im Zivilrecht, S…
Berger, Klaus Peter	Das neue Recht der Schiedsgerichtsbarkeit RWS-Dokumentation 21, 1998 Zit.: Berger, Das neue Recht, S…
Berger, Klaus Peter	Internationale Wirtschaftsschiedsgerichtsbarkeit Berlin, 1992 Zit.: Berger, Internationale Wirtschaftsschiedsgerichtsbarkeit, S…
Blankenburg, Erhard/**L**eipold, Dieter	Summarischer Rechtsschutz als Alternative zum Normalverfahren? Neue Methoden im Zivilverfahren, Seiten 109–123 Bundesanzeiger, Köln 1991 Zit.: Blankenburg/Leipold, S…
Blomeyer, Karl	Arrest und einstweilige Verfügung Zeitschrift für Zivilprozess, 65. Band 1952, Seiten 52–66 Zit.: Blomeyer, ZZP 65, S…
Böckstiegel, Karl-Heinz	Schiedsgerichte und staatliche Gerichte Recht der internationalen Wirtschaft, Außenwirtschaftsdienst des Betriebs-Beraters, 25. Jahrgang 1979, Seiten 161–166 Zit.: Böckstiegel, RIW/AWD 1979, S…
Böckstiegel, Karl-Heinz	Practices of Various Arbitral Tribunals International Council For Arbitration Congress Series No. 5, Deventer, 1991 Zit.: Böckstiegel, „Practice of Various Arbitral Tribunals“, in: van den Berg (Hrsg.), ICCA Congress series No. 5, S. 132

Bösch, Axel
Provisional Remedies in International Commercial Arbitration
Berlin, 1994
Zit.: Bösch, Provisional Remedies in International Commercial
Arbitration, S…

Bösch, Axel
Einstweiliger Rechtsschutz in der internationalen Handelsschiedsgerichts-barkeit
Dissertation an der Universität Hannover, Frankfurt 1989 Zit.: Bösch, Einstweiliger Rechtsschutz in der internationalen Handels-schiedsgerichtsbarkeit, S…

Briner, Robert
Reflections on the Duration of Arbitral Proceedings
Festschrift für Otto Sandrock zum 70. Geburtstag, Seiten 137–148
Zit.: Briner, FS Sandrock, S…

Brinkmann, Gisbert
Schiedsgerichtsbarkeit und Maßnahmen des einstweiligen Rechtsschutzes
Dissertation an der Universität Tübingen, 1977
Zit.: Brinkmann, S…

Brox, Hans/**W**alker, Wolf-D.
Zwangsvollstreckungsrecht
9., neu bearbeitete Auflage, Köln 2011
Zit.: Brox/Walker, Zwangsvollstreckungsrecht, Rn…

Calavros, Constantin
Das UNCITRAL-Modellgesetz über die internationale Handelsschiedsge-richtsbarkeit
Bielefeld, 1999
Zit.: Calavros, S…

Compensis, Ulrike
Die einstweilige Verfügung auf Unterhaltsleistung
Dissertation an der Universität Erlangen-Nürnberg, 1991
Zit.: Compensis, Die einstweilige Verfügung auf Unterhaltsleistung, S…

Damm, Reinhard — Einstweiliger Rechtsschutz im Gesellschaftsrecht
Zeitschrift für das gesamte Handelsrecht und Wirtschaftsrecht 1990, Seiten 413–442
Zit.: Damm, ZHR 1990, S…

Dreier, Horst — Grundgesetz Kommentar
Band I, Artikel 1–19
2. Auflage, Tübingen 2004
Zit.: Dreier/Bearbeiter, Art…, Rn…

Dreier, Horst — Grundgesetz Kommentar
Band III, Artikel 83–146
2. Auflage, Tübingen 2008
Zit.: Dreier/Bearbeiter, Art…, Rn…

Dunkl, Hans/**M**oeller, Dieter/**B**aur, Hansjörg/**F**eldmeier, Georg — Handbuch des vorläufigen Rechtsschutzes
3., überarbeitete Auflage, München 1999
Zit.: Dunkl/Moeller/Baur/Feldmeier, A-N, Rn…

Dütz, Wilhelm — Vorläufiger Rechtsschutz im Arbeitskampf
Der Betriebsberater 1980, Seiten 533–543
Zit.: Dütz, BB 1980, S…

Ebbing, Frank — Private Zivilgerichte – Möglichkeiten und Grenzen privater (schiedsgericht-licher) Zivilrechtsprechung
Habilitationsschrift an der Universität Bayreuth 2003
Zit.: Ebbing, Private Zivilgerichte, S…

Engelschall, Manfred — Änderung der Verfahrensvorschriften bei Erwirkung einstweiliger Verfügung?
Gewerblicher Rechtsschutz und Urheberrecht 1972, Seiten 103–105
Zit.: Engelschall, GRUR 1972, S…

Erman — Kommentar zum Bürgerlichen Gesetzbuch
Band I: §§ 1–758
13., neu bearbeitete Auflage, Köln 2011
Zit.: Erman/Bearbeiter, §…, Rn…

Erman, Walter

Eilmaßnahmen aus §§ 117, 127 HGB und Schiedsvertrag
Festschrift für Philipp Möhring zum 65. Geburtstag, Seiten 3–21
München, 1965
Zit.: Erman, FS Möhring, S…

Fawzy, Oliver M.

Kein einstweiliger Rechtsschutz im Vorfeld von Gesellschafterbeschlüssen?
Anmerkung zu LG Dortmund, Beschl. vom 29.07.2008, Az: 1 O 166/08
Verbraucher und Recht 2008, Seiten 431–432
Zit.: Fawzy, VuR 2008, S…

Flume, Werner

Allgemeiner Teil des Bürgerlichen Rechts
Zweiter Band: Das Rechtsgeschäft
Zweite, überarbeitete Auflage, Berlin 1975
Zit.: Flume, AT II, §… (S…)

Franzen, Franz

„Parteischiedsrichter“ – ein vermeidbarer Mangel der Praxis
Neue Juristische Wochenschrift 1986, Seiten 299–302
Zit.: Franzen, NJW 1986, S…

Gaul, Hans Friedhelm

Zur Frage nach dem Zweck des Zivilprozesses
Archiv für die civilistische Praxis 1968, 168. Band, Seiten 27–62
Zit.: Gaul, AcP 168, S…

Gießler, Hans/Soyka, Jürgen

Vorläufiger Rechtsschutz in Ehe, Familien- und Kindschaftssachen
4., völlig überarbeitete Auflage, München 2005
Zit.: Gießler/Soyka, Vorläufiger Rechtsschutz, Rn…

Granzow, Joachim H.

Das UNCITRAL-Modellgesetz über die internationale
Handelsschiedsgerichtsbarkeit von 1985
Dissertationsschrift an der Universität Hamburg, München, 1988
Zit.: Granzow, S…

Grunsky, Wolfgang

Grundlagen des Verfahrensrechts
2. neubearbeitete Auflage, Bielefeld 1974
Zit.: Grunsky, Grundlagen des Verfahrensrechts, §..., S...

Grunsky, Wolfgang

Grundlagen des einstweiligen Rechtsschutzes
Juristische Schulung 1976, Seiten 277–287
Zit.: Grunsky, JuS 1976, S...

Habscheid, Walther J.

Das Problem der Unabhängigkeit der Schiedsgerichte Neue
Juristische Wochenschrift 1962, Seiten 5–12
Zit.: Habscheid, NJW 1962, S...

Habscheid, Walther J.

Das neue Recht der Schiedsgerichtsbarkeit
Juristenzeitung 1998, Seiten 445–450
Zit.: Habscheid, JZ 1998, S...

Habscheid, Walther J.

Einstweiliger Rechtsschutz durch Schiedsgerichte nach dem schweizeri-schen Gesetz über das Internationale Privatrecht (IPRG)
Praxis des Internationalen Privat- und Verfahrensrechts 1989, Seiten 134–136
Zit.: Habscheid, IPrax 1989, S...

Hausmaninger, Christian

Die einstweilige Verfügung im schiedsgerichtlichen Verfahren
Dissertation an der Universität Wien, 1989
Zit.: Hausmaninger, S...

Heinze, Meinhard

Einstweiliger Rechtsschutz in aktienrechtlichen Anfechtungs- und Nichtig-keitsverfahren
Zeitschrift für Unternehmens- und Gesellschaftsrecht 1979, Seiten 293–333
Zit.: Heinze, ZGR 1979, S...

Heinze, Meinhard

Die Leistungsverfügung
50 Jahre Bundesgerichtshof – Festgabe aus der Wissenschaft
Band III, München 2000
Zit.: Heinze, Festg. für BGH III., S...

Henn, Günter	Schiedsverfahrensrecht 3., völlig neu bearbeitete Auflage, Heidelberg 2000 Zit.: Henn, Schiedsverfahrensrecht, Rn…
Herber, Rolf	Zur Ablehnung eines Schiedsrichters wegen der Besorgnis der Befangenheit Transportrecht 2003, Seiten 207–209 Zit.: Herber, TranspR 2003, S…
Herdegen, Matthias	Einstweiliger Rechtsschutz durch Schiedsgerichte in rechtsvergleichender Betrachtung Recht der Internationalen Wirtschaft, Außenwirtschaftsdienst des Betriebs-Beraters, 27. Jahrgang 1981, Seiten 304–305 Zit.: Herdegen, RIW/AWD 1981, S…
Hetzer, Wolfgang	Vorläufiger Rechtsschutz gegen Aufrechnung durch Finanzbehörden Der Betriebs-Berater 1985, Seiten 2315–2319 Zit.: Hetzer, BB 1985, S…
Hobbeling, Walther	Die Rechtstypen der zivilprozessualen einstweiligen Verfügung Dissertation an der Universität Münster, 1974 Zit.: Hobbeling, Die Rechtstypen der zivilprozessualen einstweiligen Verfügung, S…
Holtzmann, Howard M./ **N**euhaus, Joseph E.	A Guide To The UNCITRAL Model Law On International Commercial Arbitration – Legislative History and Commentary, Boston 1989 Zit.: Holtzmann/Neuhaus, S…
Hopt, Klaus J./**W**iedemann, Herbert	Aktiengesetz Großkommentar 4. neubearbeitete Auflage, Berlin 2008 Zit.: Großkommentar AktG/Bearbeiter, §…, Rn…
Hußlein-**S**tich, Gabriele	Das UNCITRAL-Modellgesetz über die internationale Handelsschiedsge-richtsbarkeit Köln, 1990 Zit.: Hußlein-Stich, S…

Hüffer, Uwe
Kommentar zum Aktiengesetz
9., neubearbeitete Auflage, München 2010
Zit.: Hüffer, AktG, §…, Rn…

Jarass, Hans D./**P**ieroth, Bodo
Grundgesetz für die Bundesrepublik Deutschland Kommentar
11. Auflage, München 2010
Zit.: Jarass/Pieroth/Bearbeiter, Art…, Rn…

Jauernig, Othmar
Der zulässige Inhalt einstweiliger Verfügungen
Zeitschrift für Zivilprozess, 79. Band 1966, Seiten 321–347
Zit.: Jauernig, ZZP 79, S…

Jauernig, Othmar
Materielles Recht und Prozessrecht
Juristische Schulung 1971, Seiten 329–337
Zit.: Jauernig, JuS 1971, S…

Jeong-**H**a, Sunju
Einstweilige Maßnahmen in der Schiedsgerichtsbarkeit
Dissertation an der Universität Köln, 1990
Zit.: Jeong-Ha, S…

Kargados, Panagiotis
Zur Verfassungsmäßigkeit von Verboten einstweiligen Rechtsschutzes, inklusive eines generellen Ausschlusses der Hauptsachevorwegnahme
Festschrift für Hans Friedhelm Gaul zum 70. Geburtstag, Seiten 265–276
Bielefeld, 1997
Zit.: Kargados, FS Gaul, S…

Karpen, Ulrich
Der einstweilige Rechtsschutz im Verfassungsprozess
Juristische Schulung 1984, Seiten 455–462
Zit.: Karpen, JuS 1984, S…

Kissel, Otto Rudolf/**M**ayer, Herbert
Gerichtsverfassungsgesetz Kommentar
5., neubearbeitete Auflage, München 2008
Zit.: Kissel/Mayer, §…GVG, Rn…

Klaka, Rainer
Die einstweilige Verfügung in der Praxis
Gewerblicher Rechtsschutz und Urheberrecht 1979, Seiten 593–602
Zit.: Klaka, GRUR 1979, S…

Kölner **K**ommentar zum **A**ktiengesetz
Band 2, Teilband 1 – §§ 76–94 AktG und Mitbestimmung im Aufsichtsrat
3. Auflage, München 2009
Zit.: KölnerKommAktG/Mertens, §…, Rn…

Kohl, Berthold Johannes
Vorläufiger Rechtsschutz in internationalen Handelsschiedsverfahren Dissertation an der Universität Trier, 1990
Zit.: Kohl, Vorläufiger Rechtsschutz in internationalen Handelsschiedsverfahren, S…

Kohler, Klaus
Die moderne Praxis des Schiedsgerichtswesens in der Wirtschaft
Berlin, 1967
Zit.: Kohler, S…

Kornblum, Udo
Zur Übernahme des UNCITRAL-Modellgesetzes über die internationale Handelsschiedsgerichtsbarkeit in das deutsche Schiedsverfahrensrecht
Jahrbuch für die Praxis der Schiedsgerichtsbarkeit, Band 1 (1987), Seiten 34–46
Zit.: Kornblum, JbPrSch 1, S…

Kornblum, Udo
Probleme der schiedsrichterlichen Unabhängigkeit
Habilitationsschrift an der Universität Frankfurt, 1967
Zit.: Kornblum, Probleme der schiedsrichterlichen Unabhängigkeit, S…

Krimpenfort, Mark Tell
Vorläufige und sichernde Maßnahme im schiedsrichterlichen Verfahren
Inaugural-Dissertation an der Philipps-Universität zu Marburg, 2001
Zit.: Krimpenfort, S…

Kröll, Stefan | Anmerkung zu OLG Hamm, Beschluss vom 7. März 2002–11 Sch 1/02
Zeitschrift für Schiedsverfahren 2003, Seiten 79–84
Zit.: Kröll, SchiedsVZ 2003, S…

Kröll, Stefan | Das neue deutsche Schiedsrecht vor staatlichen Gerichten: Entwicklungsli-nien und Tendenzen 1998–2000
Neue Juristische Wochenschrift 2001, Seiten 1173–1184
Zit.: Kröll, NJW 2001, S…

Kröll, Stefan | Die Entwicklung des Rechts der Schiedsgerichtsbarkeit 2001/2002
Neue Juristische Wochenschrift 2003, Seiten 791–797
Zit.: Kröll, NJW 2003, S…

Kröll, Stefan | Die Entwicklung des Rechts der Schiedsgerichtsbarkeit in den Jahren 2003 und 2004
Neue Juristische Wochenschrift 2005, Seiten 194–199
Zit.: Kröll, NJW 2005, S…

Kröll, Stefan | Die Entwicklung des Rechts der Schiedsgerichtsbarkeit in den Jahren 2005 und 2006
Neue Juristische Wochenschrift 2007, Seiten 743–749
Zit.: Kröll, NJW 2007, S…

Kröll, Stefan | Die Ablehnung eines Schiedsrichters nach deutschem Recht
Zeitschrift für Zivilprozeß 2003, Seiten 195–221
Zit.: Kröll, ZZP 2003, S…

Kühn, Wolfgang | Vorläufiger Rechtsschutz und Schiedsgerichtsbarkeit
Jahrbuch für die Praxis der Schiedsgerichtsbarkeit, Band 1 (1987), Seiten 47–62
Zit.: Kühn, JbPrSch 1, S…

Lachmann, Jens-Peter
Handbuch für die Schiedsgerichtspraxis
2., völlig überarbeitete Auflage, Köln 2002
Zit.: Lachmann, 2. Auflage, Rn…

Lachmann, Jens-Peter
Handbuch für die Schiedsgerichtspraxis
3., völlig überarbeitete Auflage, Köln 2008
Zit.: Lachmann, Rn…

Larenz, Karl/**W**olf, Manfred
Allgemeiner Teil des Bürgerlichen Rechts
9., neubearbeitete und erweiterte Auflage, München 2004
Zit.: Larenz/Wolf, §…, Rn…

Laschet, Franz Florian
Schiedsgerichtsbarkeit und einstweiliger Rechtsschutz
Zeitschrift für Zivilprozessrecht, 99. Band 1986, Seiten 271–290
Zit.: Laschet, ZZP 99, S…

Leipold, Dieter
Strukturfragen des einstweiligen Rechtsschutzes
Zeitschrift für Zivilprozess, 90. Band 1977, Seiten 258–270
Zit.: Leipold, ZZP 90, S…

Leipold, Dieter
Grundlagen des einstweiligen Rechtsschutzes im zivil-, verfassungs- und verwaltungsgerichtlichem Verfahren
Habilitationsschrift an der Universität München, 1971
Zit.: Leipold, Grundlagen des einstweiligen Rechtsschutzes, S…

Lemmer, Günter
Die einstweilige Anordnung im Sozialgerichtsverfahren
Dissertation an der Universität Marburg, Würzburg 1982
Zit.: Lemmer, Die einstweilige Anordnung im Sozialgerichtsverfahren, S…

Leuering, Dieter/**S**imon, Stefan
Vorbeugender Rechtsschutz bei Gesellschafterbeschlüssen
Neue Juristische Wochenschrift Spezial 2005, Seiten 411–412
Zit.: Leuering/Simon, NJW-Spezial 2005, S…

Lichtenstein, Erich — Fälle der Unzulässigkeit der Schiedseinrede nach deutschem Recht
Neue Juristische Wochenschrift 1957, Seiten 570–572
Zit.: Lichtenstein, NJW 1957, S…

Lindacher, Walter F. — Schiedsgerichtliche Kompetenz zur vorläufigen Entziehung der Geschäftsführungs- und Vertretungsbefugnis bei Personengesellschaften
Zeitschrift für Unternehmens- und Gesellschaftsrecht 1979, Seiten 201–221
Zit.: Lindacher, ZGR 1979, S…

Lionnet, Klaus/**L**ionnet, Annette — Handbuch der internationalen und nationalen Schiedsgerichtsbarkeit
Dritte, neubearbeitete Auflage, Stuttgart 2005
Zit.: Lionnet, S…

Lörcher, Gino/**L**örcher, Heike/**L**örcher, Thorsten — Das Schiedsverfahren – national/international – nach deutschem Recht
2., neu bearbeitete und erweiterte Auflage, Heidelberg 2001
Zit.: Lörcher/Lörcher, Das Schiedsverfahren, Rn…

Mankowski, Peter — Die Ablehnung von Schiedsrichtern
Zeitschrift für Schiedsverfahren 2004, Seiten 304–313
Zit.: Mankowski, SchiedsVZ 2004, S…

Matscher, Franz — Schiedsgerichtsbarkeit und EMRK
Festschrift für Heinrich Nagel zum 75. Geburtstag, Seiten 227–245
Zit.: Matscher, FS Nagel, S…

Matsuura, Kaoro — Schiedsgerichtsbarkeit und einstweiliger Rechtsschutz
Festschrift für Karl Heinz Schwab zum 70. Geburtstag, Seiten 321–335
Zit.: Matsuura, FS Schwab, S…

Maunz, Theodor/**D**ürig, Günter
Grundgesetz Kommentar
Band III – Art. 17–27
Zit.: Maunz/Dürig/Bearbeiter, Art…, Rn…

Maunz, Theodor/**D**ürig, Günter
Grundgesetz Kommentar
Band VI – Art. 100–146 GG
Zit.: Maunz/Dürig/Bearbeiter, Art…, Rn…

Minnerop, Manfred
Materielles Recht und einstweiliger Rechtsschutz
Dissertation an der Universität Würzburg, 1973
Zit.: Minnerop, Materielles Recht und einstweiliger Rechtsschutz, S…

Morbach, Bertram
Einstweiliger Rechtsschutz in Zivilsachen
Frankfurt am Main, 1988
Zit.: Morbach, Einstweiliger Rechtsschutz in Zivilsachen, S…

Müller, Klaus J.
Gestattung der Due Diligence durch den Vorstand der Aktiengesellschaft
Neue Juristische Wochenschrift 2000, Seiten 3452–3456
Zit.: Müller, NJW 2000, S…

Münch, Ingo von/**K**unig, Philip
Grundgesetz-Kommentar
Band 2: Art. 70 bis Art. 146
6., neubearbeitete Auflage, München 2012
Zit.: v. Münch/Kunig/Bearbeiter, Art…, Rn…

Münchener Kommentar zum Aktiengesetz
Band 2: §§ 76–117 AktG
3. Auflage, München 2008
Zit.: MüKoAktG/Bearbeiter, §…, Rn…

Münchener Kommentar zum Bürgerlichen Gesetzbuch
Band 1: Allgemeiner Teil, §§ 1–240
6. Auflage, München 2012
Zit.: MüKo/Bearbeiter, §…, Rn…

Münchener Kommentar zum Bürgerlichen Gesetzbuch
Band 5: Schuldrecht Besonderer Teil, §§ 705–853
5. Auflage, München 2009
Zit: MüKo/Bearbeiter, §…, Rn…

Münchener Kommentar zum Handelsgesetzbuch	Band 2: Zweites Buch. Handelsgesellschaften und stille Gesellschaft Erster Abschnitt. Offene Handelsgesellschaft §§ 105–160 3. Auflage, München 2011 Zit.: MüKoHGB/Bearbeiter, §…, Rn…
Münchener Kommentar zur Zivilprozessordnung	Band 1: §§ 1–510 c 3. Auflage, München 2008 Zit.: MüKoZPO/Bearbeiter, §…, Rn…
Münchener Kommentar zur Zivilprozessordnung	Band 3: §§ 803–1066 2. Auflage, München 2001 Zit.: MüKoZPO/Bearbeiter, 2. Aufl., §…, Rn…
Münchener Kommentar zur Zivilprozessordnung	Band 2: §§ 511–945 3. Auflage, München 2007 Zit.: MüKoZPO/Bearbeiter, §…, Rn…
Münchener Kommentar zur Zivilprozessordnung	Band 3: §§ 946–1086 3. Auflage, München 2008 Zit.: MüKoZPO/Bearbeiter, §…, Rn…
Musielak, Hans-Joachim	Grundkurs ZPO 10., neubearbeitete Auflage, München 2010 Zit.: Musielak, Rn…
Musielak, Hans-Joachim	Kommentar zur Zivilprozessordnung 9., neubearbeitete Auflage, München 2012 Zit.: Musielak/Bearbeiter, §…, Rn…
Nicklisch, Fritz	Instrumente der Internationalen Handelsschiedsgerichtsbarkeit zur Konfliktregelung bei Langzeitverträgen Recht der Internationalen Wirtschaft, Außenwirtschaftsdienst des Betriebs-beraters, 24. Jahrgang 1978, Seiten 633–642 Zit.: Nicklisch, RIW/AWD 1978, S…

Nicklisch, Fritz
Privatautonomie und Schiedsgerichtsbarkeit bei internationalen Bauverträgen
Recht der Internationalen Wirtschaft, Außenwirtschaftsdienst des Betriebs-beraters
37. Jahrgang, 1991, Seiten 89–91
Zit.: Nicklisch, RIW/AWD 1991, S…

Osterthun, Birthe
Das neue deutsche Recht der Schiedsgerichtsbarkeit
Transportrecht 1998, Seiten 177–187
Zit.: Osterthun, TranspR 1998, S…

Ostler, Fritz
Wichtige prozessuale Fragen des Eilverfahrens der ZPO
Monatsschrift für Deutsches Recht 1968, Seiten 713–717
Zit.: Ostler, MDR 1968, S…

Palandt, Otto
Bürgerliches Gesetzbuch Kommentar
71. Auflage, München 2012
Zit.: Palandt/Bearbeiter, §…, Rn…

Pastor, Wilhelm L.
Der Wettbewerbsprozess
3., erweiterte Auflage, Köln 1980
Zit.: Pastor, Der Wettbewerbsprozess, 3. Aufl., S…

Piehler, Klaus
Einstweiliger Rechtsschutz und materielles Recht
Dissertation an der Universität Freiburg, Frankfurt am Main 1980
Zit.: Piehler, Einstweiliger Rechtsschutz und materielles Recht, S…

Pörnbacher, Kral/**L**oos, Alexander/**B**aur, Sebastian
Aktuelle Neuerungen im internationalen Schiedsrecht
Der Betriebs-Berater 2011, Seiten 711–718
Zit.: Pörnbacher/Loos/Baur, BB 2011, S…

Prütting, Hanns
Zur Rechtsstellung des Schiedsrichters – dargestellt am richterlichen Beratungsgeheimnis
Festschrift für Karl Heinz Schwab zum 70. Geburtstag, Seiten 409–419
Zit.: Prütting, FS Schwab, S…

Raeschke-Kessler, Hilmar — Die internationale Schiedsgerichtsbarkeit – ein Motor für transnationales Verfahrensrecht
Grenzüberschreitungen – Beiträge zum Internationalen Verfahrensrecht und zur Schiedsgerichtsbarkeit – Festschrift für Peter Schlosser, Seiten 713–732 Tübingen, 2005
Zit.: Raeschke-Kessler, FS Schlosser, S…

Raeschke-Kessler, Hilmar — Neuere Entwicklungen im Bereich der Internationalen Schiedsgerichtsbarkeit
Neue Juristische Wochenschrift 1988, Seiten 3041–3051
Zit.: Raeschke-Kessler, NJW 1988, S…

Raeschke-Kessler, Hilmar/**B**erger, Klaus Peter — Recht und Praxis des Schiedsverfahrens
3., neubearbeitete Auflage, Köln 1999
Zit.: Raeschke-Kessler/Berger, Rn…

Rahmann, Detlef — Ausschluss staatlicher Gerichtszuständigkeit
Dissertation an der Universität Köln, 1984
Zit.: Rahmann, S…

Redfern, Alan/**H**unter, Martin — International Arbitration
Fifth Edition, Oxford 2009
Zit.: Redfern/Hunter, International Arbitration, Rn…

Rosenberg, Leo/**G**aul, Hans Friedhelm/**S**chilken, Eberhard/**B**ecker-**E**berhard, Ekkehard/**L**akkis, Panajotta — Zwangsvollstreckungsrecht
12., völlig neubearbeitete Auflage, München 2010
Zit.: Gaul/Schilken/Becker-Eberhard, §…, Rn…

Rosenberg, Leo/**S**chwab, Karl Heinz/**G**ottwald, Peter — Zivilprozessrecht
17., neu bearbeitete Auflage, München 2010
Zit.: Rosenberg/Schwab/Gottwald, §…, Rn…

Sachs, Michael — Grundgesetz Kommentar
5. Auflage, München 2009
Zit.: Sachs/Bearbeiter, Art…, Rn…

Sandrock, Otto/Nöcker, Thomas | Einstweilige Maßnahmen internationaler Schiedsgerichte: bloße Papiertiger?
Jahrbuch für die Praxis der Schiedsgerichtsbarkeit, Band 1 (1987), Seiten 74–93
Zit.: Sandrock/Nöcker, JbPrSch 1, S…

Sangiorgio, Didier | Vorsorglicher Rechtsschutz in internationalen Schiedsgerichtsverfahren nach schweizerischem Recht
Dissertation an der Universität Zürich, 1997
Zit.: Sangiorgio, Der vorsorgliche Rechtsschutz in internationalen Schiedsverfahren, S…

Schellhammer, Kurt | Zivilprozess
13., neu bearbeitete Auflage, Heidelberg 2010
Zit.: Schellhammer, Rn…

Schilken, Eberhard | Die Befriedigungsverfügung
Dissertation an der Universität Bonn, 1975
Zit.: Schilken, Die Befriedigungsverfügung, S…

Schlegelberger | Handelsgesetzbuch
Band III/1. Halbband
5., neubearbeitete Auflage, München 1992
Zit.: Schlegelberger/Bearbeiter, HGB, §…, Rn…

Schlosser, Peter | Die Unparteilichkeit des Schiedsrichteramtes
Zeitschrift für Zivilprozess, 93. Band (1980), Seiten 121–155
Zit.: Schlosser, ZZP 93, S…

Schlosser, Peter | Einstweiliger Rechtsschutz durch staatliche Gerichte im Dienste der Schiedsgerichtsbarkeit
Zeitschrift für Zivilprozess, 99. Band (1986), Seiten 241–270
Zit.: Schlosser, ZZP 99, S…

Schlosser, Peter | Einverständliches Parteihandeln im Zivilprozess
Tübingen, 1968
Zit.: Schlosser, Einverständliches Parteihandeln, S…

Schmidt-**B**leibtreu, Bruno/ **K**lein, Franz/**H**ofman, Hans/**H**opfauf, Axel	Kommentar zum Grundgesetz 11. Auflage, Köln 2008 Zit.: Schmidt-Bleibtreu/Bearbeiter, Art..., Rn...
Schmidt-Diemitz, Rolf	Internationale Schiedsgerichtsbarkeit – eine empirische Untersuchung Der Betrieb 1999, Seiten 369–372 Zit.: Schmidt-Diemitz, DB 1999, S...
Schmitt, Hermann	Die Einrede des Schiedsvertrages im Verfahren des einstweiligen Rechtsschutzes Inaugural-Dissertation an der Justus-Liebig-Universität Gießen Gießen, 1987 Zit.: Schmitt, Die Einrede des Schiedsvertrages im Verfahren des einstwei-ligen Rechtsschutzes, S...
Schmitt, Hermann	Einstweiliger Rechtsschutz gegen drohende Gesellschafterbeschlüsse in der GmbH? Zeitschrift für Wirtschaftsrecht 1992, Seiten 1212–1216 Zit.: Schmitt, ZIP 1992, S...
Schroth, Hans-Jürgen	Einstweiliger Rechtsschutz im deutschen Schiedsverfahren Zeitschrift für Schiedsverfahren 2003, Seiten 102–109 Zit.: Schroth, SchiedsVZ 2003, S...
Schroeter, Ulrich G.	Der Antrag auf Feststellung der Zulässigkeit eines schiedsrichterlichen Verfahrens gemäß § 1032 Abs. 2 ZPO Zeitschrift für Schiedsverfahren 2004, Seiten 288–296 Zit.: Schroeter, SchiedsVZ 2004, S...
Schuler	Die auf Leistung lautende einstweilige Verfügung Neue Juristische Wochenschrift 1959, Seiten 1801–1805 Zit.: Schuler, NJW 1959, S...

Schumann, Ekkehard — Bundesverfassungsgericht, Grundgesetz und Zivilprozess
Zeitschrift für Zivilprozess 1983, 96. Band, Seiten 137–253
Zit.: Schumann, ZZP 96, S…

Schütze, Rolf A. — Einstweiliger Rechtsschutz im Schiedsverfahren
Der Betriebs-Berater 1998, Seiten 1650–1653
Zit.: Schütze, BB 1998, S…

Schütze, Rolf A. — Schiedsgericht und Schiedsverfahren
5., neu bearbeitete und erweiterte Auflage, München 2012
Zit.: Schütze, Rn…

Schütze, Rolf A./**T**scherning, Dieter/**W**ais, Walter — Handbuch des Schiedsverfahrens
Praxis der deutschen und internationalen Schiedsgerichtsbarkeit
2., neubearbeitete Auflage, Berlin 1990
Zit.: Schütze/Tscherning/Wais, Rn…

Schuschke, Winfried/**W**alker, Wolf-Dietrich — Vollstreckung und Vorläufiger Rechtsschutz nach dem achten und elften
Buch der ZPO einschließlich der europarechtlichen Regelungen
4. Auflage, Köln 2008
Zit.: Schuschke/Walker/Bearbeiter, §…, Rn…

Schwab, Karl Heinz/**W**alter, Gerhard — Schiedsgerichtsbarkeit
Systematischer Kommentar
7., überarbeitete Auflage, München 2005
Zit.: Schwab/Walter, Kap…, Rn…

Schwab, Karl Heinz/**G**ottwald, Peter — Verfassung und Zivilprozess
Bielefeld, 1984
Zit.: Schwab/Gottwald, Verfassung und Zivilprozess, S…

Schwab, Karl Heinz — Einstweiliger Rechtsschutz und Schiedsgerichtsbarkeit
Festschrift für Fritz Baur, Seiten 627–645
Tübingen, 1981
Zit.: Schwab, FS Baur, S…

Semler, Franz-Jörg — Einstweilige Verfügungen bei Gesellschafterauseinandersetzungen
Der Betriebsberater 1979, Seiten 1533–1536
Zit.: Semler, BB 1979, S…

Soergel — Kommentar zum Bürgerlichen Gesetzbuch
Band 5/1: §§ 705. 822
Stand: Frühjahr 2007
Zit.: Soergel/Bearbeiter, §…, Rn…

Spieker, Wolfgang — Die Verschwiegenheitspflicht der Aufsichtsratsmitglieder
Neue Juristische Wochenschrift 1965, Seiten 1937–1944
Zit.: Spieker, NJW 1965, S…

Staub, Hermann — Großkommentar zum Handelsgesetzbuch
Zweiter Band, §§ 105–237
4., neubearbeitete Auflage, Berlin 2005
Zit.: Staub/Bearbeiter, HGB, §…, Rn…

Staudinger — Kommentar zum Bürgerlichen Gesetzbuch
Buch 2, Recht der Schuldverhältnisse, §§ 705–740
Dreizehnte Bearbeitung 2003 von Stefan Habermeier
Zit.: Staudinger/Habermeier, §…, Rn…

Stein/Jonas — Kommentar zur Zivilprozessordnung
Band 4, §§ 253–327
22. Auflage, Tübingen 2008
Zit.: Stein/Jonas/Bearbeiter, §…, Rn…

Stein/Jonas — Kommentar zur Zivilprozessordnung
Band 7, Teilband 2, §§ 946–1048, EGZPO
21. Auflage, Tübingen 1994
Zit.: Stein/Jonas/Bearbeiter, 21. Auflage, §…, Rn…

Stein/Jonas — Kommentar zur Zivilprozessordnung
Band 9, §§ 916–1068
22. Auflage, Tübingen 2002
Zit.: Stein/Jonas/Bearbeiter, §…, Rn…

Stern, Klaus	Der einstweilige Rechtsschutz im Verwaltungsprozess Juristische Schulung 1981, Seiten 343–347 Zit.: Stern, JuS 1981, S…
Stober, Rolf	Staatsgerichtsbarkeit und Schiedsgerichtsbarkeit Neue Juristische Wochenschrift 1979, Seiten 2001–2008 Zit.: Stober, NJW 1979, S…
Stürner, Rolf	Verfahrensgrundsätze des Zivilprozesses und Verfassung Festschrift für Fritz Baur, Seiten 647–666 Tübingen, 1981 Zit.: Stürner, FS Baur, S…
Stumpf, Herbert	Vor- und Nachteile des Verfahrens vor Schiedsgerichten gegenüber dem Verfahren vor den Ordentlichen Gerichten Festschrift für Arthur Bülow, Seiten 217–227 Köln 1983 Zit.: Stumpf, FS Bülow, S…
Teplitzky, Otto	Arrest und einstweilige Verfügung Juristische Schulung 1980, Seiten 882–886 Zit.: Teplitzky, JuS 1980, S…
Teplitzky, Otto	Wettbewerbsrechtliche Ansprüche und Verfahren 9., völlig neu bearbeitete und wesentlich erweiterte Auflage, Köln 2007 Zit.: Teplitzky, Wettbewerbsrechtliche Ansprüche und Verfahren, Kap…, Rn…
Thomas, Heinz/**P**utzo, Hans	Zivilprozessordnung Kommentar 26., neubearbeitete Auflage, München 2004 Zit.: Thomas/Putzo/Bearbeiter, ZPO, 26. Auflage, §…, Rn…
Thomas, Heinz/**P**utzo, Hans	Zivilprozessordnung Kommentar 33., neubearbeitete Auflage, München 2012 Zit.: Thomas/Putzo/Bearbeiter, ZPO, §…, Rn…

Thümmel, Roderich C. — Einstweiliger Rechtsschutz im Schiedsverfahren nach dem Entwurf zum Schiedsverfahrens-Neuregelungsgesetz
Deutsche Zeitschrift für Wirtschaftsrecht 1997, Seiten 133–137
Zit.: Thümmel, DZWir 1997, S...

Ulrich, Gustav-Adolf — Die Beweislast in Verfahren des Arrestes und der einstweiligen Verfügung Gewerblicher Rechtsschutz und Urheberrecht 1985, Seiten 201–211
Zit.: Ulrich, GRUR 1985, S...

Veith, Günter — Zur Verschwiegenheitspflicht der Aufsichtsratsmitglieder
Neue Juristische Wochenschrift 1966, Seiten 526–529
Zit.: Veith, NJW 1966, S...

Vogg, Stefan — Einstweiliger Rechtsschutz und vorläufige Vollstreckbarkeit
Dissertation an der Universität Augsburg, 1991
Zit.: Vogg, Einstweiliger Rechtsschutz und vorläufige Vollstreckbarkeit, S...

Voit, Wolfgang — Privatisierung der Gerichtsbarkeit
Juristenzeitung 1997, Seiten 120–125
Zit.: Voit, JZ 1997, S...

Vollkommer, Max — Zum Lizenzerteilungsstreit im Bundesligafussball
Neue Juristische Wochenschrift 1983, Seiten 726–727
Zit.: Vollkommer, NJW 1983, S...

von Beringe — Grenzen der Schiedsgerichtsbarkeit
Der Betrieb 1954, Seiten 776–778
Zit.: v. Beringe, DB 1954, S...

von Gerkan, Hartwin — Gesellschafterbeschlüsse, Ausübung des Stimmrechts und einstweiliger Rechtsschutz
Zeitschrift für Unternehmens- und Gesellschaftsrecht 1985, Seiten 167–190
Zit.: v. Gerkan, ZGR 1985, S...

von **M**angold, Hermann/ **K**lein, Friedrich/**S**tarck, Christian | Kommentar zum Grundgesetz
Band 1: Präambel, Artikel 1 bis 19
Sechste, vollständig neubearbeitete Auflage, München 2010
Zit.: v. Mangold/Klein/Starck/Bearbeiter, Art..., Rn...

von **M**angold, Hermann/ **K**lein, Friedrich/**S**tarck, Christian | Kommentar zum Grundgesetz
Band 3: Artikel 83 bis 146
Sechste, vollständig neubearbeitete Auflage, München 2010
Zit.: v. Mangold/Klein/Starck/Bearbeiter, Art..., Rn...

Vorwerk/**W**olf | Beck'scher Online-Kommentar ZPO
Edition 3, Stand 01.01.2012
Zit.: BeckOK-ZPO/Bearbeiter, §..., Rn...

Walker, Wolf-Dietrich | Der einstweilige Rechtsschutz im Zivilprozess und im arbeitsgerichtlichen Verfahren
Habilitationsschrift an der WWU Münster
Gießen 1992
Zit.: Walker, Der einstweilige Rechtsschutz, Rn...

Walter, Gerhard | Dogmatik der unterschiedlichen Verfahren zur Streitbeilegung
Zeitschrift für Zivilprozess, 103. Band, 1990, Seiten 141–170
Zit.: Walter, ZZP 103, S...

Wenzel, Leonhard | Grundlinien des Arrestprozesses
Monatsschrift für Deutsches Recht 1967, Seiten 889–894
Zit.: Wenzel, MDR 1967, S...

Wenzel, Leonhard | Die einstweilige Verfügung im arbeitsgerichtlichen Beschlussverfahren nach neuem Recht
Der Betrieb 1972, Seiten 1290–1295
Zit.: Wenzel, DB 1972, S...

Werthauer, Kurt
Zur Kompetenz-Kompetenz der Schiedsgerichte
Neue Juristische Wochenschrift 1953, Seite 1416
Zit.: Werthauer, NJW 1953, S…

Westermann, Harry
Gesellschaftsrechtliche Schiedsgerichte
Festschrift für Robert Fischer, Seiten 853–865
Berlin 1979
Zit.: Westermann, FS Fischer, S…

Wieczorek, Bernhard/
Schütze, Rolf A.
Zivilprozessordnung und Nebengesetze
3., völlig neu bearbeitete Auflage, Berlin 1995
Zit.: Wieczorek/Schütze/Bearbeiter, §…, Rn…

Wolf, Martin
„Summarische Verfahren“ im neuen Schiedsverfahrensrecht
Der Betrieb 1999, Seiten 1101–1107
Zit.: Wolf, DB 1999, S…

Zimmermann, Walter
Zivilprozessordnung Kommentar
9., neubearbeitete Auflage, Münster 2011
Zit.: Zimmermann, §…, Rn…

Zöller, Richard
Kommentar zur Zivilprozessordnung
29. neubearbeitete Auflage, Köln 2012
Zit.: Zöller/Bearbeiter, ZPO, §…, Rn…

Zum Gegenstand der Arbeit und Gang der Untersuchung

Grundstein für das Schiedsgerichtsverfahren ist die Vereinbarung der Parteien, eine potentielle Auseinandersetzung nicht vor einem ordentlichen Gericht, sondern vor einem nicht öffentlichen privaten Schiedsgericht zu klären. Die Schiedsvereinbarung ist damit eine besondere Form der Gerichtsstandsvereinbarung. Das Schiedsgerichtsverfahren zeichnet sich insbesondere durch die Möglichkeit der Parteien aus, ihre Schiedsrichter selbstständig zu bestellen. Damit grenzt sich das Schiedsgerichtsverfahren vor allem in zwei Bereichen von den staatlichen Gerichten ab. Zum einen verspricht das Schiedsverfahren durch seine Nichtöffentlichkeit einen vertrauensvollen Umgang mit dem Streitgegenstand. Zum anderen können die Parteien durch das Schiedsrichterwahlrecht solche Personen zu Richtern bestellen, denen sie eine sachgerechte Lösung der Auseinandersetzung zutrauen. Der letzte Aspekt bekommt besondere Bedeutung bei Streitgegenständen, bei denen der Kreis der Experten sehr klein ist. Zugleich kann die Bestellung von Experten zu Schiedsrichtern aber auch zu Interessenkonflikten innerhalb der Schiedsparteien führen, wenn der Schiedsrichter nicht nur Experte, sondern auch Konkurrent einer der Schiedsparteien ist. Dann ist nicht nur die Vertraulichkeit des Streitgegenstandes in Gefahr, sondern in den meisten Fällen auch sensible Betriebsgeheimnisse. Die gesetzlichen Vorschriften zum Schiedsgerichtsverfahren in den §§ 1025 ff. ZPO tragen ihren Teil zur Verschärfung dieses Konfliktes bei. Die Gründe für diesen Interessenkonflikt als auch dessen Lösung ist Gegenstand dieser Arbeit.

Diese Arbeit beginnt im ersten Teil mit einer Einleitung zu den verschiedenen Varianten des Schiedsverfahrens und den wesentlichen Aspekten, die regelmäßig den Ausschlag zu Gunsten des Schiedsgerichtsverfahrens gegenüber dem ordentlichen Rechtsweg geben. Diese Aspekte werden vielfach als besondere Vorteile des Schiedsverfahrens bezeichnet und sollen auch zu Beginn dieser Arbeit als solche vorgestellt werden. Ob das Schiedsgerichtsverfahren im Rahmen einer Auseinandersetzung mit einem Konkurrenten als Schiedsrichter diese Vorteile bestätigen kann, wird sich im Verlauf der Arbeit herauskristallisieren.

Ebenfalls wird im ersten Teil die Ausgangs- und Interessenlage der Parteien vorgestellt, die dieser Arbeit zu Grunde liegt. Deren besonderes Merkmal ist die Bestellung eines Konkurrenten zum Schiedsrichter. Dafür befasst sich dieser Teil detailliert mit dem Bestellungsverfahren von Schiedsrichtern. Dabei stellt sich heraus, dass der benannte Schiedsrichter bereits zu Beginn des Bestellungsverfahrens als auch im weiteren Verlauf des Schiedsverfahrens Einblick in der Verschwiegenheitspflicht unterliegenden Interna zumindest einer Partei erhält. Der betroffenen Partei droht damit ein immenser Schaden, weil durch die Bestellung des Konkurrenten nicht weniger als die Offenlegung von Geschäftsgeheimnissen vor einem unmittelbaren Wettbewerber bevorsteht.

Um diese Gefahr abzuwenden, kommt für die betroffene Partei allein die sofortige Ablehnung dieses Schiedsrichters in Betracht. Ist es ihr nicht möglich, den Schiedsrichter umgehend vom Schiedsverfahren auszuschließen und ihm damit den Zugang zu den sensiblen Informationen des Streitgegenstandes zu verwehren, ist das Schiedsverfahren unter diesen Umständen für sie undurchführbar. Im zweiten Teil dieser Arbeit werden daher die Möglichkeiten analysiert, wie die betroffene Partei in das Schiedsverfahren eingreifen kann, um gegen die Besetzung des Schiedsgerichts vorzugehen. In diesem Zusammenhang werden die schiedsverfahrensrechtlichen Ablehnungsverfahren gemäß §§ 1036, 1037, 1038 ZPO und die Maßnahmen der §§ 1035 IV, 1032 II ZPO[1] untersucht. Diese Maßnahmen unterliegen zu weiten Teilen ebenfalls der Parteivereinbarung und können daher den Interessen der Parteien angepasst werden. Das Potential dieser Regelungen wird aber regelmäßig durch die Parteien vernachlässigt, weil sie in entscheidenden Bereichen unvollständige Schiedsvereinbarungen abschließen. Hierdurch bereiten die Parteien den Boden für zahlreiche verfahrensrechtliche Auseinandersetzungen. Diese wären mit Hilfe einer umfassenden Schiedsvereinbarung zu vermeiden gewesen. Aus diesem Anlass soll der Arbeit – an der gängigen Praxis orientiert – der Regelfall einer unvollständigen Schiedsvereinbarung zu Grunde gelegt werden. Vor dem Hintergrund dieser Problematik wird weiter auf den jüngeren geschichtlichen Hintergrund der gesetzlichen Regeln zur Ablehnung eines Schiedsrichters und deren verfassungsrechtliche Konformität eingegangen. Die Inkorporierung des UNCITRAL-Modellgesetzes im Zusammenhang mit der Modernisierung des deutschen Schiedsverfahrensrechts im Jahr 1998 hat die schiedsrechtlichen Verfahrensregeln und insbesondere die gesetzlichen Ablehnungsvorschriften in einigen Bereichen grundlegend verändert. Als eine dieser Regelungen kann an dieser Stelle bereits die Mitwirkung des abgelehnten Schiedsrichters an der Entscheidung über seine eigene Ablehnung gemäß § 1037 II 2 ZPO genannt werden.

Im dritten Teil wird die Freiheit der Unterrichtung des Schiedsrichters während des Schiedsgerichtsverfahrens und deren Einschränkung mit Hilfe einer

---

1 Römische Zahlen kennzeichnen den Absatz, arabische den Satz.

einstweiligen Verfügung untersucht. Die Notwendigkeit einer einstweiligen Verfügung ergibt sich aus der Analyse der Ablehnungsverfahren. Mit denen kann zwar das Schiedsrichteramt beendet, nicht jedoch unmittelbar der Informationsfluss an die Schiedsrichter gestoppt werden. Beinhaltet die Auseinandersetzung mit dem Streitgegenstand die Weitergabe von Betriebsgeheimnissen an die Schiedsrichter, wird die davon betroffene Partei unverzüglich dagegen vorgehen wollen. Die einzige Möglichkeit besteht darin, der anderen Partei im Wege des einstweiligen Rechtsschutzes ein Mitteilungsverbot an den konkurrierenden Schiedsrichter zum Schutz der Betriebsgeheimnisse aufzugeben, sofern sich das mit den Maßgaben der Schiedsgerichtsbarkeit vereinbaren lässt.

Schließlich wird im vierten Teil die Freiheit bei der Auswahl der Schiedsrichter untersucht. Dabei wird der Frage nachgegangen, ob bei einer schiedsgerichtlichen Auseinandersetzung über Streitigkeiten betreffend das Verhältnis zwischen Gesellschaftern desselben Unternehmens ein Konkurrent überhaupt zum Schiedsrichter ernannt werden kann bzw. darf. Hierfür werden zunächst die gesellschafterlichen Rechte und Pflichten herausgearbeitet, die bei einer unternehmensinterne Auseinandersetzung den Handlungsrahmen abstecken. Deren nachfolgende Gegenüberstellung wird dann zeigen, ob die Bennennung eines Konkurrenten zum Schiedsrichter beziehungsweise deren Erwehrung mit den allgemeinen und besonderen Pflichten des jeweiligen Gesellschafters zu vereinbaren ist.

Abschließend werden die eingangs benannten Vorteile eines Schiedsgerichtsverfahrens noch einmal vor dem Hintergrund der Bestellung eines Konkurrenten bei einer schiedsgerichtlichen Auseinandersetzung bewertet und das Ergebnis in Thesen dargestellt.

Teil 1: Einleitung und Grundzüge der Schiedsgerichtsbarkeit

Die Parteien haben eine Schiedsvereinbarung gemäß § 1029 ZPO getroffen, nach der alle oder einzelne Streitigkeiten die zwischen ihnen in Bezug auf ein bestimmtes Rechtsverhältnis vertraglicher oder nichtvertraglicher Art entstanden sind oder künftig entstehen, der Entscheidung durch ein Schiedsgericht unterworfen werden. Infolge der Entscheidung der Parteien, die Schiedsgerichtsbarkeit der staatlichen Gerichtsbarkeit vorzuziehen, sollen nun das Schiedsverfahren und die relevanten Verfahrensvorschriften vorgestellt werden.

I. Begriff und Rechtsnatur der Schiedsgerichtsbarkeit

Schiedsgerichte sind Einrichtungen zur Entscheidung von bürgerlichen Streitigkeiten, die aus einem oder mehreren Schiedsrichtern bestehen.[2] Ihre Legitimation und Zuständigkeit ergibt sich zum einen aus dem 10. Buch der ZPO, zum anderen aus den übereinstimmenden Willenserklärungen der Parteien, ihre Auseinandersetzung vor einem Privatgericht zu führen. Von ihrer Rechtsnatur her entspricht die Schiedsgerichtsbarkeit mittlerweile einer materiell-rechtlichen Institution.[3] Bis sie diesen Status als materielle Rechtsprechungsinstanz erlangt hatte, war ihre Rechtsnatur lange Zeit umstritten. Dreh- und Angelpunkt dieser Diskussion war die Qualität der schiedsrichterlichen Entscheidung, nämlich ob es sich dabei um eine autonome Entscheidung des Schiedsgerichts oder nur um einen vom Schiedsgericht formulierten Vergleich (Vertragstheorie) handelte.[4] Der BGH und einige Vertreter in der Literatur hatten sich bereits früh darauf verständigt, dass

2 Schwab/Walter, Kap. 1, Rn. 1; MüKoZPO/Münch, Vor § 1025, Rn. 1; Ebbing, Private Zivilgerichte, S. 18, 19.

3 Schwab/Walter, Kap. 1, Rn. 1; MüKoZPO/Münch, Vor § 1025, Rn. 1; Ebbing, Private Zivilgerichte, S. 18, 19.

4 Ebbing, Private Zivilgerichte, S. 18. Innerhalb dieser Diskussion entstand auch der Name Vertragstheorie. Zur Unterscheidung: Ebbing, Private Zivilgerichte, S. 18, Fn. 56.

die Schiedsgerichtsbarkeit bereits nach ihrer Funktion und Wirkung materieller Rechtsprechung entspricht.[5] Unabhängig von dem früheren Streitstand muss die sogenannte Vertragstheorie aber spätestens seit der Neuregelung der Schiedsfähigkeit durch die Reform des Schiedsrechts von 1998 als überholt angesehen werden.[6] Nach dem klaren Wortlaut des § 1030 I 1 ZPO kann nun jeder vermögensrechtliche Anspruch Gegenstand einer Schiedsvereinbarung sein. Damit ist die Schiedsfähigkeit von vermögensrechtlichen Streitigkeiten nicht mehr von ihrer Vergleichsfähigkeit abhängig, wie das noch § 1025 I ZPO a.F. formulierte. Darüber hinaus stellt nun auch § 1055 ZPO klar, dass der Schiedsspruch unter den Parteien die Wirkung eines rechtskräftigen Urteils hat.

Ihr Status als materiell-rechtliche Institution verpflichtet die Schiedsgerichtsbarkeit auch zur Einhaltung des Gebotes überparteilicher Rechtspflege.[7] Dieses Gebot gewährleistet die Unparteilichkeit und Unabhängigkeit der Schiedsrichter und gehört zum „verfassungsrechtlichen (Art. 97 GG) Mindeststandard gerichtlicher Urteilsfindung (arg. § 1029 I ZPO a.E: „Entscheidung durch ein Schiedsgericht“ mit § 1055 ZPO) und ebenso zum verfahrensrechtlichen ordre-public (§ 1059 II Nr. 2 b ZPO)“[8]. Ausfluss und zentraler Charakter dieses Gebotes ist das Recht der Parteien, Schiedsrichter bei berechtigten Zweifeln hinsichtlich ihrer Unabhängigkeit oder Unparteilichkeit abzulehnen.[9] Das Ablehnungsrecht wird daher sogar prozessuales Menschenrecht anerkannt.[10] Die wachsende Bedeutung des Ablehnungsrechts lässt sich auch an Zahlen festmachen. Wurden der DIS[11] im Jahr 2005 72 Verfahren zur Administrierung übertragen, waren es im Jahr 2011 bereits 178.[12] 2005 wurden dabei 7 Schiedsrichter ersatzbestellt, 2010 schon 28. Die Zahl

5 BGHZ 98, S. 32, 36; BGHZ 98, S. 70, 72; BGHZ 65, S. 59, 61; BGHZ 54, S. 392, 395; BGHZ 51, S. 255, 258; Habscheid, NJW 1962, S. 5, 7; Habscheid, JZ 1998, S. 445, 449; Raeschke-Kessler, NJW 1988, S. 3041, 3046; Kröll, ZZP 116, S. 195.

6 Ebbing, Private Zivilgerichte, S. 19.

7 BGHZ 51, S. 255, 258 f.; 54, S. 392, 395; BGHZ 98, S. 70, 72; Kröll, ZZP 116, S. 195; Habscheid, NJW 1962, S. 5, 7; Habscheid, JZ 1998, S. 445, 446; Raeschke-Kessler, NJW 1988, S. 3045, 3046.

8 MüKoZPO/Münch, § 1036, Rn. 2.

9 Kröll, ZZP 116, S. 195. So heißt es in Art. 10 der universellen Deklaration der Menschenrechte: „Everyone is entitled in full equality to a fair an public hearing by an independent and impartial tribunal in the determination of his rights and obligations and of any criminal charge against him“; ähnlich auch in Art. 6 EMRK.

10 Statt aller: Kröll, ZZP 116, S. 195.

11 Deutsche Institution für Schiedsgerichtsbarkeit.

12 Zahlenmaterial auf der Internetseite der DIS: http://www.dis-arb.de/de/39/content/statistik-id53

der Ablehnungsverfahren steigt also schneller als die der Schiedsgerichtsverfahren.[13] Die Ursache für diese Entwicklung lässt sich im Wesentlichen an zwei Faktoren festmachen. Zum einen hat die Toleranz der Parteien gegenüber Kandidaten, bei denen Zweifel an ihrer Unabhängigkeit und Unparteilichkeit gemäß § 1036 II 1 ZPO bestehen, erheblich abgenommen.[14] Zum anderen bietet die Zweifelsregelung des § 1036 II 1 ZPO Gelegenheit, das Schiedsverfahren mit willkürlichen Ablehnungsverfahren zu verschleppen.[15] Als Beleg dafür dient ein Blick auf die Statistik der weltweit wichtigsten Schiedsorganisation an der internationalen Handelskammer in Paris, bei der weniger als 10% der Ablehnungsverfahren erfolgreich sind.[16]

Ferner ist die Besetzung des Schiedsgerichts im Vergleich zur staatlichen Gerichtsbarkeit zu betrachten. An staatlichen Gerichten üben Personen das Richteramt aus, die gemäß Art. 97 I GG, § 1 GVG, § 25 DRiG allein dem Gesetz und ihrem Gewissen verpflichtet sind und die Befähigung zum Richteramt gemäß § 5 DRiG haben. Zu ihrem alltäglichen Berufsbild gehören zentrale richterliche Eigenschaften wie die Überparteilichkeit und Sachkunde.[17] Im Gegensatz dazu finden sich in den §§ 1025ff. ZPO keine expliziten formalen Einschränkungen bezüglich eines Personenkreises, welcher den Parteien zur Auswahl ihrer Schiedsrichter zur Verfügung steht.[18] Gleichwohl eröffnet der Gesetzgeber den Parteien die Möglichkeit, Einschränkungen aufzustellen, wie § 1036 II 1 ZPO zeigt. Die von den Parteien formulierten Anforderungen an die Personen im Schiedsrichteramt gelten dann aber nur für den Einzelfall und nicht – wie im gesetzlichen Verfahren – generell.

Die Vereinbarung eines Schiedsgerichts bedeutet aber keinen vollkommenen Verzicht auf staatlichen Rechtsschutz, wie sich bereits aus § 1026 ZPO ergibt. Zur Gewährleistung eines fairen Verfahrens vor einem Schiedsgericht enthält das 10. Buch der ZPO eine Reihe von Bestimmungen, die eine Überprüfung der Entscheidung des Schiedsgerichts durch ein ordentliches Gericht vorsehen. Zwar entfällt mit der Schiedsvereinbarung grundsätzlich die Entscheidungszuständigkeit des staatlichen Gerichts, § 1032 I ZPO. Jedoch ist gerichtlicher Rechtsschutz gegen die Durchführung eines Schiedsverfahrens oder gegen eine schiedsrichterliche

---

13 Kröll, ZZP 116, S. 196.

14 Kröll, ZZP 116, S. 196.

15 Kröll, ZZP 116, S. 196. Ablehnungsverfahren werden darüber hinaus auch als Druckmittel gegenüber Schiedsrichtern eingesetzt. siehe dazu Böckstiegel, „Practice of Various Arbitral Tribunals“, in: van den Berg (Hrsg.), ICCA Congress series no. 5, S. 132.

16 Kröll, ZZP 116, S. 196 m.w.N.

17 Schütze/Tschernig/Wais, Rn. 271.

18 Stein/Jonas/Schlosser, § 1036, Rn. 1.

Entscheidung in engen Grenzen möglich, wie beispielsweise die §§ 1037 III 1, 1059, 1062 ZPO belegen. Das staatliche Gericht sorgt somit für eine Mindestgarantie insbesondere im Hinblick auf die Möglichkeit des rechtlichen Gehörs sowie der gerichtlichen Hilfe bei der Durchführung des Schiedsverfahrens gemäß § 1032 I ZPO a.E.[19] Zur Durchsetzung individueller Waffengleichheit zwischen den Parteien können staatliche Gerichte gemäß § 1059 ZPO Schiedssprüche unter bestimmten Voraussetzungen wieder aufheben, wodurch nicht zuletzt Art. 6 I EMRK Rechnung getragen wird.[20]

II. Art der Schiedsgerichtsbarkeit

Bei der Schiedsgerichtsbarkeit ist zwischen zwei Arten zu unterscheiden, den institutionellen und den ad hoc-Schiedsgerichten.

1. Das Institutionelle Schiedsgericht

Institutionelle Schiedsgerichte sind eine moderne Form der Schiedsgerichte und werden auch als „ständige Schiedsgerichte" bezeichnet.[21] Ständige Schiedsgerichte greifen auf eine feste Struktur zurück, damit sie kurzfristig zur Entscheidung zur Verfügung stehen.[22] Dazu gehört regelmäßig eine bereits bestehende Schiedsordnung, die nach den Vorstellungen des Schiedsgerichts gestaltet wurde und nur geringen Spielraum für Veränderungen lässt.[23] Darüber hinaus ist bei einem institutionellen Schiedsgericht die Durchführung des Schiedsgerichtsverfahrens bereits organisiert.[24] Das bedeutet einen großen Zeitgewinn für die Parteien, weil damit auch die Rechtsverhältnisse zu den Schiedsrichtern samt Honorarvereinbarung erfasst sind.[25] Beispielhaft für die Vorgehensweise eines institutionellen Schiedsgerichts ist die Bestellung der Schiedsrichter. Diese ist zwar weiterhin den Parteien überlassen, deren Auswahl beschränkt sich jedoch auf eine bereits festgelegte Liste.[26]

---

19 Schwab/Walter, Kap. 1, Rn. 1; MüKoZPO/Münch, Vor § 1025, Rn. 2.

20 Schwab/Walter, Kap. 1, Rn. 1; Matscher, FS Nagel, S. 227.

21 MüKoZPO/Münch, Vor § 1025, Rn. 11; Schwab/Walter, Kap. 1, Rn. 10, Schütze/Tschernig/Wais, Rn. 28.

22 MüKoZPO/Münch, Vor § 1025, Rn. 11.

23 Schütze, Rn. 39.

24 Schütze, Rn. 39

25 Schütze, Rn. 39; MüKoZPO/Münch, Vor § 1025, Rn. 11.

26 Schütze, Rn. 39; Schütze/Tschernig/Wais, Rn. 28; MüKoZPO/Münch, Vor § 1025, Rn. 11.

2. Das ad hoc-Schiedsgericht

Das ad hoc-Schiedsgericht konstituiert sich als Gelegenheitsschiedsgericht nur für einen bestimmten Einzelfall.[27] Es zeichnet sich in Abgrenzung zur institutionellen Schiedsgerichtsbarkeit insbesondere durch das Bestimmungsrecht der Parteien hinsichtlich der Bestellung der Schiedsrichter und der Verfahrensordnung aus.[28] Mit Ausnahme „der zwingenden Vorschriften dieses Buches" (§ 1042 III ZPO) können die Parteien eine ihren Vorstellungen angepasste Verfahrensordnung aufstellen (§ 1042 III 1. Var. ZPO), oder auf eine Muster- oder Standardverfahrensordnung verweisen (§ 1042 III 2. Var. ZPO).[29]

Bestehen keine langjährigen und dauerhaften Geschäftsbeziehungen zwischen den Schiedsparteien, wird ein Schiedsgerichtsverfahren, bei dem die Erörterung gesellschaftsinterner Geheimnisse zur Klärung eines Rechtsstreites notwendig ist oder das zur Klärung einer gesellschaftsinternen Auseinandersetzung einberufen wird, in der Regel nur für den Einzelfall konstituiert. Ein ständiges Schiedsgericht wird in diesen Beziehungen eher nicht bereitgehalten. Das gilt umso mehr, wenn es sich bei den Parteien um Gesellschafter von kleinen bis mittelständischen Gesellschaften handelt, die für eine solche Situation im Gesellschaftsvertrag vorgesehen haben, dass etwaige Streitigkeiten vor einem Schiedsgericht verhandelt werden. Diese weit verbreitete Form des ad hoc-Schiedsgerichts wird daher dieser Arbeit zugrunde gelegt.

III. Häufig genannte Vorteile der Schiedsgerichtsbarkeit

Ausschlaggebend für den Ausschluss des ordentlichen Rechtswegs und die Hinwendung zur privaten Gerichtsbarkeit sind häufig Gründe, die auf den ersten Blick das Schiedsgerichtsverfahren gegenüber dem staatlichen Gerichtsverfahren vorteilhaft erscheinen lassen. Im Verlauf der Arbeit wird sich zeigen, ob es sich dabei tatsächlich – wie vielfach behauptet – um Vorteile handelt und ob diese allein durch die Schiedsabrede eintreten oder ob der Schiedsvertrag dafür besonders ausgestaltet sein muss.

---

27 MüKoZPO/Münch, Vor § 1025, Rn. 10; Schwab/Walter, Kap. 1, Rn. 10; Schütze/Tschernig/Wais, Rn. 25.

28 Schütze/Tschernig/Wais, Rn. 26; Schütze, Rn. 38; MüKoZPO/Münch, Vor § 1025, Rn. 10.

29 MüKoZPO/Münch, Vor § 1025, Rn. 10.

1. Keine Beteiligung der Öffentlichkeit

Ein Hauptmotiv für die Wahl der Schiedsgerichtsbarkeit ist der Ausschluss der Öffentlichkeit. Denn im Gegensatz zu staatlichen Gerichtsverfahren sind die Verhandlungen vor dem Schiedsgericht nicht öffentlich. Das Schiedsgerichtsverfahren wird von den Parteien bevorzugt gewählt, wenn sie den Gegenstand der Auseinandersetzung oder ihr Ansehen in der Öffentlichkeit schützen wollen.[30] Außenstehende Dritte sollen wenn möglich keinen, wenn notwendig nur den geringst möglichen Einblick in das Verfahren haben, um die Nichtöffentlichkeit des Streitgegenstandes weitestgehend zu bewahren.[31] Die Verhandlungen vor den staatlichen Gerichten sind hingegen grundsätzlich öffentlich (§ 169 S. 1 GVG), so dass sich in der mündlichen Verhandlung eine unter Wettbewerbs- oder sonstigen Aspekten interessierte Zuhörerschaft einstellen kann. Die Möglichkeit des Ausschlusses der Öffentlichkeit aus einem ordentlichen Gerichtsverfahren gemäß § 172 Nr. 2 GVG erscheint den Beteiligten häufig als zu hohe Barriere.[32] Der Öffentlichkeitsausschluss ist zudem eine nicht justiziable freie Entscheidung des Gerichts auf Grund pflichtgemäßen Ermessens.[33] Demgegenüber ist im Schiedsverfahren für den Ausschluss der Öffentlichkeit allein der Wille der Parteien entscheidungserheblich.[34] Damit haben es die Parteien selbst in der Hand, welche Personen von ihrer Auseinandersetzung und dem zugrunde liegenden Sachverhalt erfahren.[35] Dieses Konzept hat sich bewährt, schließlich gibt es keine genauen Angaben über die Zahl der ad hoc-Schiedsverfahren.[36]

Unter dem Gesichtspunkt der Verschwiegenheit behauptet sich das Schiedsgerichtsverfahren noch aus einem weiteren Grund gegenüber dem Verfahren vor den ordentlichen Gerichten: Die Veröffentlichung des Schiedsspruches ist abhängig von der Zustimmung der Parteien.[37] Damit können die Parteien auch solchen Fällen vorbeugen, in denen Dritte selbst aus anonymisierten Entscheidungsveröffentlichungen noch Informationen gewinnen.[38]

30 Schwab/Walter, Kap. 1, Rn. 8; MüKoZPO/Münch, Vor § 1025, Rn. 57; Schütze, Rn. 35; Stumpf, FS Bülow, S. 220; Osterthun, TranspR 1998, S. 178.

31 Lindacher, ZGR 1979, S. 203.

32 MüKoZPO/Münch, Vor § 1025, Rn. 57.

33 Kissel/Mayer, § 172 GVG, Rn. 2; Baumbach/Lauterbach/Hartmann, § 172 GVG, Rn. 5.

34 MüKoZPO/Münch, Vor § 1025, Rn. 57.

35 Lachmann, Rn. 144, MüKoZPO/Münch, Vor § 1025, Rn. 57.

36 Lachmann, Rn. 112.

37 Vgl. dazu § 42 der DIS-Schiedsordnung.

38 MüKoZPO/Münch, Vor § 1025, Rn. 58.

2. Freie Schiedsrichterwahl

Als ein weiterer Vorteil des Schiedsverfahrens wird die freie Wahl der Schiedsrichter angeführt. Dieser Aspekt stellt ein bedeutendes Merkmal des Schiedsverfahren dar, weil die Parteien mit Hilfe des Wahlrechts diejenigen Personen zu Schiedsrichtern bestellen können, die sie für besonders vertrauenswürdig und kompetent in der zu entscheidenden Streitigkeit erachten.[39] Die Auswahl von Praktikern schafft gleichermaßen Vertrauen und erlaubt den Umgang insbesondere mit Themen, die aufgrund ihrer Aktualität noch keine oder kaum Spuren in der juristischen Literatur und Rechtsprechung hinterlassen haben.[40] Je nach Streitigkeit führt das Wahlrecht der Parteien hinsichtlich der Schiedsrichter auch zu Kosten- und Zeitersparnissen.[41] Die Besetzung des Schiedsgerichts mit beispielsweise technisch versierten Schiedsrichtern erspart nicht selten die Anfertigung eines Sachverständigengutachtens.

3. Verfahrensdauer

Eine Entscheidung im Schiedsgerichtsverfahren ist nach weit verbreiteter Ansicht zudem auch schneller zu erreichen als vor einem ordentlichen Gericht.[42] Dieser Zeitvorteil macht einen bedeutenden Teil der Popularität des Schiedsverfahrens aus.[43] Ursächlich dafür ist vor allem die Anzahl der Instanzen, von denen es im Schiedsgerichtsverfahren weniger gibt als in der staatlichen Gerichtsbarkeit.[44] Über die Dauer der Instanzen amortisiert sich damit der Mehraufwand des Schiedsverfahrens, der durch das teilweise zähe Verfahren der Schiedsrichterbestellung entsteht.[45] Hat sich das Schiedsgericht konstituiert, wird es häufig auch vom Schiedsgericht als auch von den Parteien im besonderen Maße vorangetrieben und spart dadurch weitere Zeit, bis die Auseinandersetzung auch tatsächlich mit dem Schiedsspruch beendet ist.[46]

---

39 MüKoZPO/Münch, Vor § 1025, Rn. 55; Schütze, Rn. 31; Osterthun, TranspR 1998, S. 178.

40 Stumpf, FS Bülow, S. 221.

41 MüKoZPO/Münch, Vor § 1025, Rn. 55; Stumpf, FS Bülow, S. 221.

42 Schwab/Walter, Kap. 1, Rn. 8; Briner, FS Sandrock, S. 137; Schütze, Rn. 32; Osterthun, TranspR 1998, S. 178; Stumpf, FS Bülow, S. 219 f.

43 Schmidt-Diemitz, DB 1999, S. 370; Lachmann, Rn. 155.

44 Schwab/Walter, Kap. 1, Rn. 8; Lachmann, Rn. 157; Schütze, Rn. 32; Briner, FS Sandrock, S. 137; Osterthun, TranspR 1998, S. 178.

45 Lachmann, Rn. 156, Schütze, Rn. 32.

46 Lachmann, Rn. 157.

IV. Ausgangs- und Interessenlage: Bestellung von Schiedsrichtern und Konstituierung des Schiedsgerichts

Schließlich ist die Ausgangslage dieser Arbeit und Interessenlage der Parteien zu konkretisieren. Das Schiedsgerichtverfahren hängt ganz wesentlich von der Schiedsvereinbarung der Parteien ab, bei deren Gestaltung der Gesetzgeber den Parteien viel Spielraum lässt. Diese Gestaltungsmöglichkeiten führen bei unerfahrenen Schiedsparteien regelmäßig zu unvollständigen Schiedsgerichtsvereinbarungen, deren Auswirkungen sich mitunter schon bemerkbar machen, bevor das Schiedsgerichtsverfahren richtig begonnen hat. Das ist die Phase der Konstituierung des Schiedsgerichts, die mit der Bestellung der Schiedsrichter und den damit verbundenen potentiellen Interessenkonflikten beginnt. Denn bei der Durchführung eines Schiedsverfahrens spielt die Bestellung der Schiedsrichter eine zentrale Rolle. Ihre Unparteilichkeit, Unabhängigkeit und Neutralität ist dabei in personeller Hinsicht die Achillesferse der Schiedsgerichtsbarkeit.[47] Die Bestellung durch die Parteien bringt es mit sich, dass die Schiedsrichter regelmäßig bereits persönlich oder geschäftlich mit den Parteien in Kontakt stehen.[48] Daraus kann sich eine besondere Verbundenheit zwischen Partei und Schiedsrichter ergeben.[49] Zum anderen bringt es die besondere Kompetenz der in Frage kommenden Schiedsrichter allerdings mit sich, dass es sich bei diesen Personen auch um Konkurrenten zu den Schiedsparteien handeln kann, so wie es z.B. bei schiedsgerichtlichen Auseinandersetzungen im „Waren-Verein der Hamburger Börse e.V." häufig der Fall ist.[50] Damit besteht die Gefahr des Verlustes von Betriebsgeheimnissen, sofern diese Gegenstand der Auseinandersetzung sind. Auf eine solche Situation bezieht sich diese Arbeit. Die Konkurrenteneigenschaft des Schiedsrichters ist also von ganz wesentlicher Bedeutung.

1. Definition Konkurrent

Damit im Folgenden darüber Klarheit herrscht, wer als Konkurrent der Schiedsparteien in Frage kommt, wird die Position an dieser Stelle der Arbeit definiert.

---

47 MüKoZPO/Münch, § 1036, Rn. 1; Kröll, NJW 2005, S. 195.

48 MüKoZPO/Münch, § 1036, Rn. 1.

49 MüKoZPO/Münch, § 1036, Rn. 1.

50 Siehe § 4 Abs. 2 S. 2 Schiedsgerichtsordnung des „Waren-Verein der Hamburger Börse", http://www.warenverein.de/pdf/wvb_d_a5_web.pdf.

Ein Konkurrent als Schiedsrichter ist derjenige, der durch seine Teilnahme am Schiedsverfahren unternehmenskritische Informationen erhält, die er für sein eigenes Geschäft nutzbringend und zu Lasten der anderen Partei verwenden kann. Nutzbringend kann er sie nur dann verwenden, wenn er nicht nur im formalen Sinn den gleichen Beruf wie eine der Parteien des Schiedsverfahrens (wie z.B. der Beruf des Betriebswirtes oder Rechtsanwaltes) ausübt, sondern auch sein Geschäftsfeld in seiner tatsächlichen Ausübung solche Ähnlichkeiten mit dem der Partei aufweist, dass er selbst von den im Schiedsverfahren offenbarten Informationen profitieren kann.

2. Beispiel einer Konkurrentensituation

Coca-Cola und Edeka treffen eine Schiedsvereinbarung hinsichtlich ihrer Lieferverträge. Als Qualifikation für die Schiedsrichter wird ein Universitätsabschluss als Betriebswirt festgelegt. Im Verlauf der Geschäftsbeziehung entsteht Streit über gesundheitsgefährdende Stoffe in der Coca-Cola. Edeka erhebt Schiedsklage auf Auskunft über die Zusammensetzung von Coca-Cola zwecks Prüfung einer Gesundheitsgefährdung. Als Schiedsrichter bestellt Edeka einen Vorstand von Pepsi-Cola, der Betriebswirt ist.

3. Die Bestellung der Schiedsrichter

Zur Verdeutlichung der möglichen Konfliktherde bei der Bestellung der Schiedsrichter ist sowohl die Rolle der Schiedsrichter als auch das Bestellungsverfahren besonders zu beleuchten.

a) Gebot überparteilicher Rechtspflege bei der Besetzung des Schiedsgerichts

Im schiedsgerichtlichen Verfahren ist das Gebot überparteilicher Rechtspflege zu beachten. Zwar übt das Schiedsgericht keine hoheitliche Gewalt aus wie das staatliche Gericht, gleichwohl ist seine Tätigkeit materiell Rechtsprechung.[51] Der BGH hat zur Funktion des Schiedsgerichts und der Rolle der Schiedsrichter folgende Leitsätze formuliert[52]:

---

51 Siehe dazu: BGHZ 51, S. 255, 258 f.; 54, S. 392, 395; BGHZ 98, S. 70, 72; Kröll, ZZP 116, S. 195.

52 BGH, NJW 1976, S. 109, 110.

„Der Schiedsrichter ist wie der staatliche Richter zur Entscheidung eines Rechtsstreits berufen, er hat wie dieser endgültig und bindend auszusprechen, was Rechtens ist (...). Durch die Möglichkeit, das zur Entscheidung eines Rechtsstreits berufene Gericht selbst zu bestimmen und die Richterbank selbst zusammenzusetzen, werden die Parteien in die Lage versetzt, nach ihrer Wahl Persönlichkeiten für die Entscheidung des Rechtsstreits zu gewinnen, die sie als besonders sachkundig und geeignet ansehen, von denen sie eine sachgerechte und schnelle Entscheidung erwarten und die deshalb von vornherein ihr Vertrauen besitzen. Da solche Personen vielfach in irgendwelchen persönlichen oder geschäftlichen Beziehungen zu den Parteien stehen werden, bedeutet die diesen verliehene Möglichkeit, die Schiedsrichter auszuwählen, zugleich eine gewisse Gefahr für die Unparteilichkeit des Schiedsgerichts (...). Andererseits hat das Erfordernis der Unabhängigkeit und Unparteilichkeit (...) im Schiedsgerichtsverfahren nicht ganz dieselbe Bedeutung wie im Verfahren vor den staatlichen Gerichten. Denn es dient nur dem Schutz der Parteien, nicht auch – wie in der staatlichen Gerichtsbarkeit – dem öffentlichen Interesse."

Zur Wahrung der überparteilichen Rechtspflege hat der nationale Gesetzgeber den Schiedsparteien daher das Recht zur Ablehnung von Schiedsrichtern an die Hand gegeben, denen die erforderliche Unabhängigkeit oder Unparteilichkeit fehlt.[53] Die Bedeutung der überparteilichen Rechtssprechung in der Schiedsgerichtsbarkeit manifestiert sich darin, dass gemäß § 1036 II 1 ZPO bereits berechtigte Zweifel an ihrer Unabhängigkeit oder Unparteilichkeit zur Ablehnung ausreichen. Nicht erforderlich ist deshalb auch ein tatsächliches Vorliegen oder zumindest eine konkrete Gefahr der Unparteilichkeit oder Unabhängigkeit der Schiedsrichter.[54] Jeder Anschein von Abhängigkeit oder Parteilichkeit der Schiedsrichter wäre der Akzeptanz der Schiedsgerichtsbarkeit abträglich.[55]

b) Praktische Notwendigkeiten bei der Ernennung und grundsätzliche Zulässigkeit von Konkurrenten als Schiedsrichter

In praktischer Hinsicht sind von den Statuten der Unabhängigkeit und Unparteilichkeit jedoch notwendige Abweichungen zu erlauben, um der Besonderheit der Schiedsrichterbestellung durch die Parteien gemäß § 1035 ZPO gerecht zu werden. Einerseits dient dieses Recht in erster Linie – dem Zweck des Schiedsverfahrens entsprechend – dem Interesse der Parteien, das Schiedsgericht mit Personen zu besetzen, die nach ihrer Ansicht die notwendige Kompetenz mitbringen und

53 Kröll, ZZP 116, S. 195.

54 MüKoZPO/Münch, § 1036, Rn. 31; Kröll, ZZP 116, S. 195, 206.

55 Kröll, ZZP 116, S. 206.

das notwendige Vertrauen genießen, um die Auseinandersetzung einer vertretbaren Lösung zuzuführen. Andererseits nutzen die Parteien dieses Recht aber auch dazu, ihren Einfluss auf das Schiedsverfahren zu vergrößern.[56] Eine allzu strenge Beachtung der Ablehnungsgründe würde also die Zahl von potentiellen Ablehnungsverfahren immens erhöhen, so dass regelmäßig parteiernannte Schiedsrichter abgelehnt werden könnten.[57] Denn selbst wenn der Schiedskläger mit bestem Beispiel voran ginge und einen ihm nicht verbundenen Schiedsrichter bestellen würde, erhielte er damit keine Garantie, dass der Schiedsbeklagte sich ebenso verhalten würde.[58] Bei der Besetzung eines Einer- oder Dreierschiedsgerichtes wird daher unterschieden[59]: Nur in seltenen Fällen schlägt eine Partei einen Schiedsrichter aus ihrem Interessenkreis als Einzelschiedsrichter vor. Bei der Besetzung eines Dreierschiedsgerichts gehört eine solche Verhaltensweise hingegen zur gängigen Praxis.

Zur Entlastung der Parteien gilt es aber erst einmal festzuhalten, dass auch berufliche Konkurrenten einer Schiedspartei als Schiedsrichter nicht schon wegen dieser Eigenschaft befangen sind, „auch wenn sie einem Unternehmen verbunden sind, das sich um einen streitgegenständlichen Auftrag beworben hat“[60]. Gerade weil die Parteien ihre Schiedsrichter in der Regel selber aussuchen, sind bereits bestehende Kontakte zwischen Partei und Schiedsrichter keine Seltenheit, sondern vielmehr eine Besonderheit des Schiedsgerichtsverfahrens. Bei der Beurteilung, ob Vorkontakte den Befangenheitsvorwurf rechtfertigen, sind daher gerade diese Besonderheiten zu berücksichtigen: Konkurrenten verfügen aufgrund ihrer Erfahrung im gleichen Geschäft über einen erheblichen Kenntnisvorsprung gegenüber fachfremden Schiedsrichtern. Es ist daher sogar anerkannt, dass auch die Tätigkeit als Vorstandsmitglied eines Konkurrenten einen Schiedsrichter nicht befangen macht.[61] Dieser Einschätzung liegt die Annahme zu Grunde, dass der Konkurrent bei einer Auseinandersetzung eines Wettbewerbers hiervon nicht zwingend profitiert. Ausschlaggebend dafür ist wohl die Tatsache, dass Gegenstand einer Vielzahl von schiedsgerichtlichen Verfahren extern bekannte Angelegenheiten sind, wie zum Beispiel Preisverhandlungen im Warenverkehr.

---

56 Mankowski, SchiedsVZ 2004, S. 304.
57 Stein/Jonas/Schlosser, § 1036, Rn. 16 jeweils m.w.N.
58 Stein/Jonas/Schlosser, § 1036, Rn. 16 jeweils m.w.N.; Franzen, NJW 1986, 299, 300.
59 Stein/Jonas/Schlosser, § 1036, Rn. 16 jeweils m.w.N.
60 Stein/Jonas/Schlosser, § 1036, Rn. 25.
61 Vgl. Mankowski, SchiedsVZ 2004, S. 308; Kröll, NJW 2003, S. 793.

c) Bestellungsverfahren von Schiedsrichtern und Kenntniserlangung vom Streitgegenstand

Um zu verdeutlichen, warum die Integrität der Geschäftsgeheimnisse einer betroffenen Schiedspartei bereits zu Beginn des Verfahrens gefährdet sein kann, ist der Blick auf die Einleitung des Schiedsverfahrens zu richten, in dem die Bestellung der Schiedsrichter erfolgt. Dieser Vorgang steht notwendigerweise am Anfang des Verfahrens, weil jede prozesstechnische Handlung – wie z.B. die Einreichung der Schiedsklage – ein konstituiertes Schiedsgericht voraussetzt.[62] Damit sich das Schiedsgericht konstituieren kann, sind von den Parteien im ersten notwendigen Schritt Schiedsrichter zu bestellen.

Der regelmäßige Ablauf der Bestellung ist dabei folgender: Jede Partei spricht den von ihr auserkorenen Kandidaten auf seine Bereitschaft an, ein Schiedsrichteramt zu übernehmen.[63] Gemäß § 1036 I 1 ZPO hat die Person, der ein Schiedsrichteramt angetragen wird, alle Umstände offen zu legen, die Zweifel an ihrer Unparteilichkeit oder Unabhängigkeit wecken können. Idealerweise teilt der Schiedsrichter dabei auch solche Umstände mit, „die nach seiner eigenen, gelegentlich auch durch Wunschdenken geprägten Ansicht, keine Besorgnis der Befangenheit begründen können, jedoch aus Sicht der Parteien auch nur möglicherweise relevant sind"[64]. Damit der Kandidat aber überhaupt wissen und entscheiden kann, ob seinerseits Befangenheitsgründe bestehen könnten, gehen einleitende Gespräche voraus, bei denen naturgemäß auch der Streitgegenstand angesprochen wird. In diesen Gesprächen soll festgestellt werden, ob die in Aussicht genommene Person die für eine Amtsübernahme erforderlichen Voraussetzungen erfüllt. Streiten sich die Parteien über geschäftliche Interna, wie z.B. Mandatsverträge, Mitarbeitervergütungen, Produktzusammensetzungen, Kosten- und Steuermodelle, wie es nicht nur bei Wirtschaftsprüfungskanzleien, Steuerberatern und Rechtsanwälten, sondern auch bei Handelsunternehmen häufiger vorkommt, gelangen diese bei der Schilderung des Streitgegenstandes zwangsläufig in die Hände des Schiedsrichterkandidaten.[65] Hat eine Schiedspartei einen Konkurrenten zum Schiedsrichter bestellt, kann die andere Schiedspartei von dem Verlust erster Geschäftsgeheimnisse im Rahmen der Aufklärung dieses Schiedsrichters über den Streitgegenstand ausgehen. Mithin ist die Integrität der Geschäftsgeheimnisse bereits von Beginn

---

62 MüKoZPO/Münch, § 1035, Rn. 5.

63 MüKoZPO/Münch, § 1035, Rn. 16.

64 Lachmann, Rn. 1038; so im Ergebnis auch OLG Naumburg, SchiedsVZ 2003, S. 134, 136, 137. OLG Karlsruhe, Beschl. v. 14.7.2006–10 Sch 01/06, Dis-Datenbank.

65 Mankowski, SchiedsVZ 2004, S. 304, 311.

des Schiedsverfahrens an verletzt und droht im Verlauf des Verfahrens weiteren Schaden zu nehmen.

Sofern die Parteien nichts anderes vereinbart haben, ist eine Partei an die durch sie erfolgte Bestellung eines Schiedsrichters gebunden, sobald die andere Partei die Mitteilung über die Bestellung – auch Anzeige genannt – empfangen hat (§ 1035 II ZPO). Erschwerend für den Rechtsschutz der ablehnenden Partei kommt hinzu, dass sie von der Bestellung und den damit notwendigerweise verbundenen Gesprächen des Kandidaten der anderen Seite erst erfährt, sobald dieser im formellen Sinn bestellt ist (§ 1035 II ZPO), sie also die Anzeige über die Bestellung des Schiedsrichters empfangen hat. Ein erster Informations- und damit auch Geheimnisverlust ist der Bestellung daher schon aufgrund der einleitenden Gespräche zwischen Partei und Schiedsrichterkandidat immanent. Bei einer gesellschaftsinternen Auseinandersetzung ist das zudem auch darauf zurückzuführen, dass zu diesem Zeitpunkt die Konflikte innerhalb der Gesellschaft häufig bereits so weit fortgeschritten sind, dass eine Kommunikation unter den Gesellschaftern regelmäßig nur noch über deren Rechtsbeistände erfolgt.

d) Beispiel einer Schiedsrichterbestellung bei gleichzeitiger Preisgabe erster Geschäftsgeheimnisse

Die Gesellschafter von Freshfields Bruckhaus Deringer streiten sich über die zukünftige Ausrichtung der Sozietät. Die streitigen Themen befassen sich mit Vergütungsmodellen, Mandantenstrukturen und Vertriebsmöglichkeiten. Im Gesellschaftsvertrag ist eine Schiedsklausel enthalten. Als Qualifikation für die Schiedsrichter wird die Zulassung als Rechtsanwalt festgelegt. Eine der Parteien erhebt Schiedsklage und bestellt einen Rechtsanwalt von HengelerMueller als Schiedsrichter.

e) Konstituierung des Schiedsgerichts

In einem zweiten Schritt folgt nach der Bestellung der Schiedsrichter die Konstituierung des Schiedsgerichts. Die Konstituierung des Schiedsgerichts markiert den eigentlichen Beginn der prozessualen Auseinandersetzung und stellt daher einen zentralen Bestandteil des Verfahrens dar.[66] Wie sich im Verlauf der Arbeit zeigen wird, sind die meisten Handlungen des Schiedsgerichts als auch der Parteien von dieser Konstituierung abhängig, wie beispielsweise die Einreichung der Klage. Umso überraschender sind die Darstellungen und Begrifflichkeiten zu diesem

---

66 Kröll, NJW 2005, S. 195.

Thema wenig präzise.[67] Jedenfalls ist die Konstituierung des Schiedsgerichts mit der Gestaltung des Verfahrens verbunden, worin die Parteien grundsätzlich frei sind, § 1035 I ZPO. Sind die Schiedsrichter in der Schiedsvereinbarung noch nicht namentlich bezeichnet, werden sie „nach Maßgabe der Schiedsvereinbarung, einseitiger Rechtsgrundlagen oder des Gesetzes zunächst von den Parteien oder einer dritten Stelle bestellt“[68]. Dieser Schritt geht der Klageerhebung notwendigerweise voraus, weil die Klage nur bei einem bereits konstituierten Schiedsgericht anhängig gemacht werden kann.[69] Das Ernennungsverfahren verläuft in der Regel gemäß der gesetzlichen Vorschrift des § 1035 ZPO, weil die Parteien nichts anderes vereinbart haben. Die „Konstituierung“ des Schiedsgerichts ist – nachdem sich die Parteien auf Schiedsrichter und die Schiedsrichter[70] auf einen Obmann geeinigt haben – sodann der letzte, gleichzeitig rein deklaratorische Akt des „Bildungsverfahrens“.[71] Sind sämtliche Schiedsrichter bestellt, kommen die Schiedsrichter zusammen und das Schiedsgericht „konstituiert“ sich, wobei der entscheidende Moment beim Dreierschiedsgericht die Amts-Annahme durch den Obmann ist.[72] Eine förmliche Konstituierung des Schiedsgerichts, wie sie bei einer Amtseinsetzung erfolgt, ist dabei nicht notwendig.[73] Notwendig ist es hingegen, die Parteien vom Beginn des Erkenntnisverfahrens in Kenntnis zu setzen.[74] Anschließend ruft der Obmann die weiteren Schiedsrichter formlos zu einer ersten Sitzung zusammen, für die sich der Ausdruck „konstituierende Sitzung“ eingebürgert hat.[75]

V. Zwischenergebnis

Bei der Bestellung von Schiedsrichtern ist einerseits das Gebot überparteilicher Rechtspflege zu beachten. Andererseits prägt der private Charakter des

---

67 So auch MüKoZPO/Münch, § 1035, Rn. 10.

68 Henn, Schiedsverfahrensrecht, Rn. 258; Kröll, NJW 2005, S. 195.

69 Henn, Schiedsverfahrensrecht, Rn. 258.

70 Auch hier gilt wieder: Wer den Obmann benennt, ist grundsätzlich den Parteien überlassen. In der Regel wird die Auswahl aber den Schiedsrichtern überlassen, um eine harmonisches Zusammenarbeit des Schiedsgerichts zu fördern.

71 Schütze/Tscherning/Wais, Rn. 368 ff.; Lachmann, Rn 675; Henn, Schiedsverfahrensrecht, Rn. 293.

72 BayObLGZ 1999, S. 255, 263; Zöller/Geimer, § 10332, Rn. 25; Henn, Schiedsverfahrensrecht, Rn. 293.

73 Schütze/Tscherning/Wais, Rn. 368; Henn, Schiedsverfahrensrecht, Rn. 293.

74 Schütze/Tscherning/Wais, Rn. 368; MüKoZPO/Münch, § 1035, Rn. 11.

75 Schütze/Tscherning/Wais, Rn. 369.

Schiedsverfahrens das Bestellungsverfahren, in dem es die Bestellung von Schiedsrichtern durch die Parteien ausdrücklich ermöglicht. Zudem wird das Verfahren der Bestellung eines Schiedsrichters für die Gegenseite erst transparent, wenn die Bestellung angezeigt wird und damit das Bestellungsverfahren bereits abgeschlossen ist. Gleichzeitig erhalten die Schiedsrichter je nach Streitgegenstand bereits zu Beginn des Bestellungsverfahrens Einblicke in das vertrauliche Innenleben der parteizugehörigen Gesellschaften. Ist die Schiedsrichterwahl dabei weder an eine Liste z.B. der DIS-Schiedsordnung, noch an eine präzise – weil unvollständige – Vereinbarung aus dem Schiedsvertrag gebunden, steht die Schiedsrichterauswahl weitgehend zur freien Disposition der Parteien. Die Möglichkeit der ablehnenden Partei, gegen die Bestellung des benannten Schiedsrichters vorzugehen, bestimmt sich daher nach dem Zeitpunkt der Information über die Bestellung der Gegenseite. Erst dann, wenn also schon Informationen über Interna geflossen sind, hat die ablehnende Partei verschiedene Möglichkeiten, einen Schiedsrichter abzulehnen.

Teil 2: Ablehnung eines Schiedsrichters

Hat eine Schiedspartei schließlich einen Konkurrenten zum Schiedsrichter bestellt, wird die andere Partei abwägen, ob diese Bestellung für sie tragbar ist oder nicht. Kommt sie zu dem Ergebnis, dass ihre Geschäftsgeheimnisse bei Mitwirkung des Konkurrenten in Gefahr sind, wird sie den Schiedsrichter ablehnen wollen. Dafür bietet das Schiedsrecht mehrere Ablehnungsverfahren, wodurch eine gründliche Analyse dieser Verfahren notwendig wird. Die Analyse hat dabei sowohl das materielle als auch das prozessuale[76] Schiedsrecht zum Gegenstand.

Die materielle Ausarbeitung betrifft die Frage des einschlägigen Ablehnungsverfahrens, wozu auch der Ablehnungsgrund gehört. Wie bereits erwähnt kann bei gesellschaftsrechtlichen Streitigkeiten schon die Erörterung des Streitgegenstandes im Zuge des Bestellungsvorgangs der Schiedsrichter zu einer Preisgabe von Betriebsgeheimnissen führen. Spätestens ab diesem Zeitpunkt hat die betroffene Partei daher ein großes Interesse daran, gegen die Besetzung des Schiedsrichteramtes mit einem Konkurrenten vorzugehen und dabei keinen weiteren Geheimnisverlust mehr zu erleiden. Die Auswahl des Ablehnungsverfahrens hat jedoch nicht nur einen zeitlichen Aspekt. Denn durch das Ablehnungsverfahren wird auch das Gremium bestimmt, welches unmittelbar über die Ablehnung des Schiedsrichters entscheidet. Somit hat das Ablehnungsverfahren unmittelbaren Einfluss auf die Geheimhaltung der Betriebsgeheimnisse. So entscheidet nämlich im Verfahren gemäß § 1037 ZPO zunächst der abgelehnte Schiedsrichter gemäß § 1037 II 2 ZPO über seine eigene Ablehnung mit, während im Verfahren gemäß § 1038 I 2 ZPO unmittelbar ein ordentliches Gericht entscheidet.

I. Ablehnung des Schiedsrichters gem. §§ 1036, 1037 ZPO

Bei Uneinigkeit über die Qualifikation eines Schiedsrichters ist die am häufigsten gewählte Variante des Schiedsrichterausschlusses, ihn gemäß §§ 1036,

76 Die in Teil 3 folgt.

1037 ZPO abzulehnen.[77] Voraussetzung für die Ablehnung eines Schiedsrichters sind gemäß § 1036 II 1 ZPO Umstände, die berechtigte Zweifel an seiner Unparteilichkeit oder Unabhängigkeit aufkommen lassen, oder wenn er die zwischen den Parteien vereinbarten Voraussetzungen nicht erfüllt. Für dieses Ablehnungsverfahren ist primär die Vereinbarung – inklusive der einzuhaltenden Fristen – der Parteien gemäß § 1037 I ZPO maßgeblich. Fehlt eine solche Vereinbarung, bestimmen die gesetzlichen Vorschriften gemäß § 1037 II, III ZPO über das weitere Vorgehen. Neben den noch genauer zu untersuchenden Voraussetzungen einer Schiedsrichterablehnung gemäß §§ 1036, 1037 ZPO wird das Verfahren auch daraufhin überprüft, inwieweit es von dem Zeitpunkt der Einleitung des Ablehnungsverfahrens an die Integrität der Geschäftsgeheimnisse schützt bzw. schützen kann. Dazu gehört auch, in welchem Umfang dieses Verfahren dazu geeignet ist, den Informationsfluss zwischen Schiedspartei und abgelehnten Schiedsrichter vom Zeitpunkt der Ablehnungserklärung zu unterbinden.

1. Verfahren der Schiedsrichterablehnung

Der Ausschluss eines Schiedsrichters aus dem Schiedsrichteramt unterscheidet sich auch nach der Reform des Schiedsverfahrensrechts im Jahr 1998 von dem Verfahren für staatliche Richter, welches in § 41 ZPO geregelt ist.[78] Das Ablehnungsverfahren im Schiedsverfahrensrecht liegt in der Hand der Parteien, die es nun entweder entsprechend einer Parteivereinbarung oder institutionalisierten Schiedsordnung durchführen können, auf die sie im Schiedsvertrag verwiesen haben.[79] Fehlt es in der Schiedsabrede über ein ad hoc-Schiedsgericht an einer Vereinbarung der Parteien über das Ablehnungsverfahren im Sinne des § 1037 I ZPO – was häufig der Fall ist und wovon im weiteren ausgegangen wird –, bestimmt § 1037 II ZPO den weiteren Verfahrensablauf. Tritt der abgelehnte Schiedsrichter nach dem Antrag einer Partei auf Beendigung seines Mandats gemäß § 1037 II 1 ZPO nicht von sich aus von seinem Amt zurück oder stimmt die andere Partei der Ablehnung nicht zu, so entscheidet gemäß § 1037 II 2 ZPO zunächst das Schiedsgericht über die Ablehnung.

---

77 Nach der Ansicht von *Schlosser* ist sie sogar die vorrangige Möglichkeit zur Ablehnung des Schiedsrichters, Stein/Jonas/Schlosser, § 1036, Rn. 27a.

78 Osterthun, TranspR 1998, S. 181.

79 Schwab/Walter, Kap. 14, Rn. 11.

Dieses Verfahren über die Ablehnung des Schiedsrichters vor dem Schiedsgericht wird als Vorschaltverfahren bezeichnet.[80] Im Unterschied zum Verfahren vor den ordentlichen Gerichten tritt der Ausschluss des Richters bei Vorliegen von Ablehnungsgründen nicht kraft Gesetzes ein und wird auch nicht im Zweifel von Amts wegen durch Beschluss festgestellt.[81] Das schiedsrichterliche Ablehnungsverfahren läuft nämlich nicht auf eine Feststellungsklage hinaus.[82] Die Ablehnung des Schiedsrichters hat vielmehr Gestaltungswirkung, weshalb der Schiedsrichter sein Amt bis zur ablehnenden Entscheidung im Ablehnungsverfahren ausüben kann.[83] Bleibt das Vorschaltverfahren erfolglos, eröffnet sich für die ablehnende Partei die Möglichkeit, vor einem ordentlichen Gericht eine Entscheidung über die Ablehnung des Schiedsrichters zu beantragen, § 1037 III 1 ZPO. Das Verfahren gemäß § 1037 III 1 ZPO unterliegt nach übereinstimmender Meinung nicht der Parteidisposition und garantiert damit zumindest ein gerichtliches Ablehnungsverfahren.[84]

Damit nun zunächst das Schiedsgericht gemäß § 1037 II 2 ZPO über die Schiedsrichterablehnung entscheiden kann, ist es notwendigerweise über die Gründe zu informieren, auf die sich sie Ablehnung stützen soll.[85] Im Rahmen der Darlegung dieser Ablehnungsgründe muss das Schiedsgericht zwangsläufig über den Gegenstand des Rechtsstreits informiert werden, weil es die Ablehnung des Schiedsrichters ohne eingehende Information zum Streitgegenstand nicht beur teilen kann. Das Schiedsgericht untersucht die Ablehnungsgründe daraufhin, ob sie tatsächlich berechtigte Zweifel an seiner Unparteilichkeit oder Unabhängigkeit hervorrufen oder der Schiedsrichter die zwischen den Parteien vereinbarten Voraussetzungen nicht erfüllt und auch keine sperrende Präklusion (§ 1036 I 2 ZPO) eingreift.[86] Welcher Maßstab bei dieser Prüfung anzulegen ist, hat das *OLG Naumburg*[87] herausgearbeitet: Danach kommt der Position des Schiedsrichters im Schiedsgerichtsverfahren für die Parteien eine derartige Bedeutung zu, dass „berechtigte Zweifel“ im Sinne des § 1036 I 1 ZPO nicht leichtfertig angenommen werden dürfen.[88]

---

80 Stein/Jonas/Schlosser, § 1037, Rn. 2; Mankowski, SchiedsVZ 2004, S. 305.
81 Baumbach/Lauterbach/Hartmann, § 41, Rn. 1.
82 Kröll, ZZP 116, S. 204.
83 So sieht es bereits aus UNCITRAL-Modellgesetz vor: BGHZ 17, S. 7, 8; Lachmann, Rn. 1075; Kröll, ZZP 116, S. 204.
84 Kröll, ZZP 116, S. 197: Mankowski, SchiedsVZ 2004, S. 306.
85 MüKoZPO/Münch, § 1037, Rn. 7.
86 MüKoZPO/Münch, § 1037, Rn. 16.
87 OLG Naumburg, NZBau 2002, S. 448, 449.
88 OLG Naumburg, NZBau 2002, S. 448, 449; Kröll, NJW 2003, S. 793.

2. Besetzung des Schiedsgerichts bei Entscheidung gemäß § 1037 II 2 ZPO

Nach der Darstellung des schiedsgerichtlichen Ablehnungsverfahrens gemäß § 1037 II 2 ZPO drängt sich konsequenterweise die Frage auf, in welcher Besetzung das Schiedsgericht die Entscheidung über die Ablehnung des Schiedsrichters fällt. Der Objektivität der staatlichen Gerichte wird durch die Verfahrensordnungen unter anderem mittels eines Ablehnungsrechts der Parteien Rechnung getragen, welches im Falle einer potentiellen Befangenheit eines Richters ausgeübt werden kann.[89] Bei einem erfolgreichen Antrag ist der Richter kraft Gesetzes von der Ausübung seines Amtes ausgeschlossen. Über das Ablehnungsgesuch einer Partei vor den ordentlichen Gerichten entscheidet gemäß § 45 I ZPO das Gericht, dem der abgelehnte Richter angehört, ohne dessen Mitwirkung.

Im Schiedsgerichtsverfahren ist die Frage, ob der abgelehnte Schiedsrichter an der Entscheidung über seine Ablehnung zu beteiligen ist, allein anhand des Wortlautes des § 1037 II 2 ZPO nicht so eindeutig wie bei der verwandten Regelung des § 45 I ZPO zu beantworten. Sie ist aufgrund der Natur des Schiedsgerichts als Teil der materiellen Rechtsprechung zudem von besonderer Bedeutung. Der Gesetzeswortlaut spricht in § 1037 II 2 ZPO davon, dass das „Schiedsgericht über die Ablehnung" entscheidet. Nachdem diese Frage einige Jahre kontrovers diskutiert wurde, hat sich mittlerweile die Ansicht verfestigt, dass das Schiedsgericht die Entscheidung über die Ablehnung des Schiedsrichters in regulärer Besetzung fällt.[90] Das Schiedsgericht trifft mithin seine Entscheidung über die Ablehnung unter Beteiligung des abgelehnten Schiedsrichters und damit entgegen dem aus Art. 101 I 2 GG hervorgehenden verfassungsmäßigen Grundsatz[91], dass niemand Richter in eigener Sache sein kann.[92]

---

89 Kornblum, Probleme der schiedsrichterlichen Unabhängigkeit, S. 3.

90 Zöller/Geimer, § 1037, Rn. 2; MüKoZPO/Münch, § 1037, Rn. 16 m.w.N.; Stein/Jonas/Schlosser, § 1037, Rn. 4; Baumbach/Lauterbach/Hartmann, § 1037, Rn. 4; Musielak/Voit, § 1037, Rn. 4; Mankowski, SchiedsVZ 2004, S. 305; Kröll, ZZP 116, S. 203; Schwab/Walter, Kap. 14, Rn. 22; Thomas/Putzo/Thomas, ZPO, § 1037, Rn. 4.

91 BVerfGE 4, S. 412, 417; BVerfGE 30, S. 165, 167; BVerfGE 63, S. 77, 79; Sachs/Degenhart, Art. 101, Rn. 21; Dreier/Schulze-Fielitz, Art. 101, Rn. 57.

92 Zöller/Geimer, § 1037, Rn. 2; MüKoZPO/Münch, § 1037, Rn. 16 m.w.N.; Stein/Jonas/Schlosser, § 1037, Rn. 4; Baumbach/Lauterbach/Hartmann, § 1037, Rn. 4; Musielak/Voit, § 1037, Rn. 4; Mankowski, SchiedsVZ 2004, S. 305; Kröll, ZZP 116, S. 203; Schwab/Walter, Kap. 14, Rn. 22; Thomas/Putzo/Thomas, ZPO, § 1037, Rn. 4.

Ausschlaggebend für die Entscheidung, den abgelehnten Schiedsrichter über seine Ablehnung mitentscheiden zu lassen, waren zum einen der Gedanke, dass auch im Rahmen eines Ablehnungsverfahrens keine der Parteien im Schiedsgericht überrepräsentiert sein soll. Zum anderen wollte der Gesetzgeber den Schiedsparteien damit eine Möglichkeit nehmen, mit Ablehnungsanträgen das Schiedsverfahren zu verlangsamen.[93] Den Vertretern dieser Ansicht ist dabei wohl bewusst, dass ihre Meinung im direkten Widerspruch zu dem für staatliche Gerichte geltenden Verfassungsgrundsatz steht, der in § 45 I ZPO seinen Niederschlag gefunden hat. Das verfassungsrechtliche Verbot stellte deshalb auch bislang die Grundlage der Gegenmeinung dar, die eine Beteiligung des Schiedsrichters an der Entscheidung über seine Ablehnung für unzulässig hielt.[94] Nunmehr hat sich jedoch auch die Mehrzahl der Vertreter dieser Gegenmeinung der herrschenden Meinung angeschlossen und stimmt einer Beteiligung des abgelehnten Schiedsrichters an der Entscheidung über seine Ablehnung zu.[95] Sie beugen sich damit letztlich der klaren Intention des Gesetzgebers. Diese Meinungsänderung hat auch der Gesetzgeber hinter sich, der noch im Gesetzesentwurf[96] keine Beteiligung des abgelehnten Schiedsrichters vorsah.

Die einzig verbliebene Ausnahme stellt somit die Entscheidung des *OLG Frankfurt* dar. In einem Beschluss erklärte es die Vorschrift des § 45 I ZPO im Schiedsgerichtsverfahren für anwendbar und verneinte damit eine Beteiligung des abgelehnten Schiedsrichters an der Entscheidung über seine Ablehnung.[97] Als Begründung führte es an, dass „§ 1037 ZPO lediglich die Ablehnung von vorgesehenen Schiedsrichtern bei deren Benennung regelt. Für die Ablehnung bereits bestellter Schiedsrichter findet sich dagegen in § 1029 ff. ZPO keine Regelung, so dass insofern die allgemeinen Bestimmungen der §§ 42 ff. ZPO heranzuziehen sind“. Diese Auslegung des *OLG Frankfurt* findet aber weder im Gesetz noch in den Überlegungen des Gesetzgebers eine Grundlage. Unabhängig davon, dass nicht klar ist, ab welchem Zeitpunkt ein Schiedsrichter nach den Vorstellungen des *OLG Frankfurt* benannt ist, ist er jedenfalls gemäß § 1035 II ZPO bestellt, sobald die gegnerische Partei die Mitteilung seiner Bestellung empfangen hat.

---

93 Weitere Begründung siehe Teil 2 A 1.c)(3).

94 Thomas/Putzo/Thomas, ZPO, 26. Auflage, § 1037, Rn. 4; Lachmann, 2. Auflage, Rn. 630; Kornblum, JbPrSch 1, S. 41; Zimmermann, § 1037, Rn. 2.

95 Thomas/Putzo/Thomas, ZPO, § 1037, Rn. 4; Lachmann, Rn. 1068; Zimmermann hat sich dieser Ansicht noch nicht angeschlossen, verweist insoweit aber auf eine Entscheidung zum alten Recht vor dem 1.1.1998.

96 BT-Drs. 13/5274, S. 41.

97 OLG Frankfurt, Beschluss vom 14.7.2004–2 Sch 01/04 (1), DIS-Datenbank.

Der Zeitraum zwischen Benennung und Bestellung ließe damit dem Ablehnungsverfahren gemäß § 1037 ZPO keinen relevanten Anwendungsbereich übrig. Insbesondere spricht auch § 1026 ZPO dagegen. Diese Vorschrift erlaubt ein Tätigwerden eines staatlichen Gerichts in den §§ 1025 bis 1061 ZPO nur, soweit es das 10. Buch der ZPO vorsieht. Nicht zutreffend ist darüber hinaus die Annahme, § 1037 ZPO regele lediglich die Ablehnung von vorgesehenen Schiedsrichtern bei deren Benennung und finde auf bereits bestellte Schiedsrichter keine Anwendung. Eine solche Differenzierung enthält der Wortlaut von § 1037 ZPO nicht. Vielmehr hat gemäß § 1037 II 1 ZPO „die Partei, die einen Schiedsrichter ablehnen will, innerhalb von zwei Wochen, nachdem ihr die Zusammensetzung des Schiedsgerichts oder ein Umstand im Sinne des § 1036 II ZPO bekannt geworden ist, dem Schiedsgericht schriftlich die Ablehnungsgründe darzulegen". Noch deutlicher formuliert es § 1037 II 2 ZPO: „Tritt der abgelehnte Schiedsrichter von seinem Amt nicht zurück oder stimmt die andere Partei der Ablehnung nicht zu, so entscheidet das Schiedsgericht über die Ablehnung". Auch daraus ergibt sich, dass der Gesetzgeber ein Ablehnungsverfahren für bereits bestellte Schiedsrichter geregelt hat. Denn ein Rücktritt des Schiedsrichters setzt denklogisch voraus, dass dieser bereits als Schiedsrichter bestellt wurde. Tritt der Schiedsrichter nicht zurück oder stimmt die andere Partei der Ablehnung nicht zu, entscheidet das Schiedsgericht über die Ablehnung. Damit ist das Ablehnungsverfahren gemäß § 1037 ZPO auch auf bereits bestellte Schiedsrichter zugeschnitten. Noch dazu betreffen die Überlegungen des *OLG Frankfurt* den Fall, dass eine Partei alle drei Schiedsrichter des Schiedsverfahrens ablehnt. Ein solcher Fall wird vorliegend nicht behandelt. Die Meinung des *OLG Frankfurt* ist daher abzulehnen.[98]

Die Analyse der Vorschrift des § 1037 II 2 ZPO ergibt damit eine verfahrensmäßige Ausgestaltung der Schiedsrichterablehnung, bei der sich das Schiedsgericht inklusive des abgelehnten Schiedsrichters mit dem Inhalt der Klageschrift, die umfassend und schlüssig den Streitgegenstand schildern soll, vertraut macht, bevor es über die Ablehnungsgründe entscheidet. Damit würde notwendigerweise auch dem abgelehnten Schiedsrichter zunächst die Schiedsklage sowie dieser als Beweismittel beigefügte Urkunden mitsamt der darin enthaltenen vertraulichen Informationen über Geschäftsinterna zugänglich gemacht werden müssen. Für die betroffene Partei ist daher das in § 1037 II 2 ZPO geregelte Verfahren zur Ablehnung eines Schiedsrichters keine geeignete Option. Es würde trotz Ablehnungsantrag zu einer weiteren Beteiligung des Konkurrenten am Ablehnungsverfahren

98 Ebenso Lachmann, Rn. 1069.

kommen und gerade nicht dessen Zugang zu weiteren Geschäftsgeheimnissen verhindert werden.

3. Entscheidung über die Schiedsrichterablehnung gemäß § 1037 ZPO ohne Mitwirkung des abgelehnten Schiedsrichters bzw. des Schiedsgerichts

Nach dem bisherigen Stand der Analyse kann die Partei, die den Schiedsrichter ablehnt, die Bewahrung ihrer Geschäftsgeheimnisse mittels des vom Gesetzgeber vorgesehenen Verfahrens zur Ablehnung des Schiedsrichters gemäß § 1037 II 2 ZPO nicht erreichen. Aufgrund des Schiedsvertrages ist die Partei dennoch an das Schiedsverfahren gebunden und daher vorbehaltlich anderer Umstände verpflichtet, den Streit vor einem Schiedsgericht auszutragen. § 1037 ZPO ist also dahingehend zu untersuchen, ob die Vorschrift eine Möglichkeit für die ablehnende Partei enthält, die Durchführbarkeit des Verfahrens nach § 1037 ZPO dennoch zu gewährleisten. Das setzt in erster Linie die Durchführung eines Ablehnungsverfahrens voraus, welches den abgelehnten Schiedsrichter nicht an der Entscheidung über seine Ablehnung beteiligt. Innerhalb dieser Untersuchung werden hierzu sowohl die Möglichkeiten im zwischen den Parteien vereinbarten Verfahren gemäß § 1037 I ZPO als auch im gesetzlichen Verfahren gemäß § 1037 II ZPO geprüft. Diese bestehen zum einen in dem Ansatz, den abgelehnten Schiedsrichter aus dem Entscheidungsgremium auszuschließen, die Entscheidung einem anderen Gremium zu übertragen oder dem Schiedsgericht die Entscheidung über die Ablehnung des Schiedsrichters gänzlich zu entziehen und sie unmittelbar einem ordentlichen Gericht gemäß § 1037 III 1 ZPO zu übertragen.

a) Vereinbartes Verfahren nach § 1037 I ZPO

§ 1037 I ZPO billigt den Parteien das Recht zu, vorbehaltlich des § 1037 III ZPO ein Verfahren für die Ablehnung des Schiedsrichters zu vereinbaren. In dieser Arbeit wird zwar unterstellt, dass eine Vereinbarung der Parteien hinsichtlich des Ablehnungsverfahrens gemäß § 1037 I ZPO nicht vorliegt, weil es auch in der Praxis nur selten dazu kommt. Gleichwohl soll hier eine Vereinbarung formuliert werden, weil sich daran die Komplexität der praktischen Umsetzung des Regelungsziels veranschaulichen lässt. Die sich daraus ergebenden Möglichkeiten sind nun darauf zu untersuchen, ob sie der ablehnenden Partei eine Umbesetzung des Schiedsgerichts bei der Entscheidung über die Ablehnung des Schiedsrichters oder eine direkte Überweisung dieser Entscheidung an die staatliche Gerichtsbarkeit gemäß § 1037 III ZPO ermöglichen kann.

aa) Verfahren der Ablehnungsentscheidung gemäß § 1037 I ZPO

Das Verfahren für die Ablehnung des Schiedsrichters überlässt die Regelung des § 1037 I ZPO vorrangig der Parteivereinbarung. Darin können die Parteien die gesetzlichen Vorstellungen des Vorschaltverfahrens, beispielsweise über Form, Frist und Zuständigkeit, nach ihrem Belieben modifizieren.[99] Die Dispositionsbefugnis der Parteien ermöglicht in jedem Fall eine Änderung des Vorschaltverfahrens hinsichtlich der Entscheidung über die Ablehnung eines Schiedsrichters.[100] Die Parteien können das Schiedsgericht ermächtigen, die Entscheidung über die Ablehnung ohne den abgelehnten Schiedsrichter zu treffen. Ebenfalls besteht die Möglichkeit, dem Vorsitzenden des Schiedsgerichts alleine oder einem Dritten, beispielsweise einer anderen Schiedsinstitution oder der Handelskammer, die Entscheidung über die Ablehnung zu übertragen.[101] Treffen die Parteien eine dementsprechende Vereinbarung, wäre der abgelehnte Schiedsrichter zumindest nicht an der Entscheidung über seine Ablehnung beteiligt.

bb) Unmittelbare Entscheidung des staatlichen Gerichts

Als zweite Option kommt in Betracht, das Vorschaltverfahren gemäß § 1037 I ZPO gänzlich abzubedingen und die Ablehnungsentscheidung über das Schiedsrichteramt unmittelbar einem staatlichen Gericht vorzulegen. Dafür spricht zunächst auch die Begründung des Gesetzgebers, der § 1037 I ZPO zum Zwecke der Verfahrensbeschleunigung installierte.[102] Die Möglichkeit zur Verfahrensbeschleunigung soll die Parteien zum Erlass von Regelungen befähigen, die potentielle Verzögerungstaktiken bei der Ablehnung von Schiedsrichtern verhindern und die Sachbezogenheit der Ablehnungsgründe und damit die Neutralität des Schiedsgerichts stärken.[103] Unter diesen Gesichtspunkten erscheint es durchaus schlüssig, das Vorschaltverfahren der Disposition der Parteien zu unterwerfen. Gleichwohl werden zu diesem Thema unterschiedliche Standpunkte vertreten.

---

99 MüKoZPO/Münch, § 1037, Rn. 6; Baumbach/Lauterbach/Hartmann, § 1037, Rn. 3; Musielak/Voit, § 1037, Rn. 2.

100 MüKoZPO/Münch, § 1037, Rn. 6.

101 MüKoZPO/Münch, § 1037, Rn. 6; Stein/Jonas/Schlosser, § 1037, Rn. 1; Zimmermann, § 1037, Rn. 1; Musielak/Voit, § 1037, Rn. 2; Baumbach/Lauterbach/Hartmann, § 1037, Rn. 3.

102 BT.-Drucks. 13/5274, S. 41, l. Spalte.

103 BT.-Drucks. 13/5274, S. 41; MüKoZPO/Münch, § 1037, Rn. 1.

(1) Abdindbarkeit des Vorschaltverfahren gemäß § 1037 II 2 ZPO

Nach Ansicht des *OLG Hamburg* und einiger weiterer Vertreter reiche die Befugnis der Parteien gemäß § 1037 I ZPO so weit, das Vorschaltverfahren des § 1037 II 2 ZPO über die Ablehnung eines Schiedsrichters ersatzlos auszuschließen.[104] Als Begründung dafür führen sie § 1037 I ZPO an, in dem nur der Abs. 3 unabdingbar gestellt wird, der Abs. 2 gleichwohl nicht. Aus diesem Grund hielt auch das *OLG Hamburg* im Jahr 2005 eine sofortige Entscheidung des Gerichts über die Ablehnung des Schiedsrichters für gewollt, zumindest aber für möglich und demgemäß auch mit § 1037 III 1 ZPO vereinbar.[105] In einem anderen Beschluss des *OLG Hamburg*[106] über die Ablehnung eines Schiedsrichters aus dem Jahr 2003 hat das Gericht unmittelbar über die Ablehnungsgründe entschieden, ohne ein vorheriges Verfahren nach § 1037 II 2 ZPO als notwendig zu erachten. Dem Schiedsvertrag der beteiligten Parteien war die Schiedsgerichtsordnung der German Maritime Arbitration Association (*GMAA*) gemäß § 1037 I ZPO zugrunde gelegt, die keine Umsetzung des § 1037 II 2 ZPO enthält. In der Schiedsordnung des *GMAA* findet sich nur eine Wiederholung des § 1037 II 1 ZPO. Gemäß § 6 III *GMAA*[107] entscheidet über die Ablehnung das für den Sitz des Schiedsgerichts zuständige OLG, es sei denn, die andere Partei erklärt sich binnen zwei Wochen nach Kenntnis von der Ablehnung mit derselben einverstanden oder der abgelehnte Schiedsrichter legt sein Amt binnen derselben Frist nieder. Das Gericht begründete seine unmittelbare Zuständigkeit auch damit, dass es „ zweifelhaft sei, ob aus § 6 Abs. 3 der GMAA-Regeln eine Verpflichtung des Schiedsgerichts zu entnehmen ist, den Ablehnungsantrag dem Oberlandesgericht zur Entscheidung vorzulegen. In jedem Fall steht dieses Recht aber der ablehnenden Partei nach § 1037 III 1 ZPO zu. Von ihr ist auch ein entsprechender Antrag – und zwar als Hauptantrag – mit dem das gerichtliche Verfahren einleitenden Schriftsatz vom 8. Oktober 2002 gestellt

104 Hanseatisches OLG Hamburg, Beschluss vom 11.3.2003–6 Sch H 3/02 – TranspR 2003, S. 206, 207; Beschl. v. 12. Juli 2005–9 SchH 1/05 in SchiedsVZ 2006, S. 56; Musielak/Voit, § 1037, Rn. 2; Mankowski, SchiedsVZ 2004, S. 305; Baumbach/Lauterbach/Hartmann, § 1037, Rn. 1, 3; Zöller/Geimer, § 1037, Rn. 1; Thomas/Putzo/Reichold, § 1037, Rn. 1; Kröll, SchiedsVZ 2006, S. 203, 208.

105 Hanseatisches OLG Hamburg, Beschluss vom 12.7.2005–9 SchH 1/05, SchiedsVZ 2006, S. 56.

106 Hanseatisches OLG Hamburg, Beschluss vom 11.3.2003–6 Sch H 3/02, SchiedsVZ 2003, S. 192.

107 Mittlerweile § 6 Nr. 4 GMAA (http://www.gmaa.de/regeln/schiedsverfahren#SchiedsO%206).

worden".[108] Solange die ablehnende Partei diesen Schritt geht, kommt es nach Ansicht des Gerichts also nicht mehr darauf an, ob das Schiedsgericht verpflichtet ist, den Ablehnungsantrag dem Gericht vorzulegen.

Für diese Entscheidung spricht – neben der rechtlichen Begründung – nach der Ansicht von *Herber* auch die Zusammensetzung des Schiedsgerichts. Besteht das Schiedsgericht – wie beispielweise bei der Zugrundelegung der Schiedsregeln der GMAA – nur aus zwei Personen, ergeben sich Zweifel an dem Nutzen einer Abstimmung des Schiedsgerichts über den Ablehnungsantrag.[109] Der abgelehnte Schiedsrichter hat zu dem Zeitpunkt der Entscheidung des Schiedsgerichts bereits die Gelegenheit gemäß § 1037 II 2 1. Var. ZPO versäumt, freiwillig von seinem Amt zurückzutreten. Es erscheint daher unwahrscheinlich, dass der Schiedsrichter im Vorschaltverfahren zu einer anderen Einschätzung kommt, weshalb das Verfahren in einem solchen Fall kein Ergebnis hervorbringt.[110]

(2) Unabdingbarkeit des Vorschaltverfahrens gemäß § 1037 II 2 ZPO

Nach gegenteiliger Auffassung ist ein völliger Verzicht auf das Vorschaltverfahren und die damit verbundene unmittelbare Entscheidung eines staatlichen Gerichts nicht mit § 1037 III 1 ZPO zu vereinbaren.[111] Als Hauptargument wird dabei der Wortlaut des § 1037 III 1 ZPO (arg. ex 1. Halbs. und 2. Halbs. e contrario) ins Feld geführt, der besagt: „Bleibt die Ablehnung nach dem von den Parteien vereinbarten Verfahren oder nach dem in Absatz 2 vorgesehenen Verfahren erfolglos, so kann die ablehnende Partei innerhalb eines Monats, nachdem sie von der Entscheidung, mit der die Ablehnung verweigert wurde, Kenntnis erlangt hat, bei Gericht eine Entscheidung über die Ablehnung beantragen; die Parteien können eine andere Frist vereinbaren".[112] Nach dieser Ansicht stellt die in § 1037 III 1 ZPO niedergelegte Entscheidung des Gesetzgebers zwingend auf ein Gremium ab, welches sich vor der Gerichtsentscheidung mit der Ablehnung des Schiedsrichters befasst und diese negativ beschieden haben muss. Streng nach dem Wortlaut fehle den Parteien daher die Dispositionsbefugnis, um unmittelbar die Entscheidung

---

108 Hanseatisches OLG Hamburg, Beschluss vom 11.3.2003–6 Sch H 3/02, SchiedsVZ 2003, S. 192.

109 Herber, TranspR 2003, S. 207.

110 Herber, TranspR 2003, S. 208.

111 MüKoZPO/Münch, § 1037, Rn. 3, 5; Stein/Jonas/Schlosser, § 1037, Rn. 2; Lachmann, Rn. 1086, 1090; OLG München, SchiedsVZ 2006, S. 286, 288 [II 3 vor a]; OLG Report München 2006, S. 872: „notwendige Vorabentscheidung".

112 MüKoZPO/Münch, § 1037, Rn. 5 m.w.N.

eines staatlichen Gerichts gemäß § 1037 III 1 ZPO herbeizuführen, ohne das Vorschalt- oder ein ähnliches Verfahren in Anspruch zu nehmen. Statthaft ist nach dieser Ansicht etwa eine Regelung über Form, Frist oder Zuständigkeit, wie es bereits der Gesetzeswortlaut gestattet, § 1037 III 1 2. Halbs. ZPO.

(3) Streitentscheidung zu Gunsten der Abdingbarkeit

Bei der Gegenüberstellung der Ansichten kollidieren auf der einen Seite der Wortlaut des § 1037 I ZPO, der Thelos der Norm hinsichtlich der Verfahrensbeschleunigung sowie die Praktikabilität von 2-Mann-Schiedsgerichten mit dem Wortlaut des § 1037 III 1 ZPO auf der anderen Seite. Leider setzen sich die Vertreter beider Ansichten nicht dezidiert mit der jeweiligen Gegenseite auseinander. Das *HansOLG Hamburg* lehnt in seinem Beschluss vom 12.7.2005 das Argument des § 1037 III 1 ZPO ab, weil es „den Senat insoweit nicht überzeuge".[113] Eine weitergehende rechtliche Begründung liefert es nicht.

Das bedeutet jedoch nicht, dass es keine weiteren Argumente für die Disponibilität des Vorschaltverfahrens gemäß § 1037 II 2 ZPO gibt. Zum einen überzeugt das Wortlautargument des § 1037 III 1 ZPO nicht vollständig. Eine ablehnende Entscheidung eines Gremiums kann dem Wortlaut nämlich nicht ohne weiteres entnommen werden. Vielmehr spricht das Gesetz von einer „Ablehnung nach dem von den Parteien vorgesehenen Verfahren". Dieses Verfahren können die Parteien jedoch gemäß § 1037 I ZPO beispielsweise auch derart gestalten, dass dafür nur der Ablehnungsantrag einer Partei erforderlich ist, so wie es das *OLG Hamburg* im Fall der GMAA-Regelungen für möglich erklärt hat. Stimmt der Schiedsrichter seiner Ablehnung nicht zu, ist das von den Parteien vorgesehene Verfahren erfolglos durchgeführt. Dann ist der Weg frei zu den staatlichen Gerichten. Dafür spricht auch die Formulierung „oder" in § 1037 III 1 ZPO, die zwischen einem von den Parteien vereinbarten Verfahren und der Verfahrensweise in § 1037 II ZPO unterscheidet. Daraus lässt sich entnehmen, dass die Vereinbarung der Parteien gerade nicht so ausgestaltet sein muss, wie es Abs. 2 S. 2 verlangt, bei dem ein anderes Gremium als das OLG vorher über das Ablehnungsgesuch entscheidet.

Zum anderen wird die vom Gesetzgeber intendierte Verfahrensbeschleunigung nur dann konsequent umgesetzt, wenn das Vorschaltverfahren von den Parteien per Vertrag ausgeschlossen werden kann. Denn nach dem klaren Wortlaut ist jedenfalls die oberlandesgerichtliche Überprüfung der Schiedsrichterbestellung

113 Hanseatisches OLG Hamburg, Beschluss vom 12.7.2005–9 SchH 1/05, SchiedsVZ 2006, S. 56.

unumstößlich. Mit dem Ausschluss des Vorschaltverfahrens können die Parteien mithin eine Instanz sparen. Die Zeitersparnis ist umso größer, weil das Vorschaltverfahren ein bereits konstituiertes Gremium voraussetzt. Die Zeit des Konstituierungsprozesses wird somit gespart. Mithin ist es den Parteien möglich, per Vereinbarung das Vorschaltverfahren vollumfänglich auszuschließen.

Ob es daneben die praktische Notwendigkeit verlangt, bei einem 2-Mann-Schiedsgericht sogleich das zuständige OLG anzurufen, kann vorerst dahingestellt bleiben. Es spricht jedenfalls nicht alles dafür. Lehnen beispielsweise beide Schiedsrichter das Ablehnungsgesuch ab, kommt dieser Entscheidung eine praktische Bedeutung zu.

cc) Herausforderungen bei der Erstellung von Schiedsklauseln zum Schutz von Geschäftsgeheimnissen gemäß § 1037 I ZPO

Die Möglichkeit zum Ausschluss des abgelehnten Schiedsrichters von der Entscheidung über seine Ablehnung im Verfahren gemäß § 1037 I ZPO ist jedoch nur der erste Schritt zur Bewahrung der Geschäftsgeheimnisse. Diese Möglichkeit muss im zweiten Schritt durch eine entsprechende Vereinbarung im Schiedsvertrag auch praktisch umgesetzt werden. Die Erstellung von präzisen und vollständigen Schiedsklauseln ist insbesondere für die Erhaltung von Geschäftsgeheimnissen und den damit korrespondierenden Verschwiegenheitspflichten mit großen Herausforderungen verbunden. So hapert es in Gesellschaftsverträgen, bei denen für interne Auseinandersetzungen ein Schiedsverfahren vorgesehen ist, häufig an expliziten Regelungen zum Schutz von Geschäftsgeheimnissen, obwohl ebendiese regelmäßig in derartigen Auseinandersetzungen tangiert werden. Dabei obliegt es den Parteien, die ihnen vom Gesetzgeber zur Verfügung gestellten Freiräume bei der Gestaltung des Schiedsverfahrens aktiv entweder zu ihren Gunsten zu nutzen oder aber explizit auszuschließen. Haben die Parteien jedoch wenig Erfahrung Schiedsverfahren, werden diese Freiräume zwangsläufig nicht ausgenutzt und führen damit zu unvollständigen Schiedsvereinbarungen.

(1) Beispiel einer Klausel zur Enthaltung des abgelehnten Schiedsrichters bei der Entscheidung über seine Ablehnung

Beispielhaft sollen diese Herausforderungen an einem Einzelfall dargestellt werden. Dafür wird eine Schiedsvereinbarung zugrunde gelegt, die dem abgelehnten Schiedsrichter für den gesamten Verlauf des Ablehnungsverfahrens vorschreibt, daran unbeteiligt zu bleiben. Eine solche Klausel zur Bestimmung und Beteiligung der Schiedsrichter könnte folgendermaßen aussehen:

…

4. Schiedsrichter müssen Rechtsanwälte sein. Wenn zum Zeitpunkt der Anrufung des Schiedsgerichts Wirtschaftsprüfer oder Steuerberater Gesellschafter sind, können auch Wirtschaftsprüfer oder Steuerberater zu Schiedsrichtern bestellt werden.

5. Wird ein Schiedsrichter abgelehnt, ist er an der Entscheidung über seine Ablehnung nicht zu beteiligen.

(2) Auswirkungen dieser Klausel

Mit dieser Regelung scheint auf den ersten Blick die Gefahr des Verlustes der Geschäftsinterna während des Ablehnungsverfahrens gebannt, selbst wenn ein Konkurrent als Schiedsrichter benannt wurde. Allerdings ist der Ausschluss der Mitentscheidung des abgelehnten Schiedsrichters nur ein Pyrrhussieg. Denn selbst diese Formulierung verhindert keine Interpretation der Klausel in der Weise, dass der Schiedsrichter nicht von den Beratungen über seine Ablehnung ausgeschlossen ist. Damit hat die ablehnende Partei – trotz Klausel – nichts gewonnen. Denn das Übel liegt für die betroffene Partei nicht allein in der Beteiligung des Schiedsrichters an der Entscheidung über seine Ablehnung. Unabhängig von seiner Beteiligung an der Abstimmung beruht die Gefahr in jeder Kenntnisnahme weiterer Details zum Streitgegenstand. In der Beratung werden alle in Betracht kommenden Gründe diskutiert, die für oder gegen eine Ablehnung des Schiedsrichters anzuführen sind. Notwendigerweise kann diese Diskussion nicht ohne eine eingehende Beleuchtung des Streitgegenstandes geführt werden. Bereits die Teilnahme an der Beratung über seine Ablehnung würde die Kenntnis des Schiedsrichters über die Vorgänge innerhalb des streitbefangenen Unternehmens daher erheblich erweitern. Eine Ausschlussklausel zur Verhinderung der Beteiligung des abgelehnten Schiedsrichters muss sich daher auf das gesamte Ablehnungsverfahren beziehen und auch so formuliert werden.

An dieser Stelle erschließen sich daher sehr deutlich die Untiefen, die der vermeintliche Vorteil der freien Disponibilität des Verfahrens zur Ablehnung des Schiedsrichters mit sich bringt. Das gilt selbst für den seltenen Fall, in dem eine Vereinbarung der Parteien gemäß § 1037 I ZPO existiert, wonach der abgelehnte Schiedsrichter nicht an der Entscheidung über seine Ablehnung mitwirken darf. Ein Indiz für das fehlende Wissen um die Handhabe solcher Klauseln, die auch die Teilnahme des abgelehnten Schiedsrichters von der Beratung vertraglich ausschließen, offenbart sich bei der Lektüre der einschlägigen Schiedsgerichtsliteratur. Es findet sich erkennbar kein Hinweis hierauf in den Kapiteln zur Besetzung des Schiedsgerichts.

b) Unmittelbare gerichtliche Entscheidung im gesetzlichen Verfahren nach § 1037 II 2 ZPO

Haben die Parteien des Schiedsverfahrens keine Vereinbarung über das Verfahren der Schiedsrichterablehnung nach § 1037 I ZPO getroffen – wovon für den Rest der Arbeit weiterhin ausgegangen wird –, ist nach dem Wortlaut des Gesetzes das Vorschaltverfahren gemäß § 1037 II 2 ZPO der nächste Schritt. Eine Umgehung des Vorschaltverfahrens mit einen direkten Antrag an das zuständige OLG gemäß § 1037 III 1 ZPO kommt nach dem Gesetzeswortlaut auch nicht in Betracht. Das zuständige OLG müsste diesen Antrag als unzulässig zurückzuweisen.[114] Aufgrund der Interessenlage der ablehnenden Partei soll an dieser Stelle trotz des klaren Gesetzeswortlautes die Frage diskutiert werden, ob eine unmittelbare Entscheidung des Ordentlichen Gerichts ohne vorheriges Vorschaltverfahren im gesetzlich geregelten Ablehnungsverfahren dennoch möglich ist. Eine solche Diskussion findet auch in der Literatur statt, jedenfalls in Bezug auf die Zahl der Schiedsverfahren beteiligten Schiedsrichter.

aa) Einzelschiedsrichter:

Haben die Parteien das Schiedsverfahren einem Einzelschiedsrichter unterstellt, befürworten einige Stimmen in der Literatur die direkte Entscheidung des Staatsgerichts hinsichtlich der Ablehnung des Schiedsrichters.[115] Die Vertreter dieser Ansicht begründen die direkte Entscheidung des ordentlichen Gerichts damit, dass ein vorgeschalteter Entscheid des Schiedsgerichts bei einer Person naturgemäß ausgeschlossen sei. Ein Einzelschiedsrichter sei nicht in der Lage, die Entscheidung über seine Befangenheit alleine zu fällen. Um eine solche Entscheidung zu treffen, müsse an der Entscheidung zumindest ein weiterer Schiedsrichter beteiligt sein, gegen den kein Vorwurf der Befangenheit bestehe. Nach Ansicht von *Osterthun* läuft es unter Berücksichtigung von Zumutbarkeitsgesichtspunkten darauf hinaus, den Ablehnungsantrag unmittelbar einem staatlichen Gericht vorzulegen.[116]

Die Gegenansicht besteht darauf, dass auch bei einem Einzelschiedsrichter dieser als bestehendes Schiedsgericht selbst über seine Ablehnung entscheidet. Die vorherige Entscheidung auch des Einzelschiedsrichters trage bereits maßgeblich

---

114 Mankowski, SchiedsVZ 2004, S. 304, 305; Stein/Jonas/Schlosser, § 1037, Rn. 3.

115 Schwab/Walter, Kap. 14, Rn. 22; Lionnet, S. 284; Zimmermann, § 1037, Rn. 2; Osterthun, TranspR 1998, S. 182.

116 Osterthun, TranspR 1998, S. 182.

zur Aufklärung des Sachverhalts bei und sei daher zweckmäßig.[117] Darüber hinaus finde auch bei einem Dreierschiedsgericht das Vorschaltverfahren bei Ablehnung sämtlicher Schiedsrichter Anwendung.[118]

Im Ergebnis kommen sich beide Ansichten entgegen. So differenziert die zweite Ansicht nämlich danach, ob der Schiedsrichter die Ablehnungsentscheidung allein durch seinen Nichtrücktritt trifft[119], oder das Verfahren gemäß § 1037 II 2 ZPO Anwendung finden soll.[120] Zwar können sich die Vertreter dieser letzten Ansicht auf den Gesetzeswortlaut berufen, der auch bei einem Einzelschiedsrichter keine Einschränkung des Vorschaltverfahrens vorsieht. Allerdings scheitert deren Vorschlag, auch bei einem Einerschiedsgericht das Verfahren gemäß § 1037 II 2 ZPO durchzuführen, an praktischen Erwägungen. Wenn ein Schiedsrichter die Möglichkeit hat von seinem Amt zurückzutreten, besteht praktisch kein Bedarf an einem zusätzlichen Verfahren wie es § 1037 II 2 ZPO vorsieht. Die Überlegungen des Schiedsrichters vor seinem Rücktritt bzw. innerhalb eines Vorschaltverfahrens dürften identisch sein.

bb) Zwei- und Drei-Personen-Schiedsgerichte

Sowohl bei einem Zweier- als auch bei dem gesetzlichen Regelfall des Dreierschiedsgerichts wird ebenfalls eine Diskussion um die direkte Entscheidung des OLG geführt. Gerade bei sensiblen Streitgegenständen dürfte der gesetzliche Regelfall des Dreierschiedsgerichts gemäß § 1034 I 2 ZPO am häufigsten vorkommen. Sind die Meinungsverschiedenheiten zwischen Parteien so gravierend, dass sie ein Schiedsverfahren provozieren, werden sich die Parteien kaum auf einen Einzelrichter einigen können. Für eine vom eindeutigen Wortlaut des § 1037 II 2 ZPO abweichende Entscheidung ist jedoch ein überragendes Interesse erforderlich, welches mit der gesetzlichen Regelung kollidiert. Aus der folgenden Analyse des möglichen Stimmverhaltens bei einem Zwei- oder Drei-Personen-Schiedsgericht geht ein solcher Konflikt jedoch nicht hervor. Das gesetzlich vorgesehene Vorschaltverfahren hat seine praktische Berechtigung. In Betracht kommt aber eine unmittelbare Entscheidung des staatlichen Gerichts aus zwingenden rechtsstaatlichen Gründen.

---

117 Lachmann, Rn. 1070.

118 Lachmann, Rn. 1070.

119 MüKoZPO/Münch, § 1037, Rn. 18.

120 Baumbach/Lauterbach/Hartmann, § 1037, Rn. 4; Lachmann, Rn. 1070; Thomas/Putzo/Reichhold, § 1037, Rn. 4; Granzow, S. 116.

(1) Potentielles Stimmverhalten

§ 1052 I ZPO schreibt vor, dass jede Entscheidung des Schiedsgerichts, welches mit mehr als einer Person besetzt ist, mit Mehrheit der Stimmen aller Mitglieder zu treffen ist, solange die Parteien nichts anderes vereinbart haben. Eine Mehrheit im Sinne des § 1052 I ZPO ist, wie bei staatlichen Gerichten gemäß § 196 I GVG, die absolute Stimmenmehrheit.[121] Ist der abgelehnte Schiedsrichter nicht bereits freiwillig gemäß § 1037 II 2 ZPO zurückgetreten, wird er seine Zustimmung wohl kaum im Rahmen eines Vorschaltverfahrens erteilen.[122] Eine Mehrheit der Stimmen aller Mitglieder des Schiedsgerichts für die Ablehnung des Schiedsrichters, wie sie § 1052 I ZPO fordert, kommt daher bei einem Zwei-Personen-Schiedsgericht faktisch nicht zustande. Ein anderes Ergebnis ist nur denkbar, soweit der abgelehnte Schiedsrichter seine Teilnahme an der Abstimmung verweigert oder sich seiner Stimme enthält, § 1052 II ZPO.

Ebenfalls möglich ist aber auch, dass sich das Schiedsgericht geschlossen gegen die Ablehnung entscheidet. Stimmen die Schiedsrichter in dieser Weise ab, gewinnt das Vorschaltverfahren tatsächlich an Bedeutung.[123] Denn eine solche Entscheidung kann – falls sich die ablehnende Partei nicht gemäß § 1037 III 1 ZPO für eine Überprüfung dieser Entscheidung durch ein ordentliches Gericht entscheidet – bereits das Ende des Ablehnungsverfahrens bedeuten. Die Darstellung dieser Möglichkeiten in Verbindung mit der Unvorhersehbarkeit des Abstimmungsverhaltens der Schiedsrichter zeigt daher, dass auch aus praktischen Gesichtspunkten bei einem Zweierschiedsgericht die sofortige Entscheidung des Gerichts nicht in Frage kommt.

Bei einem Dreierschiedsgericht bildet der abgelehnte Schiedsrichter das „Zünglein an der Waage", soweit die beiden anderen Schiedsrichter sich nicht einigen können.[124] Sprechen die beiden nicht abgelehnten Schiedsrichter nicht mit einer Stimme, kommt es entscheidend auf das Votum des abgelehnten Schiedsrichters an. Insbesondere kann auch die Stimme des Vorsitzenden daran nichts ändern. Er ist „primus inter pares" und das Gesetz gewährt ihm weder Stich- noch Alleinentscheid.[125] Das Gesetz setzt damit auf das redliche „Bemühen um eine gemeinsam getragene Entscheidung", um nicht die Bedeutung der beiden beisitzenden Schiedsrichter zu schmälern.[126]

121 MüKoZPO/Münch, § 1052, Rn. 9; BT-Drs. 13/5274 S. 53 re. Sp. [2]; Thomas/Putzo/Reichold, § 1052, Rn. 1; Baumbach/Lauterbach/Hartmann, § 1052, Rn. 2.

122 MüKoZPO/Münch, § 1037, Rn. 19.

123 MüKoZPO/Münch, § 1037, Rn. 19.

124 MüKoZPO/Münch, § 1037, Rn. 20.

125 Holtzmann/Neuhaus, S. 808 ff.; Baumbach/Lauterbach/Hartmann, § 1052, Rn. 2.

126 BT-Drs. 13/5274 S. 54 li. Sp.

Die Darstellung des potentiellen Stimmverhaltens im Vorschaltverfahren offenbart somit seine praktische Berechtigung und erfüllt den vom Gesetzgeber vorgegebenen Zweck. Für eine unmittelbare Entscheidung des staatlichen Gerichts contra legem fehlt es somit an einem überragenden Interesse. Eine unmittelbare Entscheidung des staatlichen Gerichts widerspräche damit nicht nur der Vorstellung des Gesetzgebers, sondern auch dem Thelos des Vorschaltverfahrens.

(2) Unmittelbare Entscheidung aus rechtsstaatlichen Gründen

Das Vorschaltverfahren gemäß § 1037 II 2 ZPO begegnet in der aufgezeigten Konstellation jedoch rechtsstaatlichen Bedenken. Im Verlauf des Vorschaltverfahrens träte ein unwiderruflicher Geheimnisverlust an den Konkurrenten ein. Werden dem Schiedsgericht im Rahmen des Vorschaltverfahrens der Verschwiegenheitspflicht unterliegende Dokumente zugeführt, „fällt das Kind bereits vor der Entscheidung über die Ablehnung in den Brunnen". Diese Beeinträchtigung hat auch das *LG Hamburg* in seinem Beschluss vom 8. August 2006, Az.: 329 O 222/06 erkannt, in dem es zur Ablehnung eines Konkurrenten in einem gesellschafterinternen Schiedsgerichtsverfahren zur Anwendbarkeit des § 1037 II 2 ZPO Stellung bezogen hat. Zur Wahrung der Geschäftsgeheimnisse zieht das *LG Hamburg* in einem solchen Fall eine unmittelbare Anwendung des § 1037 III 1 ZPO oder des § 1038 I 2 ZPO in Betracht. Dementsprechend führt es dazu aus:

„... Aufgrund der vorliegenden Konstellation, dass nämlich eine Ablehnung des Schiedsrichters nicht aus Gründen möglicher mangelnder Unparteilichkeit, sondern aus Gründen der Wahrung von Geschäftsinterna betrieben wird, erscheint es zumindest nicht unvertretbar, dass sich die Antragsteller nicht auf § 1037 II 2 ZPO verweisen lassen müssen, da ein solches Verfahren der aufgeworfenen Problematik möglicherweise nicht gerecht wird, sondern sich direkt an ein staatliches Gericht wenden, sei es mit einem Antrag gemäß § 1037 III 1 ZPO oder mit einem Antrag gemäß § 1038 I 2 ZPO. Über die Frage der Zulässigkeit des Antrags an das OLG zu befinden, ist nicht Aufgabe des erkennenden Gerichts, sondern des zuständigen OLG. ..."

Anschließend entschied das *HansOLG Hamburg* mit Beschluss vom 23. Februar 2007, Az.: 11 W 111/06; 329 O 222/06 über seine Zuständigkeit und die Annahme der einstweiligen Verfügung[127]:

„... In einem solchen Fall ist es den Antragsstellern ausnahmsweise nicht zuzumuten, den Ausgang des Vorschaltverfahrens gemäß § 1037 II 2 ZPO abzuwarten und Gefahr zu laufen, dass im Rahmen des Ablehnungsverfahrens Interna der Gesellschaft

127 Das OLG hatte nur noch im Rahmen der Kostenentscheidung darüber zu befinden.

offenbart werden, da der Schiedsrichter über die gegen ihn gerichtete Ablehnung mit zu entscheiden hat. ...“

Die Entscheidungen beider Gerichte bestätigen damit eine Ausnahme vom ansonsten klaren Gesetzeswortlaut des § 1037 II 2 ZPO für den Fall der Kollision des Vorschaltverfahrens mit der Bewahrung von Geschäftsinterna. Die ablehnende Partei könnte daher einen direkten Antrag an das zuständige OLG gemäß § 1037 III 1 ZPO stellen.

c) Fortsetzung des Schiedsgerichts gemäß § 1037 III 2 ZPO

Allerdings gehen die Schwierigkeiten zur Bewahrung der Geschäftsgeheimnisse im schiedsverfahrensrechtlichen Ablehnungsverfahren über das Vorschaltverfahren hinaus. Kommt das Schiedsgericht bei der Entscheidung über die Besetzung des Schiedsrichteramts mit dem Konkurrenten nicht zu dessen Ablehnung oder ist wie in diesem Fall ein direkter Antrag an das OLG zulässig, wird gemäß § 1037 III 1 ZPO die Entscheidung über die Ablehnung des Schiedsrichters gemäß § 1062 I Nr. 1 ZPO vom zuständigen OLG getroffen. Es trifft sie durch unanfechtbaren Beschluss nach vorheriger Anhörung des Gegners (§§ 1063 I, 1065 I 2 ZPO) und stellt damit im Hinblick auf die infrage stehende Befangenheit des Schiedsrichters die letzte Instanz dar.[128]

Die eigentliche Besonderheit des Verfahrens gemäß § 1037 III ZPO ist allerdings § 1037 III 2 ZPO. Danach kann das Schiedsgericht das Schiedsverfahren einschließlich des abgelehnten Schiedsrichters fortsetzen und durch Schiedsspruch abschließen („kann“), während der Antrag über die Ablehnung eines Schiedsrichters rechtshängig ist. Die Rechtshängigkeit des Antrags bei dem zuständigen OLG hindert also die Fortführung ebenso wenig wie die Beendigung des schiedsrichterlichen Verfahrens. Dem bestehenden Schiedsgericht ist damit zur Vermeidung unangemessener Verfahrensverzögerung einen Ermessensspielraum eröffnet.[129] Damit hat der Gesetzgeber für das Schiedsverfahren eine Regelung getroffen, die erneut ausdrücklich von denen für den Zivilprozess abweicht. So formuliert § 47 I ZPO für den abgelehnten Richter, vor Erledigung des Ablehnungsgesuches nur solche Handlungen vorzunehmen, die keinen Aufschub gestatten.

---

128 MüKoZPO/Münch, § 1037, Rn. 21, 25; Stein/Jonas/Schlosser, § 1037, Rn. 7; Thomas/Putzo/Reichold, § 1037, Rn. 6.

129 MüKoZPO/Münch, § 1037, Rn. 26; Schwab/Walter, Kap. 14, Rn. 26, vgl. BAG, Beschluss vom 11.9.2001–1 ABR 5/01 – BB 2002, S. 577

Auch bei § 1037 III 2 ZPO findet sich daher wieder die Ausprägung des rechtsstaatlichen Grundsatzes der Verfahrensbeschleunigung.[130] Dieser beruht auf dem Anspruch auf Verfahrenserledigung in angemessener Zeit und folgt aus dem Rechtsstaatsprinzip gemäß Art. 20 III GG bzw. dem Menschenrecht auf ein faires Verfahren Art. 6 Abs. 1 EMRK.[131] Gleichzeitig stellt § 1037 III 2 ZPO mit der Möglichkeit der Fortführung des Schiedsverfahrens einen maßvollen Ausgleich zu den Interessen der Partei her, deren Schiedsrichter abgelehnt werden soll.[132] Üblicherweise erfolgt daher auch die gerichtliche Entscheidung des OLG so zeitnah, dass mit aufwendigen und teuren Beweisaufnahmen und dem Erlass des Schiedsspruches gewartet werden kann, ohne dass ein Schaden für eine der Parteien entsteht.[133] Zum Wohle des Schiedsverfahrens ist es dem Schiedsgericht gleichzeitig möglich, sich mit dem zuständigen OLG bezüglich der Zeitplanung abzustimmen.[134]

Bei der materiellen Entscheidung über die Fortsetzung des Verfahrens hat das Schiedsgericht eine Güterabwägung vorzunehmen: Ist der geltend gemachte Ablehnungsgrund offensichtlich abwegig oder deutet er auf eine Verzögerungstaktik einer Partei hin, so ist es die Pflicht des Schiedsgerichts, die Möglichkeit der Verfahrensfortführung auch einzusetzen.[135] Liegen diese Voraussetzungen nicht vor, wird das Schiedsgericht sich regelmäßig dafür entscheiden, das Schiedsverfahren auszusetzen. Denn die Entscheidung des Schiedsgerichts bei einer Fortsetzung gemäß § 1037 III 2 ZPO steht unter dem Damoklesschwert einer möglichen Aufhebung des Schiedsspruches. Führt das Verfahren vor dem OLG nämlich zu der Ablehnung des Schiedsrichters, bedeutet die Mitwirkung des abgelehnten Schiedsrichters an der Entscheidung des Schiedsgerichts einen Prozessablaufmangel gemäß § 1059 II Nr. 1 d 1. Halbs. 2. Var. ZPO.[136] Die Mitwirkung des abgelehnten Schiedsrichters hat sich in der Regel nämlich auch tatsächlich auf den Schiedsspruch im Sinne des § 1059 II Nr. 1 d 1. Halbs. 2. Var. ZPO ausgewirkt. Eine Ausnahme von der Aussetzung kommt jedoch in den Fällen in Betracht, in denen eine Entscheidung des Schiedsgerichts keinen Aufschub duldet und daher das Risiko einer Aufhebung bewusst in Kauf genommen wird, was zweifellos nur selten der Fall

130 BAG, Beschluss vom 11.9.2001–1 ABR 5/01 – BB 2002, S. 577.
131 BVerfGE 54, S. 39, 41; BVerfG, NJW 2001, S. 214; BVerfG, NJW 2005, S. 739.
132 MüKoZPO/Münch, § 1037, Rn. 26; Granzow, S. 115 ff.
133 Stein/Jonas/Schlosser, § 1037, Rn. 8.
134 Stein/Jonas/Schlosser, § 1037, Rn. 8.
135 MüKoZPO/Münch, § 1037, Rn. 26; Stein/Jonas/Schlosser, § 1037, Rn. 8.
136 MüKoZPO/Münch, § 1059, Rn. 30.

sein dürfte.[137] Es herrscht daher Einigkeit darüber, die Möglichkeit der Verfahrensfortsetzung nur nach einer sorgfältigen Prüfung der dafür vorgebrachten Gründe in Betracht zu ziehen und eine zurückhaltende Handhabung dieser Vorschrift an den Tag zu legen.[138] Ein Aufhebungsverfahren verursacht für alle Beteiligten einen höheren und vor allem vermeidbaren Aufwand an Zeit und für die Parteien obendrein zusätzliche Kosten.[139] Entsprechend kritisch beäugt wird eine Entscheidung des Schiedsgerichts, wenn es dem Antrag auf Fortsetzung des Verfahrens zustimmt.[140]

Der praktischen Handhabung des § 1037 III 2 ZPO lässt sich daher auch entnehmen, dass die Fortsetzung des Schiedsverfahrens gemäß § 1037 III 2 ZPO keinesfalls selbstverständlich ist. Gleichwohl bleibt es eine Einzelfallentscheidung des Schiedsgerichts und hängt damit allein von seiner Bewertung des Sachverhalts als auch von seinen Zeitvorstellungen ab, in welchen es das Schiedsverfahren zu einem Ende bringen möchte. Auch im Fall der Bestellung eines Konkurrenten zum Schiedsrichter bleibt dem Schiedsgericht daher die Möglichkeit zur Verfahrensfortsetzung gemäß § 1037 III 2 ZPO erhalten, auch wenn der Ablehnungsgrund, die Unvereinbarkeit des Schiedsrichteramtes wegen gleichzeitiger Ausübung einer konkurrierenden Tätigkeit, weder offensichtlich abwegig noch als Grundlage einer Verzögerungstaktik erscheint.

Unabhängig von der Entscheidung des Schiedsgerichts bezüglich der Ablehnung des Schiedsrichters kommt es aber im Falle einer Anwendung des § 1037 III 2 ZPO und der damit verbundenen Fortführung des Verfahrens unter Mitwirkung des abgelehnten Schiedsrichters zu einer weiteren Offenbarung von Geschäftsgeheimnissen. Der Schiedsrichter, gegen den sich der Ablehnungsantrag richtet, hätte im Wege des Verfahrens nach § 1037 III 2 ZPO wieder Zugang zu allen den Streitgegenstand betreffenden Informationen. Das ist das Gegenteil von dem, was die Partei mit ihrem Ablehnungsantrag erreichen will.

4. Kontakt zwischen Partei und Schiedsrichter im Laufe des Verfahrens

Neben der Formulierung einer entsprechenden Klausel im Verfahren gemäß § 1037 I ZPO bzw. der Fortsetzung des Schiedsverfahren gemäß § 1037 III 2 ZPO wartet

137 MüKoZPO/Münch, § 1037, Rn. 26.

138 Statt aller: Lachmann, Rn. 1082.

139 MüKoZPO/Münch, § 1037, Rn. 26; Stein/Jonas/Schlosser, § 1037, Rn. 8; Schwab/Walter, Kap. 14, Rn. 26; Lachmann, Rn. 1082.

140 Lachmann, Rn. 1082.

noch eine weitere Herausforderung auf dem Weg zur Sicherung der Geschäftsgeheimnisse. Das resultiert aus der Natur des Ablehnungsverfahrens gemäß §§ 1036, 1037 ZPO, das eine Konstituierung des Schiedsgerichts vor der Entscheidung über die Ablehnung verlangt. Das Ablehnungsverfahren ermöglicht es der ablehnenden Partei nicht, umgehend in die Besetzung des Schiedsgerichts einzugreifen, sondern mutet ihr ein weiteres Abwarten bis zur Konstituierung zu. In Folge des Zeitverlustes eröffnet sich für Schiedsrichter und Parteien die Möglichkeit, weiterhin in Kontakt zu bleiben bzw. wieder miteinander in Kontakt zu treten. Dass ein solches Szenario nicht abwegig ist, zeigt ein Vergleich mit der staatlichen Gerichtsbarkeit. Dort ist, gerade in der Kammer für Handelssachen, eine – telefonische – Absprache der Richter mit den Parteien und ihren Vertretern über Fristen und Termine an der Tagesordnung.[141] Das liegt auch an der Besonderheit des damit konfrontierten Personenkreises, der durch seine überschaubare Größe weiterhin ein vertrauensvolles Zusammenarbeiten ohne eine Beanstandung dieser Vorgehensweise gewährleisten soll und dieses Vorgehen bislang toleriert.[142] Letztlich bleibt den Beteiligten nichts anderes übrig, als sich auf die Integrität des Richters zu verlassen und zu hoffen, dass er sich bei den Gesprächen mit der Gegenseite nicht auf eine Diskussion zur Sache ein- oder sogar hineinmanövrieren lässt.[143]

Das Schiedsgerichtsverfahren hält ebenfalls für jede Partei die Möglichkeit bereit, auch außerhalb des Schiedsprozesses Kontakt zu dem von ihr benannten Schiedsrichter herzustellen. Das zeitliche Fenster für eine solche Handlung besteht auch nicht nur vor der Bestellung des Schiedsrichters oder während einer möglichen Aussetzung des Schiedsverfahrens wegen der Entscheidung des OLG über die Ablehnung des Schiedsrichters gemäß § 1037 III 1 ZPO. Es besteht vielmehr über die gesamte Dauer des Verfahrens. Zwar sind „die Schiedsrichter keine Büttel ihres Ernennenden“[144] und halten sich daher prinzipiell nach der Konstituierung des Schiedsgerichts von „ihrer“ Partei fern. Diese in der Regel eingehaltene Distanz zwischen Schiedsrichter und Partei soll einerseits die Neutralität des Verfahrens sichern, andererseits aber auch die Schiedsrichter vor möglicherweise nachhaltigen Konsequenzen bewahren. Denn eine Kontaktaufnahme von Schiedsrichter und Partei kann unter Umständen den Boden für Zweifel an der Unparteilichkeit oder Unabhängigkeit des Schiedsrichters bereiten und damit den Vorwurf auslösen, den man im deutschen Prozessrecht mit „Besorgnis der Befangenheit“

141 Lachmann, Rn. 1019.
142 Lachmann, Rn. 1019.
143 Lachmann, Rn. 1019.
144 MüKoZPO/Münch, § 1036, Rn. 39.

bezeichnet.[145] *Lachmann* betont daher zu Recht, dass im Schiedsgerichtswesen die Kommunikation zwischen Gericht und Parteien bedenklich erscheint und schlägt zugleich vor, in diesem sensiblen Bereich als Tribut an die Transparenz moderne Kommunikationsmittel wie z.B. Email oder Telefax einzusetzen.[146] Jedenfalls können die Parteien des Schiedsgerichtsverfahrens nach seiner Ansicht vom Schiedsgericht erwarten, die einseitige Kontaktaufnahme mit der Gegenseite auf das Notwendigste zu reduzieren, die betroffene Partei aber gleichzeitig davon unverzüglich und vollständig zu unterrichten, sobald sie stattgefunden hat.[147] Einen Schritt weiter geht an dieser Stelle der Vorschlag von *Münch*, nach dem möglichst alle Kontakte über den Obmann ausgetragen werden sollen und sich damit im begrenzten Lichte der Öffentlichkeit des Schiedsverfahrens vollziehen, so dass sich der Schiedsrichter nicht dem Vorwurf der Befangenheit aussetzen muss.[148]

Die Bedenken hinsichtlich des Informationsaustausches zwischen Partei und Schiedsrichter verstärken sich, wenn man einen Blick auf die Beurteilung dieser Regeln durch die Rechtsprechung wirft. Diese hatte mehrfach über die Frage zu entscheiden, ob die Besorgnis der Befangenheit gerechtfertigt ist, wenn ein Schiedsrichter Informationen nicht zurückweist, die ihm die Partei, die ihn benannt hat, außerhalb des Schiedsverfahrens erteilt hat.[149] In diesem Zusammenhang führte das *OLG Neustadt* aus, dass es zwar unerwünscht und dem Schiedsverfahren abträglich sei, wenn eine Partei dem von ihr benannten Schiedsrichter außerhalb des Schiedsverfahrens Informationen erteile.[150] Weise der Schiedsrichter diese Informationen aber nicht zurück, so rechtfertige dies nach Ansicht des *OLG Neustadt* jedoch nicht ohne weiteres den Vorwurf der Befangenheit. Der Vorwurf sei vielmehr erst dann berechtigt, wenn die Informationen ausschließlich an diesen Schiedsrichter weitergegeben und damit den übrigen Prozessbeteiligten vorenthalten werden solle.[151] Unbedenklich seien dagegen knappe Schilderungen zum Streitgegenstand, die zur Gewinnung des Kandidaten für das Schiedsrichteramt

---

145 Zöller/Geimer, § 1036, Rn. 12; MüKoZPO/Münch, § 1036, Rn. 39; Schwab/Walter, Kap. 14, Rn. 6.

146 Lachmann, Rn. 1019.

147 Lachmann, Rn. 1019 m.w.N.

148 MüKoZPO/Münch, § 1036, Rn. 39.

149 OLG München, JW 1929, S. 3175; OLG Neustadt, MDR 1955, S. 616; OLG München, BB 1971, S. 886; MüKoZPO/Münch, § 1036, Rn. 39; Zöller/Geimer, § 1036, Rn. 12.

150 OLG Neustadt, MDR 1955, S. 616; ähnlich OLG München, JW 1929, S: 3175; sich anschließend OLG München, BB 1971, S. 886.

151 OLG Neustadt, MDR 1955, S. 616; ähnlich OLG München, JW 1929, S. 3175.

dienen oder die Übersendung des zwischen den Parteien geführten – und nicht kommentierten – Schriftwechsels an den sodann bestellten Schiedsrichter.[152]

Die Interpretation der angesprochenen Verhaltensregeln durch die Rechtsprechung bringt damit den Maßstab zum Vorschein, der für den begründeten Vorwurf der Befangenheit wegen eines Informationsaustausches zwischen Schiedsrichter und Partei gefordert wird. Eine bloße Kontaktaufnahme reicht dafür jedenfalls ebenso wenig wie eine nicht kommentierte Mitteilung des wechselseitigen Schriftwechsels der Prozessparteien. Im Fall einer gesellschafterinternen Auseinandersetzung unterliegt jedoch bereits diese Tatsache der Verschwiegenheitspflicht.[153] Übersendet eine Partei einen Auszug des vorangegangenen Schriftwechsels an den konkurrierenden Schiedsrichter, werden damit Geschäftsgeheimnisse gegenüber einem Konkurrenten offenbar. Die von der Rechtsprechung für den Vorwurf der Befangenheit angesetzte Schwelle ist damit zu hoch, um den praktischen Anforderungen zur Bewahrung von Geschäftsgeheimnissen gerecht zu werden. Die geringe Anzahl an auffindbaren Urteilen zu diesem Thema ist daher auch nicht allein als Ergebnis der Nichtöffentlichkeit des Schiedsverfahrens anzusehen, sondern unterstreicht auch die von den Gerichten an dieser Stelle praktizierte Toleranz. Die Argumentation der Rechtsprechung konzentriert sich zu sehr auf das Merkmal der „Befangenheit", als dass ihre Anwendung sich für eine sachgerechte Lösung für die Bewahrung von Geschäftsgeheimnissen im Falle der Bestellung eines Konkurrenten zum Schiedsrichter heranziehen ließe. Bevor sich nämlich die Befangenheit des Schiedsrichters überhaupt auf das Verfahren auswirken kann, kommt es zu einem Informationsgewinn auf Seiten des Schiedsrichters bezüglich weiterer sensibler Bestandteile des Streitgegenstandes. Dabei braucht es sich nicht um Informationen zu handeln, die nur für den Schiedsrichter bestimmt sind und den übrigen Prozessbeteiligten vorenthalten werden sollen, sondern es genügt bereits eine kurze Sachdarstellung zum Sachverhalt, beispielsweise zur internen Organisation der Gesellschaft, um für den Konkurrenten einen Gewinn und gleichzeitig für die betroffene Partei einen Verlust von Geschäftsgeheimnissen herbeizuführen. Damit bewegt sich der Informationsgewinn gerade unterhalb der Grenze, ab der ein Einschreiten des Gerichts mit Hilfe des Befangenheitsvorwurfs gelingen würde, aber bereits oberhalb dessen, was für die von dem Verlust der Geschäftsgeheimnisse betroffene Partei akzeptabel ist. Eine kurze Sachdarstellung zwischen Partei und Schiedsrichter ist damit für die Gegenseite ähnlich unvorteilhaft wie bereits die erste Besprechung vor der Konstituierung des Schiedsgerichts

152 OLG Neustadt, MDR 1955, S. 616; ähnlich OLG München, JW 1929, S. 3175.
153 Siehe dazu ausführlich Teil 4.

darüber, ob sich der in Frage kommende Schiedsrichter überhaupt in der Lage sieht, sein Amt anzunehmen.

Betrachtet man darüber hinaus die geschilderte Situation unabhängig von der Thematik der Unparteilichkeit und den möglichen Folgen einer inoffiziellen Unterredung zwischen Schiedsrichter und Partei, veranschaulichen die vorgestellten Beispiele sehr deutlich, worauf sich die den Schiedsrichter ablehnende Partei in ihrer Situation gefasst machen muss. Angesichts des weiten Handlungsspielraums der Parteien durch die vorherrschende Rechtsprechung in punkto Befangenheit bestehen außerhalb des Schiedsverfahrens zahlreiche unsanktionierte Möglichkeiten der Parteien, ihren Schiedsrichter über Interna und damit auch über Geschäftsgeheimnisse aus dem Schiedsverfahren zu informieren. Die ablehnende Partei muss daher zumindest damit rechnen, dass es auch in ihrem Fall zu einem Kontakt zwischen der Partei und „ihrem" Schiedsrichter außerhalb des Schiedsverfahrens kommen kann. Der Vorschlag von *Lachmann* hilft in dieser Konstellation auch nicht weiter. Die Position der den Schiedsrichter ablehnenden Partei verbessert sich weder durch weniger Korrespondenz zwischen Partei und dem Schiedsrichter, noch durch ihre eigene Beteiligung daran. Das liegt an der Natur einer schiedsverfahrensrechtlichen Auseinandersetzung, welche Geschäftsgeheimnisse zum Gegenstand hat und bei der zumindest eine der Parteien diese Geheimnisse nicht mit einem Schiedsrichter teilen möchte.

5. Zwischenergebnis

Haben die Parteien ein Ablehnungsverfahren gemäß § 1037 I ZPO vereinbart, können sie den abgelehnten Schiedsrichter von der Entscheidung über seine Ablehnung ausschließen oder ein drittes Gremium mit der Entscheidung über die Ablehnung beauftragen. Ebenfalls kann innerhalb des § 1037 I ZPO ein Vorschaltverfahren über die Ablehnung des Schiedsrichters vor der Entscheidung des staatlichen Gerichts gemäß § 1037 III 1 ZPO vereinbarungsgemäß vollständig ausgeschlossen werden.

Im gesetzlich geregelten Ablehnungsverfahrens gemäß § 1037 II ZPO ist es ebenfalls möglich, eine unmittelbare Entscheidung eines staatlichen Gerichts zu erwirken ohne das Vorschaltverfahren gemäß § 1037 II 2 ZPO durchzuführen. Dafür sind entweder ein Ein-Mann-Schiedsgericht oder zwingende rechtsstaatliche Gründe wie die Gefahr der Offenbarung sensibler Geschäftsgeheimnisse im Vorschaltverfahren notwendig. Ob das Schiedsverfahren während der Entscheidung des staatlichen Gerichts gemäß § 1037 III 2 ZPO fortgesetzt wird, hängt sehr vom Einzelfall ab. Bereits die Möglichkeit der Fortsetzung des Verfahrens läuft jedenfalls den Interessen der ablehnenden Partei zuwider.

Die Problematik der Kontaktaufnahme von Partei und Schiedsrichter stellt sich aber in sämtlichen Konstellationen des § 1037 ZPO. Einzig eine Schiedsklausel gemäß § 1037 I ZPO mit entsprechender strafbewehrter Verpflichtung der Parteien zur Unterlassung jeglicher Mitteilung an den Schiedsrichter während des gesamten Ablehnungsverfahrens wäre interessengerecht, dürfte in der Praxis aber wohl nicht angetroffen werden.[154] Bei allen anderen Konstellationen realisiert sich weder der Vorteil der unmittelbaren Entscheidung des staatlichen Gerichts gemäß § 1037 III 1 ZPO noch der des Vorschaltverfahrens ohne irgendeine Beteiligung des abgelehnten Schiedsrichters. Denn auch diese Möglichkeiten schützen die ablehnende Partei nicht vor einseitigen Kontakten des Schiedsrichters zu einer der Parteien und damit vor einem gewichtigem Problem sowohl der staatlichen als auch der privaten der Gerichtsbarkeit.[155] Allerdings kann es bei der staatlichen Gerichtsbarkeit nicht zur Preisgabe von Geschäftsgeheimnissen an die Richter kommen, da staatliche Richter keinen Zweitberuf ausüben dürfen (§ 4 I, II DRiG). Einem Konkurrenten ist dort eine Informationsbeschaffung allenfalls durch eine Teilnahme an der mündlichen Verhandlung möglich.

Insgesamt offenbart das Verfahren gemäß §§ 1036, 1037 ZPO damit bei der Ablehnung eines Konkurrenten zum Schiedsrichter an entscheidenden Stellen seine Schwächen. Seine Anwendung gewährleistet keine Vertraulichkeit des Streitgegenstandes gegenüber dem abgelehnten Schiedsrichter. Nach eingehender Analyse besteht auch keine Möglichkeit, mit Hilfe des Verfahrens des §§ 1036, 1037 ZPO den Schiedsrichter nicht nur abzulehnen, sondern auch den Kontakt zwischen ihm und „seiner“ Partei ab Bekanntwerden seiner Bestellung zu unterbinden. Die Ursache für diese Unzulänglichkeiten des Ablehnungsverfahrens liegt in seinem zeitlichen Zuschnitt. Der Gesetzgeber hat das Verfahren gemäß § 1037 ZPO für Schiedsrichterablehnungen zwischen Konstituierung des Schiedsgerichts und Erlass des Schiedsspruchs prädestiniert.[156] In der Praxis zeigen sich darüber hinaus jedoch weitere relevante Fallgestaltungen wie die Ablehnung eines Konkurrenten, die sich in einem anderen Zeitfenster abspielen wie beispielsweise unmittelbar nach Kenntnisnahme der Besetzung des Schiedsgerichts und damit vor der Konstituierung.

---

154 Zu dieser Thematik weiter ab Teil 3.

155 Lachmann, Rn. 1019. Ebenso zu der häufig angetroffenen Frage, ob und inwieweit die Übernahme von Bewirtungskosten einen Ablehnungsgrund darstellt, ist für die Praxis wenig relevant, denn im Allgemeinen handelt es sich um Beträge, die aus Sicher aller Beteiligten keine Rolle spielen. So auch Musielak/Voit, § 1036, Rn. 8; MüKoZPO/Münch, § 1036, Rn. 39; Mankowski, SchiedsVZ 2004, S. 304, 310.

156 Kröll, ZZP 116, S. 198.

6. Hintergrund des Verfahrens gem. § 1037 II 2 ZPO und Entstehungsgeschichte des deutschen Schiedsrechts seit 1998

Im Rückblick verdient das Verfahren gemäß § 1037 II 2 ZPO besondere Beachtung, weil es bewusst mit dem rechtsstaatlichen Grundsatz bricht, dass niemand Richter in eigener Sache sein darf. Der Ursprung dieser Formulierung des § 1037 II 2 ZPO ist im UNCITRAL-Modellgesetz zu finden. Dieses Modellgesetz hat zu einer umfassenden Reform des deutschen Schiedsverfahrensrechts geführt, in deren Folge schließlich das gesamte 10. Buch der ZPO zum 1.1.1998 neu gefasst wurde. Für das Verständnis des § 1037 II 2 ZPO und die Entstehungsgeschichte des neuen deutschen Schiedsrechts seit 1998 ist es daher unerlässlich, das UNCITRAL-Modellgesetz und dessen Umsetzung in deutsches Recht näher zu beleuchten.

a) UNCITRAL-Modellgesetz

Zur Beilegung von Streitigkeiten aus Handelsbeziehungen haben Schiedsvereinbarungen eine lange Tradition. So lange die Handelsbeziehungen hauptsächlich im nationalen Bereich bestanden genügte den Vertragsparteien in der Regel ihr jeweiliges nationales Schiedsrecht. Mit zunehmender Globalisierung nahmen jedoch auch internationale Handelsbeziehungen eine immer stärkere Bedeutung ein. Die nationalen Schiedsrechte stießen bei dieser Entwicklung an ihre Grenzen, weil die Parteien Verständnisprobleme bei der Vielzahl an Schiedsordnungen bekamen und ihnen die Reichweite der Parteiautonomie nicht zusagte.[157] Eine Analyse der damaligen Bestimmungen, sowohl im internationalen als auch im jeweiligen nationalen Recht, förderte die Einsicht zu Tage, dass eine internationale Angleichung der Schiedsverfahrensrechte notwendig ist und gleichzeitig der Wunsch nach einer Harmonisierung der nationalen Schiedsverfahrensrechte besteht.[158] Das galt insbesondere für die deutsche Schiedsordnung, die zuletzt zur Zeit des Deutschen Kaiserreichs überarbeitet wurde und daher spätestens seit Mitte des 20. Jahrhunderts reformbedürftig war.

Diese Entwicklung veranlasste die Kommission für internationales Handelsrecht der Vereinten Nationen (UNCITRAL[159]) dazu, in der Zeit von 1978 bis

---

157 Habscheid, JZ 1998, S. 445.

158 Thomas/Putzo/Reichold, Vor § 1025, Rn. 1; MüKoZPO/Münch, Vor § 1025, Rn. 112; Krimpenfort, S. 5.

159 United Nations Commission on International Trade Law.

1985 ein Modellgesetz für ein internationales Handelsschiedsrecht zu entwerfen, um die einzelnen Länder bei der Bewältigung dieser neuen wirtschaftlichen und rechtlichen Herausforderung zu unterstützen.[160] Das Ergebnis dieser Kommission wurde am 21.6.1985 als Modellgesetz vom UNCITRAL-Ausschuss der Vereinten Nationen beschlossen. Am 11.12.1985 empfahl die Vollversammlung seinen Mitgliedsstaaten die Übernahme des Modellgesetzes „in view of desirability of uniformity of the law of arbitral procedures and the specific needs of international commercial arbitration practice".[161] Nach 35 Jahren Reifeprozess wurden 2010 erste Änderungen am UNCITRAL-Modellgesetz vorgenommen. Vorausgegangen war ein Auftrag der UNCITRAL zur Überarbeitung der Regelungen im Jahr 2006, um die „best practices" zu stärken, ohne das Wesen der gelungenen Regelungen zu verändern.[162] Eine Änderung für die in dieser Arbeit relevanten Bereiche hat sich jedoch nicht ergeben, genauso wenig wie es bisher zu einer Änderung des deutschen Schiedsrechts geführt hat.[163] Damit sind die länderübergreifenden Reformvorhaben zumindest vorläufig zu einem Ende gekommen.[164] Die Umsetzung des UNCITRAL-Modellgesetzes in nationales Recht in bisher 32 Ländern verdeutlicht die Erfolgsgeschichte dieses Vorhabens und den Standard, der im internationalen Bereich durch völkerrechtliche Übereinkünfte erreicht worden ist.[165]

b) Umsetzung ins deutsche Recht zum 1.1.1998

Aufmerksamkeit erlangte das UNCITRAL-Modellgesetz durch das Deutsche Institut für Schiedsgerichtswesen e.V. (DIS). Angelehnt an die moderneren Schiedsgesetze im Ausland erarbeitete das DIS einen eigenständigen „Institutsentwurf" und veröffentlichte diesen am 15.11.1989 mit dem Titel „Gesetz über Internationale Handelsschiedsgerichtsbarkeit".[166] Nunmehr wurde auch das Justizministerium auf die Modernisierung des deutschen Schiedsgesetzes aufmerksam und erteilte

160 Thomas/Putzo/Reichold, Vor § 1025, Rn. 1; MüKoZPO/Münch, Vor § 1025, Rn. 109.

161 Kornblum, JbPrSch 1, S. 34; Lachmann, Rn. 189; Thomas/Putzo/Reichold, Vor § 1025, Rn. 1.

162 Pörnbacher/Loos/Bauer, BB 2011, S. 711, 712 mit Verweis auf die UNCITRAL Working Group II, 45th Session (A/CN.9/WG.II/WP.143), S. 9.

163 http://www.uncitral.org/uncitral/en/uncitral_texts/arbitration/2010Arbitration_rules.html

164 MüKoZPO/Münch, Vor § 1025, Rn. 108; Berger, Das neue Recht, S. 7–12, 35 ff.

165 Thomas/Putzo/Reichold, Vor § 1025, Rn. 2; Schütze, Rn. 23; MüKoZPO/Münch, Vor § 1025, Rn. 116; Raeschke-Kessler/Berger, Rn. 124; Lachmann, Rn. 189.

166 MüKoZPO/Münch, Vor § 1025, Rn. 114.

am 30.10.1991 einer Expertenkommission den Auftrag, „unter besonderer Berücksichtigung des UNCITRAL-Modellgesetzes“ Vorschläge zur Neugestaltung sowohl des internationalen als auch des rein binnenrechtlichen Schiedsverfahrens zu erarbeiten.[167] Im Februar 1994 legte die Kommission einen Diskussionsentwurf vor, der erneut zwei Jahre überarbeitet und 1996 von der Bundesregierung als Gesetzesentwurf in das Gesetzgebungsverfahren eingebracht wurde.[168] Im Verlauf des Gesetzgebungsverfahrens wurden nur wenige Änderungen am Gesetzesentwurf vorgenommen und so beschloss der Bundestag das „Gesetz zur Neuregelung des Schiedsverfahrensrechts“ am 25.11.1997.[169]

Die seit dem 1.1.1998 im deutschen Recht geltenden Vorschriften entstammen zu einem großen Teil dem UNCITRAL-Modellgesetz und gelten damit nicht nur für alle internationalen, sondern auch für alle nationalen Schiedsstreitigkeiten.[170]

Ausschlaggebend für diese dem Modellgesetz treue Umsetzung war die Feststellung, dass das bisherige deutsche Schiedsverfahrensrecht für internationale Schiedsverfahren keine Attraktivität ausstrahlte und deshalb der Standort Deutschland bis zu dieser Zeit als Austragungsort internationaler Schiedsverfahren nicht von Bedeutung war.[171] Ursächlich dafür war eine Rechtslage aus den Zeiten Bismarcks, die zwar verhältnismäßig modern war, sich aber aufgrund ihrer historischen Wurzeln aus dem Jahr 1877 nicht aus dem Gesetz selbst ermitteln lies und deshalb für Initiatoren ausländischer Schiedsgerichtsverfahren nur schwer verständlich war.[172] Die deutschen Regelungen zur Schiedsgerichtsbarkeit waren nur noch Experten zugänglich und hatten damit ihre „*vis attractiva*“[173] verloren. Im Gegensatz dazu haben andere europäische Länder früher auf diese Signale reagiert und ihr Schiedsrecht den aktuellen Bedürfnissen bereits 1988 bzw. 1989 angepasst.[174] So kam es, dass sich die internationalen Schiedsplätze heute in der Schweiz, in Frankreich, aber auch in England und Österreich befinden. Ziel war

167 MüKoZPO/Münch, Vor § 1025, Rn. 114; Raeschke-Kessler/Berger, Rn. 117; Krimpenfort, S. 2.

168 Osterthun, TranspR 1998, S. 177; Raeschke-Kessler/Berger, Rn. 118; MüKoZPO/Münch, Vor § 1025, Rn. 114, 115; Krimpenfort, S. 2.

169 Osterthun, TranspR 1998, S. 177; Krimpenfort, S. 2, 3.

170 Kröll, NJW 2001, S. 1173; Schütze, Rn. 22; Thomas/Putzo/Reichold, Vor § 1025, Rn. 1; Krimpenfort, S. 2, 3.

171 Osterthun, TranspR 1998, S. 177; Kröll, NJW 2001, S. 1173.

172 Kröll, NJW 2001, S. 1173; Osterthun, TranspR 1998, S. 177; MüKoZPO/Münch, Vor § 1025, Rn. 111; Raeschke-Kessler, NJW 1988, S. 3051.

173 Habscheid, JZ 1998, S. 445.

174 Habscheid, JZ 1998, S. 445.

es also, ein ausführliches, leicht verständliches und damit anwenderfreundliches Recht zu schaffen, dessen Regelungen sich aus dem Gesetz entnehmen lassen.[175] Das ist dem deutschen Gesetzgeber mit der Neuregelung des Schiedsverfahrens gelungen, wozu insbesondere die strikte Orientierung am Modellgesetz beigetragen hat.[176] Die alten Defizite sind behoben und die strikte Umsetzung am Modellgesetz führt zum Anschluss an eine internationale Entwicklung, welche die Verständlichkeit des Schiedsverfahrensrechts insbesondere für ausländische Schiedsparteien erhöht hat.[177]

c) Auswirkungen auf das Ablehnungsverfahren

Die Neugestaltung des Schiedsverfahrensrechts zum 1.1.1998 führte auch zu einer Veränderung des Ablehnungsverfahrens bei Schiedsrichtern. Vor der Inkorporation des UNCITRAL-Modellgesetzes in das 10. Buch der ZPO wies § 1045 ZPO a.F. dem Amts- oder Landgericht die Entscheidung über die Ablehnung des Schiedsrichters zu.[178] Vor der Reform des Schiedsverfahrensrechts war also unmittelbar ein Gericht zuständig, um über die Ablehnung des Schiedsrichters zu entscheiden. Das heutige Vorschaltverfahren war dem Ablehnungsverfahren vor der Reform damit nicht nur unbekannt, sondern ihm war auch kein Verstoß gegen den Verfassungsgrundsatz des Richtens in eigener Sache immanent.

Seit dem 1.1.1998 ist das Ablehnungsverfahren nunmehr in § 1037 II 2 ZPO geregelt und lässt das Schiedsgericht selbst inklusive des abgelehnten Schiedsrichters über die Ablehnung des Schiedsrichters entscheiden, bevor ein Gericht sich auf Antrag einer Partei gemäß § 1037 III 1 ZPO der Sache annehmen kann. An der Formulierung dieser Vorschrift lässt sich das Streben nach internationaler Vereinheitlichung der Schiedsverfahrensrechte sehr gut deutlich machen: § 1037 II 2 ZPO ist eine wörtliche Übersetzung von Art. 13 II 2 UNCITRAL-Modellgesetz.[179] Auch bei § 1037 III 1 ZPO handelt es sich um eine strikte Umsetzung des UNCITRAL-Modellgesetzes durch den deutschen Gesetzgeber. Eine vergleichbare Regelung gibt es beispielsweise im französischen Schiedsrecht nicht.[180] Dort

175 Vgl. Begründung der Bundesregierung, BT-Drs 13/5274, S. 22.

176 Kröll, NJW 2001, S. 1173; Osterthun, TranspR 1998, S. 177.

177 Kröll, NJW 2001, S. 1173; Osterthun, TranspR 1998, S. 177; Schütze, Rn. 22, 23.

178 § 1045 ZPO a.F lautete: Für die gerichtlichen Entscheidungen über die Ernennung oder die Ablehnung eines Schiedsrichters [...] ist das Amtsgericht oder Landgericht zuständig.

179 MüKoZPO/Münch, § 1037, Rn. 3; Caspers, BB 2002, S. 578; Schütze, Rn. 102.

180 Kröll, ZZP 116, S. 203.

gilt die Entscheidung des Vorschaltverfahrens, die auch nicht durch ein staatliches Gericht überprüft werden kann.[181]

Dieses Streben nach internationaler Vereinheitlichung zog sich allerdings nicht geradlinig durch die Reformierung des Schiedsverfahrensrechts. Der Regierungsentwurf des § 1037 II 2 ZPO war noch so formuliert, dass der abgelehnte Schiedsrichter von der Entscheidung ausgeschlossen war.[182] Letztlich ergab eine Abwägung zwischen den Varianten den Ausschlag für die jetzige Regelung. Auf der einen Seite drohte der abgelehnte Schiedsrichter bei einer Beteiligung über seine Ablehnung zum Richter in eigener Sache zu werden.[183] Auf der anderen Seite gewährt man der ablehnenden Partei ein großes Maß an Einfluss auf das Schiedsverfahren, wenn sämtliche Ablehnungsanträge von einem neutralen Gremium entschieden werden müssten.[184] Die Gefahr der Angreifbarkeit des Schiedsverfahrens durch Ablehnungsanträge wäre fortan allgegenwärtig und würde sich insbesondere auf Einzelschiedsrichterverfahren auswirken, die dann praktisch nicht mehr durchführbar sein könnten.[185] Betrifft die Ablehnung ein Zweier- oder Dreierschiedsgericht, entsteht durch die Nichtmitwirkung des abgelehnten Schiedsrichters zudem ein Missverhältnis innerhalb des reduzierten Entscheidungsgremiums zu dessen Lasten. Die den Schiedsrichter ablehnende Partei wäre in einem solchen Fall überrepräsentiert.[186]

Der Rechtsausschuss des Deutschen Bundestages beschloss nach dieser Abwägung, dem Grundsatz, dass niemand Richter in eigener Sache sein kann, im schiedsrichterlichen Verfahren keine uneingeschränkte Geltung zukommen zu lassen. Der Bruch mit dem Verfassungsgrundsatz des Richtens in eigener Sache wiege an dieser Stelle nicht schwerer als die Gefahr, dass die den Schiedsrichter ablehnende Partei im Gremium ein Übergewicht erhält.[187] Als weitere Begründung für die Beteiligung des abgelehnten Schiedsrichters an der Entscheidung über seine Ablehnung wird die Zweistufigkeit des Ablehnungsverfahrens nach § 1037 ZPO angeführt. Bei der Entscheidung gemäß § 1037 II 2 ZPO unter Beteiligung des abgelehnten Schiedsrichters handele es sich noch nicht um die letzte verbindliche

181 Kröll, ZZP 116, S. 203.

182 § 1037 II 2 RegE SchiedsVfG, BT-Drs. 13/5274, S. 6, 7, 41; Mankowski, SchiedsVZ 2004, S. 305; Lachmann, Rn. 1072.

183 BT-Drs. 13/5274, 41 (Fn. 22).

184 Mankowski, SchiedsVZ 2004, S. 305.

185 Mankowski, SchiedsVZ 2004, S. 305.

186 BT-Drs. 13/9124, S. 41; Mankowski, SchiedsVZ 2004, S. 305.

187 Vgl. die Begründung der Beschlussempfehlung des Rechtsausschusses zu § 1037 II 2 ZPO, BT-Drs. 13/9124, S. 57.

Entscheidung, sondern um ein unbedenkliches Vorverfahren.[188] Der Verstoß gegen den Verfassungsgrundsatz, dass niemand Richter in eigener Sache sein darf, sei daher letztlich gerechtfertigt, weil die Entscheidung des Schiedsgerichts aus dem Vorverfahren an das Ordentliche Gericht gemäß § 1037 III ZPO weitergereicht werden kann.[189]

d) Verfassungsrechtliche Konformität des § 1037 II 2 ZPO

Der bewusste Bruch des § 1037 II 2 ZPO mit dem Verfassungsgrundsatz des Art. 101 I 2 GG erfordert daher eine Überprüfung der Verfassungsmäßigkeit dieser Vorschrift.

Grundsätzlich ist zur Legitimität des Schiedsgerichtsverfahrens im Verhältnis zur staatlichen Gerichtsbarkeit zu konstatieren, dass die Rechtsprechung im Bereich des Zivilrechts nicht aus verfassungsrechtlichen Gründen ausschließlich dem Staat vorbehalten ist.[190] Der vertragliche Ausschluss des staatlichen Rechtsweges begründet als solches mithin keinen Verfassungsverstoß. Daher bestehen auch keine Bedenken gegen die Legitimierung des Schiedsgerichts in den §§ 1025 ff. ZPO.[191] Verfassungsrechtlich relevant im Zusammenhang mit Vereinbarungen über private Zivilgerichte ist jedoch die Frage der Freiwilligkeit.[192] Nur wenn eine solche freiwillige Vereinbarung vorliegt, ist eine private Rechtsprechung in Gestalt der Schiedsgerichtsbarkeit verfassungsrechtlich unbedenklich.[193]

aa) Formeller Gehalt des Art. 101 I 2 GG

Genauer ist nun die verfassungsrechtliche Vereinbarkeit des § 1037 II 2 ZPO mit Art. 101 I 2 GG zu prüfen. Art. 101 I 2 GG gewährleistet dem Einzelnen das Recht auf den gesetzlichen Richter. Dafür verlangt der formelle Gehalt des Art. 101 I 2 GG eine im Vorhinein rechtssatzmäßige, abstrakt-generell und rechtsstaatlich bestimmte Zuständigkeitsregelung zur Verhinderung einer sachfremden Einflussnahme auf die richterliche Zuständigkeitsregelung im

---

188 MüKoZPO/Münch, § 1037, Rn. 16.

189 MüKoZPO/Münch, § 1037, Rn. 16.

190 Ebbing, Private Zivilgerichte, S. 16.

191 Maunz/Dürig/Dürig, Art. 101, Rn. 22; Walter, ZZP 103, S. 143.

192 Schwab/Walter, Kap. 1, Rn. 7; Ebbing, Private Zivilgerichte, S. 17; Stober, NJW 1979, S. 2001, 2002; Walter, ZZP 103, S. 143.

193 BGHZ 65, S. 59, 61; BAG, NJW 1964, S. 268, 269; Baur, JZ 1965, S. 163, 164; Stober, NJW 1979, S. 2001, 2003, 2004; Walter, ZZP 103, S. 143.

Einzelfall.[194] Damit soll die Unabhängigkeit der Rechtsprechung gewahrt und das Vertrauen der Rechtsuchenden und der Öffentlichkeit in die Unparteilichkeit und Sachlichkeit der Gerichte gesichert werden.[195] Die Schiedsgerichtsbarkeit entzieht sich zumindest auf der formellen Ebene dem Wirkungsbereich des Art. 101 I 2 GG, weil die Parteien des Rechtsstreits die Zuständigkeit der Schiedsrichter bestimmen. Es ist dem Gesetzgeber daher nicht möglich, bei Schiedsgerichtsverfahren eine klare und abstrakt-generelle Zuständigkeitsordnung zu schaffen. Weder das Schiedsgericht und die Schiedsrichter, noch die Parteien unterliegen einer staatlichen Zuständigkeitsregelung. Die Schiedsrichter werden von den Parteien bzw. von den ihrerseits ernannten Schiedsrichtern bestellt, § 1035 ZPO. Die Verfassungsmäßigkeit von § 1037 II 2 ZPO ist damit formell nicht zu beanstanden.

bb) Materieller Gehalt des Art. 101 I 2 GG

Sowohl nach der gefestigten Rechtsprechung des Bundesverfassungsgerichts als auch der herrschenden Ansicht in der Literatur hat Art. 101 I 2 GG darüber hinaus auch einen materiellen Gewährleistungsgehalt.[196] Dieser garantiert dem Rechtssuchenden einen unabhängigen und unparteilichen Richter, wodurch Neutralität und Objektivität gewährleistet werden. Der Gesetzgeber hat deshalb in materieller Hinsicht Vorsorge dafür zu treffen, die Richterbank in jedem Streitfall mit distanzierten, unbeteiligten und neutralen Richtern zu besetzen.[197] Ein Verfassungsverstoß ist mithin anzunehmen, wenn Zweifel an der richtigen Besetzung

194 BVerfG, Beschl. v. 2.6.2005–2BvR 625/01 u.a., NJW 2005, S. 3410, 3411; BVerfGE 97, S. 1, 10; BVerfGE 95, S. 322, 327, 328, 329; BVerfGE 82, S. 286, 296, 297, 298; BVerfGE 48, S. 246, 254; BVerfGE 17, S. 294, 299; Dreier/Schulze-Fielitz, Art. 101, Rn. 59; Sachs/Degenhart, Art. 101, Rn. 5; v. Münch/Kunig/Kunig, Art. 101, Rn. 3; Schmidt-Bleibtreu/Müller-Terpitz, Art. 101, Rn. 5; Maunz/Dürig/Maunz, Art. 101, Rn. 5.

195 BVerfG, Beschl. v. 2.6.2005–2BvR 625/01 u.a., NJW 2005, S. 3410, 3411; vgl. auch BVerfGE 95, S. 322, 327.

196 BVerfG, Beschl. v. 2.6.2005–2BvR 625/01 u.a., NJW 2005, S. 3410, 3411; vgl. BVerfGE 10, S. 200, 213 f.; BVerfGE 21, S. 139, 145 f.; BVerfGE 40, S. 268, 271; BVerfGE 82, S. 286, 298; BVerfGE 89, S. 28, 36; Schmidt-Bleibtreu/Müller-Terpitz, Art.101, Rn. 5; Sachs/Degenhart, Art. 101, Rn. 9; die Gegenmeinung verneint die Ausweitung des Art. 101 I 2 GG über den Zuständigkeitsaspekt hinaus, um die Zulässigkeit einer Verfassungsbeschwerde aus diesem Recht zu verhindern, siehe v. Münch/Kunig/Kunig, Art. 101, Rn. 18 oder Maunz/Dürig/Maunz, Art. 101, Rn. 13 m.w.N.

197 BVerfG, Beschl. v. 2.6.2005–2BvR 625/01 u.a., NJW 2005, S. 3410, 3411.

des Gerichts aufgekommen sind und das Gericht per Beschluss über die korrekt Besetzung unter Mitwirkung des in Frage stehenden Richters entscheidet.[198]

Der in § 1037 II 2 ZPO gesetzlich bestimmte Regelfall, nach dem der abgelehnte Schiedsrichter an der Entscheidung über seine Ablehnung beteiligt wird, droht somit das verfassungsrechtlich verbürgte Recht auf den gesetzlichen Richter gemäß Art. 101 I 2 GG systematisch zu unterlaufen. Es kommt daher darauf an, ob für das Schiedsgerichtswesen als Teil der materiellen Rechtsprechung diese Verfassungsgrundsätze ebenfalls Beachtung finden müssen. Aufschlussreich ist insofern eine Betrachtung der Definition des gesetzlichen Richters in Art. 101 I 2 GG. Der gesetzliche Richter, auf den jedermann gemäß Art. 101 I 2 GG ein Anrecht hat, ist ein staatlicher Richter – sei es ein Berufs- oder Laienrichter – dessen Aufgabengebiet spezifisch richterliche Funktionen umfasst.[199] Damit kommt auch dem Recht auf den gesetzlichen Richter gemäß Art. 101 I 2 GG nur vor nationalen staatlichen Gerichten unter Einschluss der Verfassungs- und freiwilligen Gerichtsbarkeit Bedeutung zu.[200] Dazu zählen gerade keine privaten Gerichte und damit auch keine Schiedsgerichte mit ihren Schiedsrichtern.[201]

Begründet wird diese Definition damit, dass die Schiedsgerichtsbarkeit privater Initiative entspringt, während das Gebot des gesetzlichen Richters die Handlungsfreiheit der Organe des Staates einschränken soll.[202] Insbesondere will das Recht auf den gesetzlichen Richter dafür Sorge tragen, den Einfluss der Judikative, Exekutive und Legislative hinsichtlich einer vordisponierten Besetzung von Gerichten zu beschränken.[203] Eine solche Situation entsteht jedoch bei einem Schiedsverfahren nicht. Die Zuständigkeitsbegründung des Schiedsgerichts erfolgt ausschließlich durch privatautonome Vereinbarung der Parteien. Sie tragen daher selbst die Verantwortung für die Objektivität und Neutralität des von ihnen einberufenen Schiedsgerichts. Insbesondere der gesetzliche Regelfall des Dreierschiedsgerichts gemäß § 1034 S. 2 ZPO durch einen Vorsitzenden, nicht von den

---

198 BVerfG, Beschl. v. 2.6.2005–2BvR 625/01 u.a., NJW 2005, S. 3410, 3412; BVerfGE 46, S. 34, 35; BVerfGE 65, S. 152, 154; BVerfGE 89, S. 359, 362; Dreier/Schulze-Fielitz, Art. 101, Rn. 57; Jarass/Pieroth/Pieroth, Art. 101, Rn. 13; Sachs/Degenhart, Art. 101, Rn. 9; Lachmann, Rn. 252.

199 Schmidt-Bleibtreu/Müller-Terpitz, Art. 101, Rn. 7.

200 Zu letzterer BVerfGE 21, S. 139, 144 ff.

201 Schmidt-Bleibtreu/Müller-Terpitz, Art. 101, Rn. 8; Maunz/Dürig/Maunz, Art. 101, Rn. 17.

202 Maunz/Dürig/Maunz, Art. 101, Rn. 17.

203 BVerfGE 4, S. 412, 416 f.; Ebbing, Private Zivilgerichte, S. 21; Sachs/Degenhart, Art. 101, Rn. 9; Dreier/Schulze-Fielitz, Art. 101, Rn. 14.

Parteien bestellten Schiedsrichter und die Möglichkeit zur eigenen Verfahrensgestaltung gemäß § 1037 I ZPO bieten dafür Gewähr. In privaten Gerichten kann daher auch der abgelehnte Schiedsrichter über seine Ablehnung mitentscheiden, ohne das Recht der ablehnenden Partei aus Art. 101 I 2 GG zu verletzen.[204]

Zwar ist es im Rahmen der Bestellung der Schiedsrichter nur naheliegend, dass jede Partei des Rechtsstreits einen für ihre Interessen günstigen Schiedsrichter bestellen wird. Diese Situation bietet jedoch keinen Anlass, an der Objektivität und Neutralität des Schiedsgerichts zu zweifeln. Denn durch die Möglichkeit beider Parteien, in dieser Weise von ihrem Recht zur Bestellung eines Schiedsrichters Gebrauch zu machen, neutralisiert sich die potentielle Neigung eines Schiedsrichters zu „seiner" Partei durch das Recht der anderen Partei, sich ebenso zu verhalten. Nachdem die Parteien ihre Schiedsrichter bestellt haben, einigen sich diese auf einen dritten Schiedsrichter, der als Vorsitzender des Schiedsgerichts tätig wird, § 1035 III 2 ZPO. Dessen Stimme bringt in der Folge die Mehrheit, sofern zwischen den beiden anderen Schiedsrichtern Uneinigkeit herrscht.[205] Die Einigung auf den Vorsitzenden des Schiedsgerichts ist damit nicht nur Ausdruck der Neutralitätsbemühungen der Schiedsrichter, sondern enthält gleichzeitig auch einen Beweis für die im Verfahren tatsächlich zur Anwendung kommende Objektivität. Im Übrigen ist für eine Konformität des § 1037 II 2 ZPO mit Art. 101 I 2 GG anzuführen, dass das Schiedsgericht über das Ablehnungsgesuch einer Partei nicht abschließend entscheidet.[206] Schließlich garantiert § 1037 III 1 ZPO bei aller Parteiautonomie auch eine gerichtliche Überprüfung der Schiedsrichterbestellung.

cc) Freiwilliger Verzicht der Parteien

Schließlich darf bei der Diskussion über die Vereinbarkeit von § 1037 II 2 ZPO mit Art. 101 I 2 GG nicht unberücksichtigt bleiben, dass die Parteien freiwillig den Ausschluss der staatlichen Gerichtsbarkeit vereinbart haben. Ein „Entzug", also eine Verletzung des Rechts auf den gesetzlichen Richter gemäß Art. 101 I 2 GG durch den Gesetzgeber, liegt aber erst dann vor, wenn „keine hinreichend eindeutige und jede Manipulation ausschließende Vorausbestimmung des Richters erfolgt oder dass der in materieller Hinsicht dem Grundgesetz gemäße Richter nicht gewährleistet ist"[207]. Zudem setzt der Wortlaut des Art. 101 I 2 GG einen

204 BGHZ 65, S. 59, 61; Stober, NJW 1979, S. 2001, 2004; Werthauer, NJW 1953; S. 1416.

205 Ebbing, Private Zivilgerichte, S. 67.

206 Lachmann, Rn. 253.

207 Sachs/Degenhart, Art. 101, Rn. 10.

Entzug des gesetzlichen Richters von dritter Seite, insbesondere des Staates voraus.[208] Die freiwillige Entscheidung der Parteien, ihre Streitigkeit einem Schiedsgericht zu unterwerfen und damit die Zuständigkeit der staatlichen Gerichtsbarkeit auszuschließen, kollidiert somit als extreme Form der Gerichtsstandvereinbarung nicht mit dem in Art. 101 I 2 GG verbotenen „Entzug" des gesetzlichen Richters.[209] Unterwerfen sich die Parteien also einem privaten Schiedsgerichtsverfahren und beklagen hinterher den Entzug des gesetzlichen Richters, so kann dieses Verhalten nur als „venire contra factum proprium" angesehen werden.[210]

II. Ablehnung des Schiedsrichters über § 1038 ZPO

Neben dem Verfahren nach §§ 1036, 1037 ZPO hält das Gesetz noch einen weiteren Weg bereit, die Ablehnung eines Schiedsrichters durchzuführen. Eine Partei kann die Zusammensetzung des Schiedsgerichts auch mit Hilfe des Ersetzungsverfahrens gemäß § 1038 I ZPO korrigieren. Voraussetzung dafür ist, dass der Schiedsrichter rechtlich oder tatsächlich außerstande ist, seine Aufgaben zu erfüllen, oder aus anderen Gründen seinen Aufgaben nicht in angemessener Frist nachkommt. Tritt der Schiedsrichter daraufhin nicht von seinem Amt zurück oder können die Parteien sich nicht über dessen Beendigung einigen, kann jede Partei bei Gericht eine Entscheidung über die Beendigung des Amtes beantragen, § 1038 I 2 ZPO. Ferner kann das Gericht gemäß § 1038 I 2 ZPO die Feststellung treffen, dass die ernannte Person niemals wirksam Schiedsrichter geworden ist. Die gerichtliche Entscheidung erfordert einen OLG-Beschluss (§ 1062 I Nr. 1 3. Var., § 1063 I, IV ZPO) und ist nicht feststellender, sondern gestaltender Natur und führt damit die Amtsbeendigung mit Rechtskraft des Beschlusses herbei.[211] Im Vergleich mit dem Ablehnungsverfahren des § 1037 ZPO zeichnet sich das Ablehnungsverfahren gemäß § 1038 ZPO daher insbesondere durch die unmittelbare Entscheidung des OLG über die Besetzung des Schiedsgerichts aus.

Von der zeitlichen Anwendbarkeit ist § 1038 I ZPO zwar schwerpunktmäßig auf solche Hinderungsgründe zugeschnitten, die wie die Untätigkeit gemäß § 1038 I 1 2. Var. ZPO naturgemäß erst während des Schiedsverfahrens auftreten können.[212] Aufgrund der Natur solcher Hinderungsgründe können diese jedoch auch bereits

208 Ebbing, Private Zivilgerichte, S. 21.
209 V. Mangoldt/Klein/Stark/Classen, Art. 101, Rn. 26.
210 So im Ergebnis auch Ebbing, Private Zivilgerichte, S. 21.
211 MüKoZPO/Münch, § 1038, Rn. 24; Lachmann, Rn. 1138; Schütze, Rn. 107.
212 Stein/Jonas/Schlosser, § 1038, Rn. 2.

zu Beginn des Schiedsverfahrens bestehen. Im Interesse einer zeitnahen Rechtssicherheit und einer präzisen Abgrenzung zwischen den beiden Verfahren ist daher im Einklang mit § 1038 I 1 ZPO davon auszugehen, dass die Vorschrift neben tatsächlich und rechtlichen Hinderungsgründen auch die anfängliche Untauglichkeit zum Schiedsrichteramt umfasst.[213] Eine solche anfängliche Unmöglichkeit kommt im Fall der Bestellung eines Konkurrenten zum Schiedsrichter in Betracht.

1. Anwendbarkeit von § 1038 ZPO und Abgrenzung zu §§ 1036, 1037 ZPO

Vor dem Hintergrund dieses weiteren Ablehnungsgrundes stellt sich im Fall der Bestellung eines Konkurrenten zum Schiedsrichter die Frage, unter welchen Voraussetzungen der Anwendungsbereich für § 1038 ZPO eröffnet ist. Die Existenz eines zweiten Verfahrens zur Beendigung des Schiedsrichteramtes erfordert zunächst zur Bestimmung des Anwendungsbereichs vor allem die präzise Abgrenzung zwischen dem Ablehnungsverfahren gemäß §§ 1036, 1037 ZPO und dem Ersetzungsverfahren des § 1038 I ZPO.[214]

a) Abgrenzung über § 1037 III 2 ZPO

Zur Veranschaulichung der unterschiedlichen Zielrichtungen der beiden Verfahren und somit zur Abgrenzung der Anwendungsbereiche wird vorzugsweise § 1037 III 2 ZPO herangezogen. Danach kann das Schiedsgericht das Schiedsverfahren während des anhängigen gerichtlichen Ablehnungsverfahrens gemäß § 1037 III 2 ZPO fortsetzen und einen Schiedsspruch erlassen. Eine vergleichbare Formulierung findet sich für das Ersetzungsverfahren in § 1038 ZPO nicht. Sie erübrigt sich auch, wenn man sich den Zweck des Verfahrens vor Augen hält. § 1038 ZPO ist darauf zugeschnitten, eine interne (Entscheidungs-)Blockade zu beseitigen, die einen Fortgang des Schiedsverfahrens behindert.[215] § 1038 will also Abhilfe schaffen in einer Situation, in der das Schiedsgerichtsverfahren zum Erliegen gekommen ist, weil ein Schiedsrichter nicht mehr oder nicht rechtzeitig seinen Amtspflichten nachkommt.[216]

213 Stein/Jonas/Schlosser, § 1038, Rn. 2; MüKoZPO/Münch, § 1038, Rn. 7.
214 MüKoZPO/Münch, § 1038, Rn. 5.
215 MüKoZPO/Münch, § 1038, Rn. 5.
216 So auch Stein/Jonas/Schlosser, § 1038, Rn. 1.

Die Abgrenzung der beiden Verfahren anhand von § 1037 III 2 ZPO wird der Situation im Fall der Bestellung eines Konkurrenten zum Schiedsrichter jedoch nicht gerecht und bringt daher kein Ergebnis hervor. Der Schiedsrichter, der gleichzeitig auch Konkurrent ist, gibt nämlich allein durch seinen Beitritt zum Schiedsgericht noch keinen hinreichenden Anlass, das Schiedsverfahren unter seiner Beteiligung als blockiert anzusehen. Es ist auch kein Grund ersichtlich, weshalb der Schiedsrichter seine schiedsrichterlichen Pflichten vernachlässigen sollte. Ebenso wenig ist auch der Grund, weshalb die Partei den Schiedsrichter vom Verfahren ausschließen will, in seinem Verhalten als Schiedsrichter oder in seiner Person als Schiedsrichter zu suchen. Die aus Sicht der ablehnenden Partei heraus vorliegende Untauglichkeit des Schiedsrichters resultiert vielmehr aus seiner Involvierung bei einem Konkurrenten. Die Partei will den Konkurrenten von dem Verfahren ausschließen, bevor er überhaupt seine Tätigkeit als Schiedsrichter aufnehmen kann, um dadurch die Integrität der eigenen Geschäftsgeheimnisse zu wahren, deren weitere Offenbarung im Verlauf des Schiedsverfahrens droht.

b) Abgrenzung über objektive und subjektive Hinderungsgründe

Aus diesem Grund ist für die Bestimmung des Verhältnisses von § 1037 ZPO zu § 1038 ZPO ein anderes Kriterium heranzuziehen, um die beiden Verfahren vor dem Hintergrund der Bestellung eines Konkurrenten zum Schiedsrichter voneinander abzugrenzen. Geeignet erscheint in diesem Zusammenhang die Faustregel, wonach § 1038 ZPO immer dann anzuwenden ist, „wenn Zweifel an der Ordnungsmäßigkeit der Aufgabenerfüllung nicht in der Sorge um Unparteilichkeit oder Unabhängigkeit des Schiedsrichters begründet sind“[217], sondern die Fortführung des Schiedsverfahrens auf Grund eines in der Sphäre des oder der Schiedsrichter liegenden Umstandes verzögert oder behindert wird.[218] Abstrakt formuliert folgt aus dieser Faustregel, dass §§ 1036, 1037 ZPO bei subjektiven Merkmalen des Schiedsrichters anwendbar sind, während beim Ersetzungsverfahren gemäß § 1038 I 1 ZPO objektive Kriterien den Ausschlag für die Ablehnung geben.[219]

In concreto wird dadurch die sachliche Abgrenzung zu dem Ablehnungsverfahren gemäß §§ 1036, 1037 ZPO nicht unbedingt leichter. Die Auseinandersetzung mit der Interessenkollision des konkurrierenden Schiedsrichters im Rahmen von § 1038 ZPO bedeutet nämlich nicht, dass die ablehnende Partei darüber hinaus

217 Stein/Jonas/Schlosser, § 1038, Rn. 1.
218 MüKoZPO/Münch, § 1038, Rn. 7.
219 MüKoZPO/Münch, § 1038, Rn. 7.

keine Zweifel an dessen Unabhängigkeit bzw. Überparteilichkeit hat. Im Zusammenhang mit einer gesellschaftsinternen Auseinandersetzung hat der Konkurrent nämlich möglicherweise neben dem Informationsgewinn auch ein Interesse daran, dass sich der Graben zwischen den Parteien weiter öffnet und auf diese Weise seine konkurrierende Gesellschaft davon profitiert. So betrachtet können aus Sicht der ablehnenden Partei auch Zweifel an der Unabhängigkeit bzw. Unparteilichkeit des Schiedsrichters vorliegen. Noch einmal zur Verdeutlichung: Zwar besteht in diesem Fall keine Interessenkollision in dem Sinne, dass der Schiedsrichter mit einer der Parteien in einem Näheverhältnis steht. Auch hat sich der Schiedsrichter in der Vergangenheit nicht zwingend mit dem Streitgegenstand befasst. Vorzuwerfen ist dem Schiedsrichter daher auch erst einmal nicht, dass er sich gegenüber den Parteien nicht neutral verhielte. Zu fragen ist aber, ob der Schiedsrichter nicht auch über den Streitgegenstand neutral entscheiden können muss. Ein Beispiel soll verdeutlichen, warum an der Neutralität Zweifel bestehen können.

aa) Beispiel zur Neutralitätsproblematik

Google und das Kaufhaus Saturn treffen für Auseinandersetzungen hinsichtlich der Bewerbung von Saturn-Produkten im Internet eine Schiedsvereinbarung. Als Qualifikation für die Schiedsrichter wird ein Universitätsabschluss als Informatiker festgelegt. Im Verlauf der Geschäftsbeziehung entsteht Streit über die Bewertung der Suchergebnisse. Daraufhin erhebt Saturn Schiedsklage mit dem Begehren, Auskunft über das Suchverfahren von Google zu erhalten. Als Schiedsrichter bestellt Saturn den Geschäftsführer von Yahoo, der Informatiker ist. Im Schiedsverfahren wird es wahrscheinlich auf die Offenlegung der Suchprogrammierung von Google hinauslaufen. In einer solchen Situation darf bezweifelt werden, ob der Schiedsrichter als Vorstandsmitglied bei Yahoo tatsächlich neutral entscheiden kann. Hinsichtlich des einschlägigen Ablehnungsverfahrens bedeutet ein eindeutiges und offensichtliches Fehlen der Neutralität, dass es keiner expliziten Ablehnung mehr bedarf, weil dann § 1038 ZPO greift.[220]

bb) Auswirkungen auf die Abgrenzung der Ablehnungsverfahren

Allerdings bewegen sich bei § 1038 ZPO die Sorgen der ablehnenden Partei nicht allein um die Unabhängigkeit oder Unparteilichkeit des Schiedsrichters. Aufgrund des Ablaufs des Bestellungsverfahrens hat der Konkurrent schon bei der Anfrage, ob er das Amt des Schiedsrichters übernehmen wolle, erste Kenntnisse von dem

---

220 MüKoZPO/Münch, § 1036, Rn. 8 a.E.

Streitgegenstand und den darin enthaltenen wettbewerbsrelevanten Tatsachen erlangt. Daher setzen die Bedenken der ablehnenden Partei bereits dort und damit einen Schritt vor der Frage einer potentiellen Befangenheit ein. Im Interesse der Wahrung eigener Geschäftsgeheimnisse will die betroffene Partei es gar nicht erst zulassen, dass sich eine potentielle Unparteilichkeit bzw. Unabhängigkeit des Schiedsrichters tatsächlich auf das Verfahren auswirken kann. Vielmehr wollen sie jede weitere Kenntnisnahme des Schiedsrichters vom Gegenstand des Verfahrens verhindern. Der Informationsgewinn des Konkurrenten stellt daher auch für die ablehnende Partei und die Integrität ihrer Geschäftsgeheimnisse die zuvorderst zu lösende Herausforderung dar. Erst wenn die Partei trotz ihrer Bemühungen eine weitere Mitwirkung des Konkurrenten am Schiedsgerichtsverfahren nicht verhindern kann, würde der Aspekt einer mangelnden Unabhängigkeit oder Unparteilichkeit des Schiedsrichters in Betracht gezogen werden. Bis zu diesem Zeitpunkt steht jedoch bei dem Ersetzungsverfahren gemäß § 1038 ZPO, so wie es die ablehnende Partei betreiben will, der objektiv zu beurteilende Umstand der Besetzung des Schiedsrichteramtes mit einem Konkurrenten im Vordergrund. Die Sorgen um die subjektiven Vorgaben für das Schiedsrichteramt in Form der Unabhängigkeit bzw. Unparteilichkeit sind nachrangig. Die Abgrenzung des Ablehnungs- zum Ersetzungsverfahren ist somit gelungen und der Anwendungsbereich des § 1038 ZPO ist für eben diesen Fall eröffnet.

2. Materielle Voraussetzungen des § 1038 I 1 ZPO

Die Unmöglichkeit der Aufgabenerfüllung kann auf rechtlichen oder tatsächlichen Umständen beruhen und wird gleichlaufend mit dem Gesetzeswortlaut in drei Fallgruppen untergliedert.

Zur ersten Fallgruppe gehören zunächst materielle Hindernisse als Ursachen für eine Verhinderung der Aufgabenerfüllung im Sinne des § 1038 I 1 1.Var. ZPO. Darunter fällt neben dem Eintritt der Geschäftsunfähigkeit, der Personenidentität von Schiedsrichter und Schiedspartei auch die Verweigerung der Anreise zum Tagungsort.[221] Von den rechtlichen Ursachen erfasst sind jedoch nicht nur materielle Hindernisse, sondern genauso prozessuale Hindernisse, die für staatliche Richter bei der Bekleidung eines Schiedsrichteramtes gelten. Solche prozessualen Hindernisse können sein das Fehlen einer notwendigen Genehmigung im Sinne des

221 Lachmann, Rn. 1122; MüKoZPO/Münch, § 1038, Rn. 15; Baumbach/Lauterbach/Hartmann, § 1038, Rn. 4; Zöller/Geimer, § 1038, Rn. 2.

§ 40 DRiG, aber auch der Ausschluss von der Ausübung öffentlicher Ämter im Sinne von § 45 I-III StGB.[222]

Der zweiten Gruppe unterfallen die tatsächlichen Hindernisse gemäß § 1038 I 1 2.Var. ZPO. Erforderlich dafür ist eine dauerhafte Verhinderung des Schiedsrichters an der Wahrnehmung seines Amtes, die sich im Unterschied zu einer Verzögerung als Unmöglichkeit darstellen muss.[223] Dauerhaft verhindert ist der Schiedsrichter etwa bei einer schweren Erkrankung, einer Versetzung in ein anderes Land oder bei einer Verurteilung zu einer längeren Freiheitsstrafe.[224] Tatsächliche Hindernisse dürfen wohl auch im Fall einer persönlichen Überforderungen angenommen werden, wenn der Schiedsrichter keinen Beitrag mehr zum Schiedsverfahren leisten kann.[225]

Als dritte Fallgruppe ist die verzögerliche Wahrnehmung der Aufgaben anzuführen.[226] Eine solche ist anzunehmen, wenn der Schiedsrichter der Erledigung seiner richterlichen Pflichten nicht oder nicht rechtzeitig in der einem ordnungsgemäßen Verfahren dienenden Zeit nachkommt.[227] Dabei müssen die Gründe, die zur verzögerten Erledigung seiner Aufgaben führen, nicht unter die Gruppe der tatsächlichen Hindernisse fallen.[228] Wann eine verzögerte Wahrnehmung der Aufgaben vorliegt ist im Einzelfall schwierig zu beantworten.[229] Bei dieser Abwägung ist einerseits das legitime Interesse der Parteien an einer raschen Durchführung des Verfahrens zu berücksichtigen.[230] Andererseits gerät die Unabhängigkeit des Schiedsgerichts in Gefahr, wenn seine Vorgehensweise von Seiten des staatlichen Gerichts beurteilt oder sogar korrigiert wird.[231] Im Ergebnis läuft es daher darauf hinaus, auch in diesem Fall das Einschreiten der staatlichen Gerichte nur im Ausnahmefall zuzulassen.[232]

---

222 MüKoZPO/Münch, § 1038, Rn. 15; Lachmann, Rn. 1122, 1124.

223 MüKoZPO/Münch, § 1038, Rn. 16; Lachmann, Rn. 1122; Schütze, Rn. 106.

224 MüKoZPO/Münch, § 1038, Rn. 16; Lachmann, Rn. 1122; Stein/Jonas/Schlosser, § 1038, Rn. 4; Baumbach/Lauterbach/Hartmann, § 1038, Rn. 4; Zöller/Geimer, § 1038, Rn. 2.

225 Lachmann, Rn. 1125; Schütze, Rn. 106.

226 Lachmann, Rn. 1122; a.A.: MüKoZPO/Münch, § 1038, Rn. 16, der die Verzögerung als Unterfall des tatsächlichen Hindernisses einstuft. Jedoch befindet selbst *Münch*, dass dieser Meinungskonflikt keiner Entscheidung bedarf.

227 Stein/Jonas/Schlosser, § 1038, Rn. 4; Lachmann, Rn. 1122 m.w.N. (Fn. 2).

228 Lachmann, Rn. 1122.

229 Lachmann, Rn. 1128.

230 Lachmann, Rn. 1128.

231 Lachmann, Rn. 1128.

232 Lachmann, Rn. 1128.

Anhand dieser Darstellung lässt sich bereits erkennen, dass die aufgezählten Beispiele auf den Fall des Schiedsrichters, der „nur“ gleichzeitig Konkurrent ist, nicht zutreffen. Von der Tätigkeit als Schiedsrichter hält den Konkurrenten in diesem Beispiel weder ein Berufsverbot ab, noch ist er durch Abwesenheit oder Krankheit an der Ausübung seines Schiedsrichteramtes verhindert. Allerdings ist auch bei § 1038 I ZPO die Parteivereinbarung hinsichtlich der Eigenschaften des Schiedsrichters zu beachten.[233] Eine Unmöglichkeit ergibt sich nämlich unter Umständen aus der Parteivereinbarung, wenn die Parteien den Schiedsrichterposten an die Zugehörigkeit zu einem bestimmten Amt oder einer Institution gebunden haben.[234] Aus dem Umkehrschluss folgt das Vorliegen eines Ausschlussgrundes, wenn es den Parteien darauf ankommt, dass der ausgewählte Schiedsrichter ein bestimmtes Amt gerade nicht bekleidet. In Betracht kommt hier natürlich die Stellung des Schiedsrichters als Konkurrent der streitbefangenen Partei. Unter diesem Gesichtspunkt wird sodann vor Gericht zu erörtern sein, anhand welcher Merkmale die Interessen der beteiligten Parteien Berücksichtigung finden und ob sie dazu führen können, eine Unmöglichkeit der Aufgabenerfüllung und damit einen Ausschluss des Konkurrenten vom Schiedsverfahren zu rechtfertigen.

Die Zugrundelegung der Parteivereinbarung zur Durchführung des Ersetzungsverfahrens gemäß § 1038 ZPO führt aber auch zu einer erneuten Annäherung an das Ablehnungsverfahren gemäß §§ 1036, 1037 ZPO. Immerhin sieht das Ablehnungsverfahren ebenfalls einen Ausschluss des Schiedsrichters bei Nichterfüllung vereinbarter Voraussetzungen vor, § 1036 II 1 ZPO. Die Abgrenzung der beiden Verfahren voneinander wird dadurch sicher nicht erleichtert. Möglicherweise ist jedoch eine erneute Auseinandersetzung darüber nicht erforderlich, weil das Ersetzungsverfahren aus einem bereits bekannten Grund nicht zur Anwendung kommt.

3. Zwischenergebnis und weitergehende Anforderungen an die Schiedsrichterablehnung gemäß § 1038 ZPO

Der besondere Reiz des Ersetzungsverfahrens gemäß § 1038 ZPO besteht darin, dass über die Beendigung des Schiedsrichteramtes – auch wegen anfänglicher

233 Siehe BT-Drs. 13/5274, S. 42; Stein/Jonas/Schlosser, § 1038, Rn. 3: Auch wenn diese Bestimmung nicht ausdrücklich unter dem Parteivorbehalt steht, können die Parteien allerdings insofern etwas anderes vereinbaren. Der Gesetzgeber hat schlicht vergessen, die Passage in den Gesetzestext mit aufzunehmen.

234 MüKoZPO/Münch, § 1038, Rn. 16.

Unmöglichkeit der Aufgabenerfüllung – ohne die Möglichkeit einer anders lautenden Parteivereinbarung unmittelbar vor Gericht verhandelt wird. Eine Diskussion, wie sie bei § 1037 II ZPO um das Vorschaltverfahren geführt wird, ist daher bei dem Ersetzungsverfahren nicht notwendig. Dennoch stellt sich auch in diesem Verfahren, wie schon bei § 1037 ZPO, die Frage nach dem für die ablehnende Partei wichtigsten Grund für die Betreibung des Ablehnungsverfahrens: der Sicherheit ihrer Geschäftsgeheimnisse.

Die Anwendung des Ablehnungsverfahrens gemäß § 1037 ZPO wirft Probleme auf, weil sich das Schiedsgericht vor Beginn des Ablehnungsverfahrens noch konstituieren muss. Darüber hinaus kann das Ablehnungsverfahren nicht gewährleisten, den Kontakt zwischen Konkurrent und Partei schon vor bzw. während des Ablehnungsverfahrens zu verhindern. Eine vergleichbare Situation findet sich nun auch bei § 1038 ZPO wieder. Auch in diesem Verfahren setzt die Ablehnung die Konstituierung des Schiedsgerichts voraus. Die Erklärung dafür ergibt sich aus der Natur des Ersetzungsverfahrens. Der Gesetzgeber hat sich bei der Kodifizierung des § 1038 ZPO einen Fall vorgestellt, bei dem eine (Entscheidungs-) „Blockade" innerhalb des Schiedsgerichts nach Konstituierung vorliegt. Denklogisch kann eine solche Blockade auch nicht vor Konstituierung eintreten, weil die ersten Verfahrenshandlungen des Schiedsgerichts von dessen Konstituierung abhängen. Ist die Situation daher so geartet, dass ein Schiedsrichter seiner Teilnahmeverpflichtung im Schiedsgerichtsverfahren bereitwillig nachkommen will, die gegnerische Partei aber eine weitere Beteiligung dieses Schiedsrichters aus benannten Gründen mit sofortiger Wirkung schon vor Konstituierung des Schiedsgerichts verhindern möchte, stellt das Ersetzungsverfahren des § 1038 ZPO keine taugliche Einwirkungsmöglichkeit auf das Schiedsverfahren dar. Das Ersetzungsverfahren weist im Fall der Bestellung eines Konkurrenten zum Schiedsrichter damit dieselben Mängel wie das Ablehnungsverfahren auf, weil keine Partei zu Beginn des Schiedsverfahrens, genauer gesagt vor Konstituierung des Schiedsgerichts, eine Unterbrechung des Verfahrens zur Klärung der Besetzung der Schiedsrichterämter beantragen kann.

III. Die Maßnahmen gemäß § 1035 IV ZPO und § 1032 II ZPO

Aufgrund der besonderen Bedeutung der Besetzung des Schiedsgerichts und dem Ablehnungsbegehren vor Konstituierung des Schiedsgerichts ist somit nach weiteren potentiellen Möglichkeiten zur Korrektur der Besetzung des Schiedsgerichts

Ausschau zu halten. Dabei fällt der Blick auf zwei Maßnahmen, deren Anwendbarkeit sich aufgrund ihres Wortlautes nicht sogleich aufdrängt.

1. Unwirksamkeit der Bestellung des Schiedsrichters gemäß § 1035 IV ZPO

Gemäß § 1035 IV ZPO kann jede Partei bei Gericht die Anordnung der erforderlichen Maßnahmen beantragen, wenn die Parteien ein Verfahren für die Bestellung (der Schiedsrichter) vereinbart haben und eine Partei nicht entsprechend diesem Verfahren handelt, sofern das vereinbarte Bestellungsverfahren zur Sicherung der Bestellung nichts anderes vorsieht. Entgegen dem Wortlaut regelt § 1035 IV ZPO aber nicht nur den Fall, dass die Bestellung eines Schiedsrichters nicht dem von den Parteien für die Bestellung vereinbarten oder gesetzlich vorgesehenen Verfahren entspricht. Vielmehr lässt sich damit auch die Besetzung eines Schiedsrichterpostens korrigieren. Zu den erforderlichen Maßnahmen im Sinne des § 1035 IV ZPO gehört insbesondere die Feststellung der (Un-) Wirksamkeit der Schiedsrichterernennung.[235] Die Unwirksamkeit kann beispielsweise auf einer unbefugten, also dem Schiedsvertrag zuwider laufenden oder einer verspäteten Bestellung beruhen.[236] Die Bestellung eines Konkurrenten zum Schiedsrichter kann ebenfalls darunter fallen. Die Anordnung der erforderlichen Maßnahme wird beim staatlichen Gericht beantragt, welches den Streit als Vorfrage gemäß § 1035 III, IV ZPO im Beschlussverfahren entscheidet.[237]

Das wiederum erfordert eine Abgrenzung zu § 1036 II 1 ZPO, weil auch diese Vorschrift eine Ablehnung des Schiedsrichters vorsieht, wenn dieser die zwischen den Parteien vereinbarten Voraussetzungen nicht erfüllt. Die Abgrenzung kann in diesem Fall in zeitlicher Hinsicht vorgenommen werden. Das Ablehnungsverfahren gemäß §§ 1036, 1037 ZPO erfordert den Bestand eines konstituierten Schiedsgerichts, dem der Ablehnungsantrag einer Partei vorgelegt werden kann, § 1037 II 1 ZPO. Diese Voraussetzung ist für die Entscheidung über die Wirksamkeit der Ernennung eines Schiedsrichters gemäß § 1035 IV ZPO nicht erforderlich, weil sie von einem staatlichen Gericht getroffen wird. Mit Hilfe des § 1035 IV ZPO ist

---

235 OLG Hamm, SchiedsVZ 2003, S. 79; Stein/Jonas/Schlosser, § 1035, Rn. 7; Schwab/Walter, Kap. 10, Rn. 7, 28.

236 Schwab/Walter, Kap. 10, Rn. 28; Zöller/Geimer, § 1035, Rn. 20; Stein/Jonas/Schlosser, § 1035, Rn. 10.

237 Schwab/Walter, Kap. 10, Rn. 28.

damit eine Korrektur der Besetzung des Schiedsgerichts vor, aber auch nur maximal bis zu dessen Konstituierung möglich.

2. Unzulässigkeit des Schiedsverfahrens in einer bestimmten Zusammensetzung gemäß § 1032 II ZPO

Denkbar ist auch ein gerichtliches Verfahren gemäß § 1032 II ZPO über die Feststellung der Unzulässigkeit des schiedsrichterlichen Verfahrens, zu dessen Anwendungsbereich auch die Frage gehört, ob ein Schiedsgericht in einer bestimmten Zusammensetzung tätig werden kann.[238] Dieser Antrag ist im Sinne einer schnellen Entscheidung über die zulässige Besetzung des Schiedsgerichts bis zu dessen Konstituierung möglich.[239] Wie bei § 1035 IV ZPO entscheidet das zuständige OLG auf Antrag im Beschlussverfahren. Damit besteht neben den Regelungen über die Ablehnung von Schiedsrichtern eine weitere Möglichkeit, um gegen die Besetzung des Schiedsgerichtes vorzugehen.

Diese Regelung des § 1032 II ZPO ist ausnahmsweise nicht dem Modellgesetz entnommen, sondern stellt eine originäre Entscheidung des deutschen Gesetzgebers dar.[240] Den Verfassern des Modellgesetzes erschien das Risiko einer staatsgerichtlichen Entscheidung vor Konstituierung des Schiedsgerichts zu groß. Der Antragsteller könnte als Schiedsbeklagter das Schiedsgerichtsverfahren nach Erhebung der Schiedsklage behindern, indem er vor dem staatlichen Gericht den Antrag auf Feststellung der Zulässigkeit oder Unzulässigkeit des schiedsrichterlichen Verfahrens erhebt.[241] Das Modellgesetz sieht daher in Art. 16 Abs. 3 für den Beklagten zwei Optionen vor, zwischen denen er sich entscheiden kann. Ist der Beklagte von der Unzulässigkeit des Schiedsgerichtsverfahrens überzeugt, kann er den Schiedsspruch abwarten und im Nachhinein einen Aufhebungsantrag stellen.[242] Andernfalls kann er beim konstituierten Schiedsgericht seine Argumente für eine Unzulässigkeit vortragen und damit versuchen, das Schiedsgericht zu einem Zwischenschiedsspruch (im deutschen Schiedsrecht in § 1041 III 1 ZPO geregelt)

238 Schwab/Walter, Kap. 7, Rn. 17 und Kap. 10, Rn. 28; Stein/Jonas/Schlosser, § 1032, Rn. 21.

239 MüKoZPO/Münch, § 1032, Rn. 22; Zöller/Geimer, § 1032, Rn. 1; BGHZ 151, S. 79, 83; Stein/Jonas/Schlosser, § 1032, Rn. 21; Lachmann, Rn. 664, Fn. 3 a.E. erhebt dagegen Bedenken, begründet diese aber nicht

240 MüKoZPO/Münch, § 1032, Rn. 23; Stein/Jonas/Schlosser, § 1032, Rn. 21.

241 Stein/Jonas/Schlosser, § 1032, Rn. 21.

242 Stein/Jonas/Schlosser, § 1032, Rn. 21.

über seine Zuständigkeit zu bewegen.[243] Lässt sich das Schiedsgericht dazu nicht bewegen, bleibt dem Beklagten parallel zur ersten Option nichts anderes übrig, als das Ende des Schiedsverfahrens abzuwarten und anschließend den Antrag auf Aufhebung zu stellen.[244]

Schließlich ist das Schicksal des Antrags gemäß § 1032 II ZPO zu klären, nachdem sich das Schiedsgericht konstituiert hat und prinzipiell selbst über die Gültigkeit der Schiedsvereinbarung entscheiden könnte.[245] Unter Berücksichtigung einer existierenden Schiedsvereinbarung erscheint dieses Ergebnis auch zwingend, schließlich sollen üblicherweise „sämtliche Streitigkeiten" vor dem Schiedsgericht ausgetragen werden. Gleichwohl hat der Gesetzgeber eine andere Entscheidung getroffen, die aus § 1032 III ZPO hervorgeht.[246] Gemäß § 1032 III ZPO kann ein schiedsrichterliches Verfahren gleichwohl eingeleitet oder fortgesetzt werden und ein Schiedsspruch ergehen, auch wenn ein Verfahren gemäß § 1032 I oder II ZPO anhängig ist. Diese Möglichkeit des Schiedsgerichts entfaltet ihren Anwendungsbereich nur dann, wenn das gerichtliche Verfahren parallel weiterläuft.[247] Stellt eine Partei daher den Antrag gemäß § 1032 II ZPO vor Konstituierung des Schiedsgerichts, entfällt die Entscheidungsbefugnis des staatlichen Gerichts auch nicht bei einer zwischenzeitlichen Konstituierung des Schiedsgerichts.[248] Erst mit dem Schiedsspruch endet das Verfahren gemäß § 1032 II ZPO.[249]

3. Gemeinsame Vorteile der Maßnahmen gemäß §§ 1035 IV und 1032 II ZPO

Die Maßnahmen gemäß §§ 1035 IV und 1032 II ZPO haben den systematischen Vorteil, dass sie bereits vor Konstituierung des Schiedsgerichts beantragt werden können. Gleichzeitig können die beiden Verfahren auch miteinander kombiniert werden.[250] Das *Bayerische Oberste Landesgericht* hat im Fall einer mehrstufigen Klage zunächst über den Hauptantrag, nämlich die Ersatzbestellung eines

243 Stein/Jonas/Schlosser, § 1032, Rn. 21.
244 Stein/Jonas/Schlosser, § 1032, Rn. 21.
245 Lachmann, Rn. 679.
246 Lachmann, Rn. 679.
247 Lachmann, Rn. 679.
248 Lachmann, Rn. 679. Hiervon ist offenbar auch das BayObLG ausgegangen, BB 1999, Beilage 4, S. 18, 19.
249 MüKoZPO/Münch, § 1032, Rn. 31.
250 Lachmann, Rn. 877.

Schiedsrichters, und sodann über den Hilfsantrag, die Feststellung der Unzulässigkeit des schiedsrichterlichen Verfahrens gemäß § 1032 II ZPO, im selben Verfahren entschieden.[251] Besteht für beide Anträge dieselbe Zuständigkeit, ist an dieser Vorgehensweise nichts auszusetzen.[252]

IV. Ergebnis Ablehnungsverfahren

Im Zentrum der Diskussion um das einschlägige Ablehnungsverfahren steht die Vereinbarung der Parteien hinsichtlich der Qualifikation oder der Eigenschaften des Schiedsrichters und nicht etwa seine mögliche Unparteilichkeit oder Unabhängigkeit. Damit kollidieren jedenfalls §§ 1036, 1037 und §§ 1035 IV, 1032 II ZPO direkt miteinander. Vor dem Hintergrund des beschriebenen Interessenkonflikts ist es daher angebracht, eine Abgrenzung der in Rede stehenden Verfahren und eine umfassende Abwägung der betroffenen Interessen vorzunehmen. Nach der Analyse der Ablehnungsverfahren ist im Fall der Bestellung eines Konkurrenten zum Schiedsrichter den Verfahren gemäß §§ 1032 II, 1035 IV ZPO der Vorzug gegenüber den Verfahren gemäß §§ 1036, 1037, 1038 ZPO zu geben. Ausschlaggebend dafür ist in erster Linie ihre Anwendbarkeit vor Konstituierung des Schiedsgerichts. Die ablehnende Partei kann damit umgehend nach der Bestellung des Konkurrenten dessen Ablehnung betreiben. Damit wird auch von der bisher gängigen Praxis abgewichen, bei einer Ablehnung des Schiedsrichters zuerst das scheinbar prädestinierte Ablehnungsverfahren gemäß § 1037 ZPO in den Blick zu nehmen. Im skizzierten Fall der Ablehnung eines Konkurrenten als Schiedsrichter, in dem der Antrag auf Ablehnung unmittelbar nach Bekanntwerden der Bestellung erfolgen wird, ist das Schiedsgericht aber noch nicht konstituiert. Die ablehnende Partei müsste also zunächst auf die Konstituierung des Schiedsgerichts warten, bis es eine Entscheidung über die Ablehnung gemäß § 1037 III 1 ZPO beantragen könnte. Hinzu kommt, dass sich *Schlosser*[253] für den Fall der Auseinandersetzung der Parteien über die Qualifikation des Schiedsrichters besonders für das Verfahren gemäß § 1037 ZPO einsetzt: „Ist in den Vereinbarungen der Parteien eine Qualifikation angegeben, die der Schiedsrichter aufweisen muss (z.B. Sachkunde), so bedeutet dies, dass eine Persönlichkeit nicht etwa untauglich ist, sondern nur [gemäß §§ 1036, 1037 ZPO, Anm.] abgelehnt werden kann, wenn sie diesen Anforderungen nicht entspricht. § 1036 II 2 ZPO a.E. macht dies zwingend."

---

251 BayObLG, BB 2000, Beilage 12, S. 16 f.; weitere Beispiele bei Lachmann, Rn. 877.
252 Lachmann, Rn. 877.
253 Stein/Jonas/Schlosser, § 1036, Rn. 27a.

In dieser Hinsicht sind die Ausführungen des *LG Hamburg* in seinem Beschluss vom 8. August 2006, Az.: 329 O 222/06 begrüßenswert, welches zur Wahrung der Geschäftsgeheimnisse bereits eine unmittelbare Anwendung des § 1037 III 1 ZPO oder des § 1038 I 2 ZPO in Betracht gezogen hat, ohne dass das Vorschaltverfahren gemäß § 1037 II 2 ZPO durchlaufen werden muss. Richtigerweise stellt das Ablehnungsverfahren gemäß §§ 1036, 1037 ZPO für die dargestellte Situation aber auch nicht das vorrangige Ablehnungsverfahren dar, weil die Korrektur der Besetzung des Schiedsgerichts bereits vor dessen Konstituierung angestrengt wird. Die Maßnahmen der § 1035 IV ZPO und § 1032 II ZPO kommen hingegen ausschließlich vor der Konstituierung des Schiedsgerichts in Betracht. Diese zeitliche Einteilung spricht bereits für die Anwendbarkeit der Verfahren gemäß §§ 1035 IV, 1032 II ZPO.

Unterstützt wird diese Aufteilung der Verfahren durch die Tatsache, dass eine potentielle Befangenheit vor Konstituierung des Schiedsgerichts noch keine entscheidende Rolle spielt, weil die Schiedsrichter noch nicht in der Streitsache tätig werden. In dieser Situation geht es vielmehr darum herauszufinden, ob andere Gründe gegen die Besetzung des Schiedsrichterpostens mit der benannten Person sprechen, wie eben die angeführte Konkurrenztätigkeit. Betrachtet man die §§ 1036, 1037 ZPO aus dieser Perspektive, konzentriert sich dieses Verfahren aufgrund seiner Anwendbarkeit nach Konstituierung des Schiedsgerichts auf eine potentielle Befangenheit der Schiedsrichter und zielt von seiner Schutzrichtung primär auf die Neutralität des Schiedsgerichtsverfahrens. In den Fällen der Ablehnung eines Schiedsrichters vor Konstituierung ist dann § 1035 IV beziehungsweise § 1032 II ZPO einschlägig. So sieht es auch das *HansOLG Hamburg* in seinem Beschluss vom 10. Juli 2006, Az.: 14 Sch 2/06, in dem es über die Annahme des Ablehnungsgesuches zu entscheiden hatte:

> *„Der Senat ist nach Beratung vorläufig der Auffassung, dass die Antragsteller wohl das Verfahren nach § 1035 IV ZPO einschlagen müssten, wie sie das hilfsweise getan haben.“*

Diese Entscheidung des Gerichts bestätigt den Vorrang des Verfahrens gemäß § 1035 IV ZPO im Fall der Ablehnung eines Konkurrenten vor Konstituierung des Schiedsgerichts. Aufgrund der vergleichbaren Interessenlage muss der Vorrang der Ablehnung gemäß § 1035 IV ZPO daher generalisierend im Fall der Ablehnung eines Schiedsrichters vor Konstituierung gelten. Denn im jedem Fall, in dem eine Partei auf die Besetzung des Schiedsgerichts einwirken möchte, braucht sie nicht dessen Konstituierung abzuwarten. Stattdessen kann die Partei umgehend nach Kenntnisnahme von der Bestellung des Schiedsrichters zur Tat schreiten.

Ebenfalls wird mit der Anwendung von § 1035 IV ZPO ein umfassender Schutz der beteiligten Parteien vor und nach der Konstituierung des Schiedsgerichtes sichergestellt, der mit dem Ablehnungsverfahren gemäß §§ 1036, 1037 ZPO im Einklang steht. § 1035 IV ZPO ist bis zur Konstituierung des Schiedsgerichts, § 1037 ZPO ab dem Zeitpunkt danach anwendbar. Zugleich findet auch die Aussage von *Schlosser*[254] ihre Bestätigung, wenn man sie so versteht, dass sie allein das Verhältnis der Ablehnungsverfahren der §§ 1036, 1037 und § 1038 ZPO zueinander beschreibt. Das gesetzliche Ablehnungsverfahren gemäß §§ 1036, 1037 ZPO ist damit auf den Fall der Ablehnung eines Konkurrenten als Schiedsrichter vor Konstituierung des Schiedsgerichts nicht anzuwenden. Die Entscheidung über die Ablehnung des Schiedsrichters ist gemäß § 1035 IV ZPO unmittelbar dem zuständigen OLG zu beantragen. Die Vorschriften der § 1035 IV und § 1032 II ZPO rücken damit auch für die Korrektur zur Besetzung des Schiedsgerichts vor dessen Konstituierung stärker in den Fokus.

Allerdings teilen die Maßnahmen gemäß § 1035 IV und § 1032 II ZPO einen gewichtigen Nachteil der Ablehnungsverfahren nach §§ 1036, 1037, 1038 ZPO. Sie können die ablehnende Partei ebenfalls nicht vor einem unmittelbaren Informationsabfluss durch die gegnerische Partei an den konkurrierenden Schiedsrichter bewahren. Zwar ist durch die Möglichkeit, vor Konstituierung des Schiedsgerichts einen benannten Schiedsrichter abzulehnen, schon viel Zeit gewonnen. Es bleibt aber der Zeitraum bis zur gerichtlichen Entscheidung über die Besetzung des Schiedsgerichts, in der Partei und Konkurrent sich potentiell austauschen können. Die Maßnahmen gemäß § 1035 IV und § 1032 II ZPO sind daher zu beantragen, aber für sich alleine nicht ausreichend, um den Anforderungen des geschilderten Falles zu genügen.

254 Stein/Jonas/Schlosser, § 1036, Rn. 27a.

Teil 3: Zulässigkeit und Begründetheit einer einstweiligen Verfügung zur Bewahrung der Integrität der Geschäftsgeheimnisse

Untrennbar verbunden mit der Ablehnung des Schiedsrichters ist das Interesse der betroffenen Partei, dem bereits eingetretenen und drohenden voranschreitenden Prozess des Informationsgewinns auf Seiten des Konkurrenten unverzüglich Einhalt zu gebieten. Denn selbst nach einem sofortigen Einleiten eines Ablehnungsverfahrens nach Anzeige der Bestellung des Konkurrenten zum Schiedsrichter läuft das Schiedsgerichtsverfahren weiter und auf die Konstituierung zu. Ein Kontakt zwischen Schiedspartei und Schiedsrichter und ein damit einhergehender Geheimnisverlust sind ebenso weiterhin möglich ist, sei es in Form der Information des abgelehnten Schiedsrichters wegen § 1037 II 2 ZPO oder der unabhängig davon bestehenden Möglichkeit der Kontaktaufnahme von Partei und Schiedsrichter. Vom Schiedsverfahren ausgeschlossen ist der Schiedsrichter erst mit der erfolgreichen Entscheidung über seine Ablehnung, womit auch sein Amt endet. Zum Schutz der Betriebsgeheimnisse vor Mitgliedern des Schiedsgerichts in diesem letzten Zeitfenster zwischen Antrag und Entscheidung über die Ablehnung ist daher ein zusätzliches Instrument notwendig. In Betracht kommt dafür der Erlass einer einstweiligen Verfügung mit der Zielsetzung, einen weiteren Informationsaustauschs zwischen Schiedspartei und dem von ihr auserwählten Schiedsrichter für die Dauer des Ablehnungsverfahrens zu unterbrechen. Die Zulässigkeit und Begründetheit einer solchen einstweiligen Verfügung innerhalb eines Schiedsverfahrens wird in diesem Teil der Arbeit beleuchtet.

Für einen effektiven (Rechts-) Schutz der Geschäftsgeheimnisse muss die Zielrichtung der einstweiligen Verfügung sein, den abgelehnten Schiedsrichter für den Zeitraum von der Ablehnungserklärung der Partei bis zur letzten gerichtlichen Entscheidung über die Ablehnung von den „Prozessen“ des Schiedsverfahrens fernzuhalten, die ihm weitere Inhalte des Streitgegenstandes offen legen würden. Gleichzeitig muss diese Vorgehensweise mit den Statuten des Schiedsverfahrensrechts harmonisiert werden. Im diesem Rahmen sind daher neben einer allgemeinen Einleitung zur einstweiligen Verfügung einige weitere Bereiche für den Fall der Bestellung eines Konkurrenten zum Schiedsrichter relevant. Darunter fällt die Klassifizierung der gewollten einstweiligen Verfügung in eine Leistungs-, Sicherungs- und Leistungs- oder Befriedigungsverfügung und deren Abgrenzung voneinander. Aufgrund der besonderen Stellung der Leistungs- und

Befriedigungsverfügung wird sodann eine Auseinandersetzung mit dieser besonderen Form der Verfügung, als auch mit dem damit verbundenen Thema der Vorwegnahme der Hauptsache notwendig. Ebenfalls unerlässlich verquickt mit dem Inhalt der gewollten einstweiligen Verfügung ist die Frage nach dem richtigen Adressaten der einstweiligen Verfügung. Dieser Frage wird daher ebenso nachgegangen wie dem Thema der Zuständigkeit für den Erlass der einstweiligen Verfügung. Abschließend wird der Antrag auf die gewollte einstweilige Verfügung beispielhaft formuliert.

I. Grundlegendes zur einstweiligen Verfügung

Bevor auf die für den Fall der Bestellung eines Konkurrenten notwendigen Einzelheiten eingegangen wird, soll an dieser Stelle eine Übersicht des einstweiligen Rechtsschutzes mit seiner Funktion, seiner praktischen Bedeutung und seiner Einordnung im Achten Buch der ZPO gegeben werden. Diese Übersicht ist für eine präzise Beurteilung notwendig, ob eine einstweilige Verfügung neben einem Ablehnungsverfahren betrieben werden darf.

1. Funktion und Grundlage des einstweiligen Rechtsschutzes

Die Gewährleistung von Rechtsprechung und Rechtsdurchsetzung aus der Hand der staatlichen Gerichtsbarkeit zeichnet sich durch ein vielfältiges und in sich differenziertes Verfahrensrecht aus.[255] Der Auftrag der Gerichte ist dabei kein geringerer als die Feststellung und Durchsetzung subjektiver Rechte.[256] In diesem Auftrag dient der gerichtliche Rechtsschutz der „Verwirklichung des materiellen Rechts“[257]. Der dazugehörige einstweilige Rechtsschutz ist in den §§ 916–945 ZPO geregelt und integraler Bestandteil dieses Rechtsschutzes.[258] Er hat zur Aufgabe,

---

255 MüKoZPO/Drescher, Vor § 916, Rn. 1; Stein/Jonas/Grunsky, Vor § 916, Rn. 1.

256 Schuschke/Walker/Walker, Vor § 916, Rn. 1; Benda/Weber, ZZP 96, S. 285, 287 ff.; Gaul, AcP 168, S. 27, 46 ff.; Grunsky, Grundlagen des Verfahrensrechts, § 1 II, S. 6; Jauernig, JuS 1971, S. 329, 331; vgl. auch BVerfGE 52, S. 131, 153.

257 Schuschke/Walker/Walker, Vor § 916, Rn. 1; BVerfGE 42, S. 64, 73; BVerfGE 49, S. 220, 226; BVerfGE 49, S. 252, 257; Jauernig, JuS 1971, S. 329 ff.

258 Heinze, ZGR 1979, 293, 303; MüKoZPO/Heinze, 2. Aufl., Vor § 916, Rn. 11 und § 935, Rn. 2; Schuschke/Walker/Walker, Vor § 916, Rn. 1; Walker, Der einstweilige Rechtsschutz, Rn. 65, 74.

eine Gefährdung der Rechtsstellung des Gläubigers verhindern, die aus der notwendigen zeitlichen Dauer des Hauptsacheverfahrens bis zum Urteil entstehen kann.[259] Die Aufgabe des einstweiligen Rechtsschutzes stellt somit die notwendige Harmonisierung mit dem gerichtlichen Rechtsschutz im Allgemeinen her.[260]

Der Regelungszweck des einstweiligen Rechtsschutzes ist daher nicht die Sicherung materiell-rechtlicher Ansprüche, sondern die Sicherung des prozessualen Status quo des im Hauptsacheverfahren befindlichen Anspruchs.[261] Bei der Bewältigung dieser Aufgabe stößt das Hauptsacheverfahren an seine Grenze, selbst wenn man sämtliche Reformmaßnahmen zu dessen Beschleunigung umsetzen würde.[262] Diese Grenze ergibt sich aus den dem Hauptsacheverfahren immanenten Verfahrensgarantien, die insbesondere durch das Gebot des rechtlichen Gehörs gemäß Art. 103 I GG geprägt werden.[263] Zu diesen Verfahrensgarantien gehört, den Parteien hinreichend Gelegenheit zur Stellungnahme zu gewähren, sofern notwendig eine gründliche Aufklärung des Sachverhaltes mittels Beweisaufnahme durchzuführen sowie auch den Richtern die notwendige Zeit zur Entscheidungsfindung bei komplexen Rechtsfragen einzuräumen.[264] Die Spanne, die sich zwangsläufig zwischen zeitnaher Notwendigkeit der Sicherung des Anspruchs und Rechtsdurchsetzung aufgrund eines nach einem ordentlichen Verfahren ergangenen Titels ergibt, schließt der einstweilige Rechtsschutz.[265] Insbesondere in Fällen von erheblicher Dringlichkeit verdeutlicht sich dann auch die Notwendigkeit des einstweiligen Rechtsschutzes gegenüber einem beschleunigten Hauptsacheverfahren.[266]

Die verfassungsrechtliche Grundlage für das Recht des Einzelnen auf umfassenden Rechtsschutz durch staatliche Gerichte ist der Justizgewährungsanspruch.[267] Der Justizgewährungsanspruch wird zu weiten Teilen maßgeblich bestimmt von

---

259 MüKoZPO/Drescher, Vor § 916, Rn. 1; Stein/Jonas/Grunsky, Vor § 916, Rn. 1.

260 Schuschke/Walker/Walker, Vor § 916, Rn. 1.

261 MüKoZPO/Drescher, Vor § 916, Rn. 4; Stein/Jonas/Grunsky, Vor § 916, Rn. 1.

262 Leipold, ZZP 90, S. 260.

263 Leipold, ZZP 90, S. 260.

264 Leipold, ZZP 90, S. 260.

265 MüKoZPO/Drescher, Vor § 916, Rn. 1; ausführlich zur Geschichte des einstweiligen Rechtsschutzes: Heinze, Festg. für BGH III, S. 569 ff.

266 Leipold, ZZP 90, S. 260; so auch Grunsky, JuS 1976, S. 277.

267 BVerfGE 43, S. 79, 99 f.; MüKoZPO/Drescher, Vor § 916, Rn. 3; Schuschke/Walker/Walker, Vor § 916, Rn. 1; Stein/Jonas/Grunsky, Vor § 916, Rn. 1; BVerfG, NJW 1988, S. 3141; Benda/Weber, ZZP 96, S. 285, 292; Maunz/Dürig/Schmidt-Aßmann, Art. 19 Abs. 4, Rn. 16; Schumann, ZZP 96, S. 137, 162.

Art. 19 IV GG.[268] Er lässt sich allerdings nicht nur anhand dieser Verfassungsnorm festmachen. Aufgrund der „Gewährung eines umfassenden, wirkungsvollen Rechtsschutzes, der zu den unverzichtbaren Elementen des Rechtsstaates gehört“[269], findet der Justizgewährungsanspruch auch im Rechtsstaatsprinzip seine verfassungsrechtliche Grundlage.[270] Der Justizgewährungsanspruch verpflichtet den Staat als Träger der Justizhoheit dazu, für den Rechtssuchenden eine Ausgangslage zu schaffen, aus der heraus eine richterliche Entscheidung erwirkt und die Vollstreckung ermöglicht werden kann.[271] Dazu gehört auch, den Parteien solche Mittel an die Hand zu geben, damit sie sowohl vor, während als auch nach dem Prozess die Rechtsverwirklichung einschließlich der Rechtsdurchsetzung sicherstellen können, ohne dass ihr Anspruch alleine durch den Zeitablauf faktisch entschieden wird.[272]

Seinem ganzen Inhalt nach hat der Justizgewährungsanspruch damit die Verwirklichung eines umfassenden Rechtsschutzes und nicht allein die Sicherung eines Anspruchs zum Ziel.[273] Die Gewährleistung des einstweiligen Rechtsschutzes entspricht also nur zu einem Teil dem Ansinnen des Justizgewährungsanspruches.[274] Damit wird auch deutlich, dass es keine Mehrzahl von Justizgewährungsansprüchen gibt, die zum einen für die Sicherung, zum anderen für die Verwirklichung des Rechtsschutzes herangezogen werden.[275] Es existiert nur ein einheitlicher und umfassender Justizgewährungsanspruch.

Anhand von zwei Gesichtspunkten – wovon zumindest der erste bei der Bestellung eines Konkurrenten zum Schiedsrichter relevant wird – soll dabei die Notwendigkeit des einstweiligen Rechtsschutzes verdeutlicht werden, damit in der Hauptsache überhaupt ein effektiver Rechtsschutz gewährt werden kann:

a) Sicherung des Gläubigers vor Nachteilen durch Zeitablauf

Der einem Prozess immanente Zeitaufwand ruft eine Situation hervor, innerhalb derer der Gegenstand des materiellen Anspruchs des tatsächlichen Gläubigers

---

268 So allgemeine Meinung. Statt aller: Schuschke/Walker/Walker, Vor § 916, Rn. 1.
269 Vgl. etwa BVerfGE 30, S. 1, 25; BVerfG, NJW 1988, S. 3141; Stein/Jonas/Grunsky, Vor § 916, Rn. 1; Schuschke/Walker/Walker, Vor § 916, Rn. 1.
270 Schuschke/Walker/Walker, Vor § 916, Rn. 1; Schumann, ZZP 96, S. 137, 170.
271 BVerfGE 54, S. 277; BVerfG NJW 1988, S. 3141; MüKoZPO/Drescher, Vor § 916, Rn. 3; Stein/Jonas/Grunsky, Vor § 916, Rn. 1.
272 MüKoZPO/Drescher, Vor § 916, Rn. 3; Stein/Jonas/Grunsky, Vor § 916, Rn. 1.
273 MüKoZPO/Heinze, 2. Aufl., Vor § 916, Rn. 11.
274 MüKoZPO/Heinze, 2. Aufl., Vor § 916, Rn. 11.
275 MüKoZPO/Heinze, 2. Aufl., Vor § 916, Rn. 11.

Veränderungen ausgesetzt sein kann.[276] Diese Veränderungen können so weit gehen, dass ein evtl. Durchdringen des klägerischen Begehrens im Prozess nicht mehr von Bedeutung ist.[277] Ein Beispiel dafür ist die Weitergabe von Geschäftsinterna seitens einer Schiedspartei an den konkurrierenden Schiedsrichter. Kann die Weitergabe von Geschäftsgeheimnissen an den Schiedsrichter nicht aufgehalten werden, erübrigt sich das Ablehnungsverfahren zu weiten Teilen. Ein effektiver Rechtsschutz wird seinem Namen und Verfassungsrang also nur dann gerecht, wenn er diesen Gefahren vorbeugen kann. Dafür müssen auch schon vor Abschluss des Hauptsacheverfahrens Maßnahmen getroffen werden können, welche die Realisierung der klägerischen Rechte auch nach Abschluss des Prozesses sicherstellen können.[278] Nur ein solcher Rechtsschutz wird seiner verfassungsrechtlich vorgegebenen Funktion gerecht.[279] Zu diesem Zweck gibt es das Arrestverfahren und das Verfahren der einstweiligen Verfügung.[280]

b) Schutz des Gläubigers vor Vereitelungsmaßnahmen des Schuldners

Der einstweilige Rechtsschutz hat neben dem gerade erwähnten noch ein weiteres Aufgabenfeld zu bewältigen. Die Effektivität des Rechtsschutzes kann nämlich nicht nur durch den Faktor Zeit gefährdet sein. Die Zustellung der Klageschrift oder eine regelmäßig erfolgende mündliche Verhandlung (§ 272 ZPO) können den Schuldner zu Maßnahmen veranlassen, nach denen eine erfolgreiche Vollstreckung aussichtslos ist.[281] Ein Schutz vor Vereitelungsmaßnahmen des Schuldners wird durch den einstweiligen Rechtsschutz daher nur dann erreicht, wenn der Schuldner vor Erlass der Maßnahmen weder angehört noch auf sonstige Weise informiert werden muss.[282] So sieht es auch § 922 I 1 ZPO vor. Dieses Überraschungsmoment entspringt als Mittel zur funktionellen Sicherung des einstweiligen Rechtsschutzes ebenfalls unmittelbar dem Rechtsstaatsprinzip.[283]

---

276 Stein/Jonas/Grunsky, Vor § 916, Rn. 1; Schuschke/Walker/Walker, Vor § 916, Rn. 2; MüKoZPO/Drescher, Vor § 916, Rn. 1; Musielak, Rn. 747.

277 Stein/Jonas/Grunsky, Vor § 916, Rn. 1; Schuschke/Walker/Walker, Vor § 916, Rn. 2; Musielak, Rn. 747.

278 Stein/Jonas/Grunsky, Vor § 916, Rn. 1.

279 Schuschke/Walker/Walker, Vor § 916, Rn. 2.

280 Stein/Jonas/Grunsky, Vor § 916, Rn. 1.

281 Schuschke/Walker/Walker, Vor § 916, Rn. 3.

282 Schuschke/Walker/Walker, Vor § 916, Rn. 3.

283 Schuschke/Walker/Walker, Vor § 916, Rn. 3; Walker, Der einstweilige Rechtsschutz, Rn. 58 f.

c) Zwischenergebnis zur Funktion des einstweiligen Rechtsschutzes

Der einstweilige Rechtsschutz dient der Umsetzung des Gebotes des effektiven Rechtsschutzes indem er den prozessualen und materiellen status quo des Antragsstellers vor dem Ende des Hauptsacheverfahrens sichert.[284] Das geschieht einerseits durch ein im Vergleich zum Hauptsacheverfahren schnelleren, andererseits im Wege eines teilweise nicht öffentlichen Verfahrens.[285] Die Sicherung des status quo wird damit de facto durch die Offenhaltung der Entscheidungsfähigkeit im Hauptverfahren bewirkt.[286] Aus diesem Grund sieht das Verfahren des einstweiligen Rechtsschutzes auch nicht vor, über die Sicherung des status quo hinauszugehen, geschweige denn die Entscheidung in der Hauptsache vorweg zu nehmen.[287]

2. Praktische Relevanz des einstweiligen Rechtsschutzes

Die praktische Bedeutung des einstweiligen Rechtsschutzes vor den ordentlichen Gerichten ist beträchtlich. Die Verfahren im einstweiligen Rechtsschutz nehmen zwischen den Jahren 2007 und 2010 vor den Amtsgerichten zwischen 3–5% und bei den Landgerichten zwischen 6–7% ein.[288] Nach einer langen Phase des Wachstums[289] hat die Zahl der Verfahren in den Jahren zwischen 2008 und 2010 abgenommen[290] Im Jahr 2008 wurden vor den Amtsgerichten noch 52.644 Verfahren erledigt, im Jahr 2010 nur noch 34.735. Bei den Landgerichten ist eine ähnliche Entwicklung auszumachen, so sank die Zahl von 25.623 Verfahren im Jahr 2008 auf 23.445 Verfahren in 2010.

Innerhalb des einstweiligen Rechtsschutzes dominiert die einstweilige Verfügung, welche in vielen Fällen – z.B. im Familienrecht, im Wettbewerbsrecht und im Urheberrecht – bereits an die Stelle des vom Gesetz vorgesehenen Erkenntnisverfahrens

284 Schuschke/Walker/Walker, Vor § 916, Rn. 3; MüKoZPO/Drescher, Vor § 916, Rn. 1.

285 Schuschke/Walker/Walker, Vor § 916, Rn. 3; MüKoZPO/Drescher, Vor § 916, Rn. 1.

286 MüKoZPO/Drescher, Vor § 916, Rn. 5.

287 MüKoZPO/Drescher, Vor § 916, Rn. 5.

288 Siehe Statistiken des Statistischen Bundesamtes: www.destatis.de. Präziser: https://www.destatis.de/DE/Publikationen/Thematisch/Rechtspflege/Querschnitt/RechtspflegeAusgewaehlteZahlen2100100117004.pdf?__blob=publicationFile

289 Schuschke/Walker/Walker, Vor § 916, Rn. 5; Baur, BB 1964, S. 607; Blomeyer, ZZP 65, S. 52.

290 https://www.destatis.de/DE/Publikationen/Thematisch/Rechtspflege/Querschnitt/RechtspflegeAusgewaehlteZahlen2100100117004.pdf?__blob=publicationFile

getreten ist.[291] Diese Entwicklung führt zu einer zunehmenden Ablösung des Hauptsacheverfahrens durch den einstweiligen Rechtsschutz, weil die einstweiligen Verfügungen nicht nur vorläufige, sondern häufig endgültige Wirkungen entfalten.[292] Das Hauptsacheverfahren wird daher oft nur noch als „Schuss übers Grab“[293] bezeichnet. Die Ursache für die Bevorzugung des einstweiligen vor dem ordentlichen Rechtsschutz liegt im Zeitvorteil. So schreibt *Leipold*[294]: „Wirksamer Rechtsschutz bedeutet in diesen Fällen nichts anderes als rascher Rechtsschutz, und gerade diesem Verlangen wird der ordentliche Prozess in seiner heutigen Form in aller Regel nicht gerecht. … Wenn schon relativ einfach gelagerte Prozesse viele Monate oder gar Jahre dauern, so kann man es den Parteien nicht verargen, wenn sie auch in nicht extrem dringenden Fällen die Möglichkeit des Anordnungs- bzw. Verfügungsverfahrens in Anspruch nehmen. Da die Gerichte ihrerseits die Langwierigkeit des gewöhnlichen Prozesses nur zu gut kennen, sind sie bemüht, wenigstens durch einstweilige Verfügung zu verhindern, dass die Durchsetzung des materiellen Rechts durch den Zeitablauf illusorisch wird.“

Damit entwickelt sich das Verfügungsverfahren von einer vorübergehenden Maßnahme zu einem „gängigen Rechtsbehelf“[295]. In einigen Rechtsgebieten[296] wird das vom Gesetz vorgesehene Hauptverfahren (§§ 926, 936 ZPO) gar nicht mehr bestritten.[297] Das Verfahren im einstweiligen Rechtsschutz unterscheidet sich

291 Stein/Jonas/Grunsky, Vor § 916, Rn. 3; Schuschke/Walker/Walker, Vor § 916, Rn. 5; Leipold, ZZP 90, S. 258, 260 f.; Baur, BB 1964, S. 607.

292 Schmitt, Die Einrede des Schiedsvertrages im Verfahren des einstweiligen Rechtsschutzes, S. VI.

293 Baur, BB 1964, S. 607.

294 Leipold, Grundlagen des einstweiligen Rechtsschutzes, S. 11.

295 Baur, BB 1964, S. 615.

296 „So z.B. im Bereich des Ehrenschutzes, wo es in der Öffentlichkeit schon als Eingeständnis der Wahrheit gewertet wird, wenn jemand gegen eine ehrenrührige Tatsachenbehauptung keine einstweilige Verfügung beantragt. Auch bei Wettbewerbsverstößen und bei der Verletzung von Preisbindungsverträgen wird der Rechtsschutz regelmäßig im Verfügungsverfahren begehrt“, siehe Leipold, Grundlagen des einstweiligen Rechtsschutzes, S. 12, Fn. 27.

297 Schuschke/Walker/Walker, Vor § 916, Rn. 5; Stein/Jonas/Grunsky, Vor § 916, Rn. 3; Leipold, Grundlagen des einstweiligen Rechtsschutzes, S. 11, 12; vgl. nur das Zahlenmaterial bei Engelschall, GRUR 1972, S. 103 f.; Eingabe der Deutschen Vereinigung für gewerblichen Rechtsschutz und Urheberrecht zum Entwurf eines zweiten Änderungsgesetzes zur ZPO, GRUR 1972, S. 353, 354; ferner Ahrens, Wettbewerbsverfahrensrecht, S. 150 ff., 241 f.; Klaka, GRUR 1979, S. 593, 594; Ulrich, GRUR 1985, S. 201, 202; Teplitzky, JuS 1980, S. 882; 883.

dabei unter anderem dadurch vom Hauptsacheverfahren, dass es die Glaubhaftmachung zur Begründung des Anspruches ausreichen lässt, §§ 920 II, 936 ZPO. Erforderlich zur Glaubhaftmachung ist eine überwiegende Wahrscheinlichkeit des Bestehens des Anspruches, welcher der Anspruchsteller üblicherweise mit einer eidesstattlichen Versicherung Rechnung trägt.[298] Die Tendenz zur zügigeren Erledigung von Streitigkeiten im Verfahren des einstweiligen Rechtsschutzes unterwandert damit den hinter dem Hauptverfahren stehenden Gedanken, ein mit allen Verfahrensgarantien und einer umfassenden Beweisaufnahme stattfindendes Gerichtsverfahren zu gewährleisten.[299] Zur Beschleunigung des Verfahrens sind Parteien also bereit, Einbußen hinsichtlich der „Richtigkeitsgarantien des Erkenntnisverfahrens"[300] hinzunehmen.

Die maßgebliche Bedeutung des einstweiligen Rechtsschutzes beruht gleichwohl nicht nur auf quantitativen Fallzahlen von Eilverfahren.[301] Sie entspringt auch einer Entwicklung, die entgegen den Vorstellungen des Gesetzgebers verläuft. Diese Entwicklung geht dahin, dass einstweilige Verfügungen regelmäßig nicht nur „die Hauptsache vorwegnehmen, sondern auch endgültig wirken"[302]. Das wirkt sich auch auf das weitere Prozessverhalten der beteiligten Parteien aus. Bekommen diese bereits im Verfahren des einstweiligen Rechtsschutzes eine Verfügung mit befriedender Wirkung verzichten sie auch aus Kostengründen auf die Durchführung eines Hauptsacheverfahrens.[303] Begründen lässt sich dieses Verhalten mit der geringen Wahrscheinlichkeit, beim Gericht der Hauptsache eine andere Entscheidung als im Verfahren des einstweiligen Rechtsschutzes zu erlangen. Bei unstreitigen Sachverhalten liegt es in der Natur der Sache, weil es selbst im Hauptsacheverfahren keiner weiteren Sachverhaltsaufklärung mehr bedarf, womit eine anders lautende Entscheidung in der Regel schwer zu begründen ist.[304] Aber auch bei komplexeren Sachverhalten kann die Aufklärung bzw. materiell-rechtliche Prüfung im Verfahren des einstweiligen Rechtsschutzes ein Maß

298 Vgl. etwa Baumbach/Lauterbach/Hartmann, § 294, Rn. 1, 2.
299 Schilken, Die Befriedigungsverfügung, S. 16.
300 Stein/Jonas/Grunsky, Vor § 916, Rn. 3.
301 Schuschke/Walker/Walker, Vor § 916, Rn. 6.
302 Schuschke/Walker/Walker, Vor § 916, Rn. 6.
303 Schuschke/Walker/Walker, Vor § 916, Rn. 6.
304 Baur, BB 1964, S. 607; Schuschke/Walker/Walker, Vor § 916, Rn. 6; Leipold, Grundlagen des einstweiligen Rechtsschutzes, S. 12; Morbach, Einstweiliger Rechtsschutz in Zivilsachen, S. 11; Walker, Der einstweilige Rechtsschutz, Rn. 29, 30: Mit diesem Befund wurde der Bedeutungswandel der einstweiligen Verfügung auch von der Kommission für das Zivilprozessrecht in ihrem 1977 veröffentlichten Bericht (S. 213) begründet.

erreichen, welches mit dem Aufwand eines Hauptverfahrens vergleichbar ist.[305] In solchen Fällen wird jede unterlegene Partei ihre Erfolgsaussichten in einem Hauptsacheverfahren nur als gering einschätzen können.[306] Für eine durchzuführende Beweiswürdigung gilt das in gleicher Weise. Wurde sie bereits im Verfahren des einstweiligen Rechtsschutzes fehlerfrei vorgenommen, wird die unterlegene Partei wohl nur im Fall neuer Beweismittel das Hauptverfahren beschreiten.[307]

Trotz dieser weitgehenden Deckung des Eilverfahrens und des Hauptverfahrens darf nicht übersehen werden, an welchen Stellen natürliche und gravierende Unterschiede zwischen beiden Verfahren bestehen. Die Ersetzung des Hauptsacheverfahrens durch ein summarisches Verfahren bedeutet auch die Ablösung von Verfahrens- und damit Richtigkeitsgarantien durch den Einzug von erhöhten Fehlentscheidungsrisiken.[308] Beispielweise wird dem Gericht gemäß § 937 II ZPO ein Ermessenspielraum dahingehend eingeräumt, ob es die Entscheidung in dringenden Fällen ohne mündliche Verhandlung erlässt. Darüber hinaus kann der Vorsitzende gemäß § 944 ZPO in dringenden Fällen anstatt des Gerichts allein entscheiden.

Vor dem Hintergrund der Richtigkeitsgarantien eines Hauptverfahrens ist auch das Schiedsverfahren kritisch zu betrachten, welches bereits in vielen Fällen die ordentliche Gerichtsbarkeit ersetzt.[309] Die Motivation zum Abschluss einer Schiedsvereinbarung ist dem Bestreben einer abschließenden Lösung im Verfahren des einstweiligen Rechtsschutzes vergleichbar. In beiden Fällen wird ein vermeintlich einfacheres und zeitlich kürzeres Verfahren der Dauer eines ordentlichen Prozesses vorgezogen.[310]

3. Abgrenzung zwischen Arrest und einstweiliger Verfügung

Schließlich ist für eine klare Herausstellung des Anwendungsbereiches der einstweiligen Verfügung (§§ 935 ff. ZPO) diese von der zweiten Möglichkeit des

305 Leipold, Grundlagen des einstweiligen Rechtsschutzes, S. 12.
306 Leipold, Grundlagen des einstweiligen Rechtsschutzes, S. 12.
307 Leipold, Grundlagen des einstweiligen Rechtsschutzes, S. 12, 13.
308 Schuschke/Walker/Walker, Vor § 916, Rn. 6; Leipold, Grundlagen des einstweiligen Rechtsschutzes, S. 13.
309 Leipold, Grundlagen des einstweiligen Rechtsschutzes, S. 13, Fn. 30.
310 Vgl. Bericht der Kommission zur Vorbereitung einer Reform der Zivilgerichtsbarkeit (1961), S. 183; Kohler, S. 67 ff.; Leipold, Grundlagen des einstweiligen Rechtsschutzes, S. 13, Fn. 30.

einstweiligen Rechtsschutzes, dem Arrest (§§ 916 ff. ZPO), abzugrenzen. Der Arrest findet gemäß § 916 I ZPO zur Sicherung der Zwangsvollstreckung in das bewegliche oder unbewegliche Vermögen wegen einer Geldforderung oder wegen eines Anspruchs statt, der in eine Geldforderung übergehen kann. Für die einstweilige Verfügung ist dem Gesetz – im Gegensatz zum Arrest –kein einheitlicher konkreter Zweck zu entnehmen.[311] Anhaltspunkte finden sich jedoch in den § 935 ZPO und § 940 ZPO. Der Gesetzgeber führt in § 935 ZPO aus: Einstweilige Verfügungen in Bezug auf den Streitgegenstand sind zulässig, wenn zu besorgen ist, dass durch eine Veränderung des bestehenden Zustandes die Verwirklichung des Rechts einer Partei vereitelt oder wesentlich erschwert werden könnte. Aus dem Umkehrschluss zu § 916 ZPO lässt sich folgern, dass der Zweck der einstweiligen Verfügung darin besteht, die Zwangsvollstreckung wegen anderer Ansprüche als Geldforderungen (§§ 883 ff. ZPO) zu sichern.[312]

Anhand dieser Darstellung zeigt sich, dass die einstweilige Verfügung die einschlägige Art des einstweiligen Rechtsschutzes ist, um den Kontakt zwischen Schiedsrichter und Partei zwangsweise zu unterbrechen. Der Anspruch der den Schiedsrichter ablehnenden Partei dient der Bewahrung der Geschäftsgeheimnisse und ist nicht als Geldforderung einzustufen. Dass diese Geschäftsgeheimnisse ihrerseits einen Geldwert darstellen, ist für die Abgrenzung irrelevant. Für die Partei kommt daher eine einstweilige Verfügung in Betracht.

4. Darstellung der relevanten Maßnahmen der einstweiligen Verfügung

Im Rahmen der einstweiligen Verfügung gibt es verschiedene Maßnahmen zur Wahrung der Interessen des Antragstellers. Welche das sind, lässt sich abschließend aus dem Gesetz nicht vollständig ableiten.[313] Jedenfalls im Gesetz zu finden sind die sogenannte Sicherungsverfügung und die Regelungsverfügung. Die Sicherungsverfügung ergeht gemäß § 935 ZPO in Bezug auf den Streitgegenstand und dient der Sicherung von Gläubigerrechten. Damit ist die Verwirklichung von Individualansprüchen gemeint, die in einem Hauptsacheprozess durchsetzbar

311 Walker, Der einstweilige Rechtsschutz, Rn. 77.

312 Schuschke/Walker/Walker, Vor § 916, Rn. 8; Stein/Jonas/Grunsky, Vor § 916, Rn. 5, 50; OLG Köln, VersR 1996, S. 733; Thomas/Putzo/Reichold, Vor § 916, Rn. 6, 7.

313 Schilken, Einstweiliger Rechtsschutz und vorläufige Vollstreckbarkeit, S. 115; Baur, Studien zum einstweiligen Rechtsschutz, S. 46.

sind.[314] Die Regelungsverfügung dient gemäß § 940 ZPO dem Zweck der Regelung eines einstweiligen Zustandes in Bezug auf ein streitiges Rechtsverhältnis. Inhaltlich bedeutet das eine vorläufige Festlegung des Bestehens oder Nichtbestehens gegenseitiger Rechte und Pflichten zwischen den Parteien.[315] Damit entfaltet die Regelungsverfügung rechtsgestaltende Wirkung und damit mehr als eine Sicherung des Gläubigers.

Neben diesen beiden Typen lässt die Praxis in dringenden Fällen seit langem noch eine dritte Form der einstweiligen Verfügung zu, die im Gesetz bisher nur in Ausnahmefällen geregelt ist (§ 1615o BGB; §§ 627, 641d, 940a ZPO; § 11a GebrMG; § 61 VI 2 UrhG; § 85 PatG; § 12 II UWG). Es handelt sich dabei um die Leistungs- oder Befriedigungsverfügung, deren besonderes Merkmal darin liegt, dass sie nicht allein eine Sicherung der Rechtsstellung des Antragstellers herbeiführen soll, sondern den Schuldner zur sofortigen Erfüllung verurteilt.[316] Die Entwicklung der Leistungs- oder Befriedigungsverfügung ist auf die Notwendigkeit des Antragstellers zurückzuführen, einen endgültigen Rechtsverlust allein aus zeitlichen Gründen zu verhindern.[317] Dieser Rechtsverlust, der durch die nicht rechtzeitig unterbundene Zuwiderhandlung des Antragsgegners entsteht, lässt sich nämlich in der Regel nicht mehr rückgängig machen, sondern wenn überhaupt nur noch durch Geld ausgleichen.[318] Die befriedigende Wirkung beginnt daher auch mit dem Ausspruch der einstweiligen Verfügung durch das Gericht und entfällt nicht etwa bei einer anderslautenden Entscheidung im Hauptsacheverfahren. Ist der Antragsgegner zum Zeitpunkt der Hauptsacheentscheidung nämlich immer noch an der Handlung interessiert, hat sich die befriedigende Wirkung bereits für den abgelaufenen Zeitraum realisiert und kann nicht mehr nachgeholt werden[319]

Keine Einigkeit wurde bisher in der Frage erreicht, „ob es sich bei den genannten Arten wirklich um drei verschiedene und selbstständige Verfügungsarten handelt, die sich nach Rechtsgrundlage, Voraussetzungen und Rechtsfolgen

314 Zöller/Vollkommer, § 935, Rn. 6; Stein/Jonas/Grunsky, § 935, Rn. 2.

315 BeckOK-ZPO/Mayer, § 935, Rn. 4.

316 Von einer dritten Verfügungsart gehen, teilweise unter Beschränkung auf Geldleistungen, aus: BGH, NJW 1965, S. 915; Schuschke/Walker/Walker, Vor § 916, Rn. 11; Stein/Jonas/Grunsky, Vor § 935, Rn. 29; Jauernig, ZZP 79, S. 336 ff.; Brox/Walker, Zwangsvollstreckungsrecht, Rn. 1606 ff.; Grunsky, JuS 1976, S. 283; Schilken, Befriedigungsverfügung, S. 22 f.; Damm, ZHR 1990, S. 413, 415.

317 Walker, Der einstweilige Rechtsschutz, Rn. 247.

318 Grunsky, JurA 1970, S. 724, 735; Walker, Der einstweilige Rechtsschutz, Rn. 247.

319 Walker, Der einstweilige Rechtsschutz, Rn. 247, 70, 107.

voneinander trennen lassen"[320]. Während zum Teil streng zwischen drei Verfügungsarten unterschieden wird[321], gehen andere nur von zwei Verfügungsarten aus, wobei die Regelungsverfügung teilweise mit der Sicherungs-[322], teilweise mit der Leistungs- oder Befriedigungsverfügung[323] gleichgestellt wird. Eine weitere Auffassung verneint die Existenzberechtigung einer besonderen Regelungsverfügung und erkennt lediglich die beiden Formen der Sicherungs- sowie der Leistungs- oder Befriedigungsverfügung als die eigentlichen Grundtypen des einstweiligen Rechtsschutzes an.[324] Schließlich wird die Auffassung vertreten, es gehe allein um den unterschiedlichen Inhalt einer einstweiligen Verfügung, wobei die §§ 935, 940 ZPO lediglich Beispiele dafür seien, wie die Sicherung des Gläubigers erfolgen könne und die Regelungsverfügung ihrerseits keine selbstständige Bedeutung gegenüber der Sicherungsverfügung habe.[325]

Diese letzte Meinung überzeugt schließlich, sodass auf die Unterscheidung selbstständiger Typen der einstweiligen Verfügung verzichtet werden kann. Der einstweiligen Verfügung kommt die Funktion der vorläufigen Sicherung von Rechten im Wege des einstweiligen Rechtsschutzes zu, sofern keine spezialgesetzlich Regelung in der Prozessordnung einschlägig ist.[326] Beispielhaft dafür ist etwa, dass der Antragsteller in dem Gesuch auf einstweiligen

---

320 Walker, Der einstweilige Rechtsschutz, Rn. 77; Schuschke/Walker/Walker, Vor § 916, Rn. 11; Vor § 935, Rn. 30; Stein/Jonas/Grunsky, Vor § 935, Rn. 29; Musielak/Huber, § 935, Rn. 2; Baur, BB 1964, S. 607.

321 Vgl. vor allem Baur/Stürner/Bruns, Rn. 53.1 ff.; Jauernig, ZZP 79, S. 321, 326, 332 f.; Dunkl/Moeller/Baur/Feldmeier, A Rn. 467 ff.; Gießler/Soyka, Vorläufiger Rechtsschutz, Rn. 6 ff.

322 Grunsky, JuS 1976, S. 283; Leipold, Grundlagen des einstweiligen Rechtsschutzes, S. 102; Minnerop, Materielles Recht und einstweiliger Rechtsschutz, S. 58 f.

323 Schilken, Die Befriedigungsverfügung, S. 124 ff.; siehe auch Vogg, Einstweiliger Rechtsschutz und vorläufige Vollstreckbarkeit, S. 129 f., wonach es sich bei der Leistungsverfügung nicht um eine eigene Verfügungsart handele.

324 Walker, Der einstweilige Rechtsschutz, Rn. 100–119.

325 Für eine einheitliche Grundlage aller einstweiligen Verfügungen insbesondere: Schuschke/Walker/Schuschke, Vor § 935, Rn. 30; Wenzel, MDR 1967, S. 893; ebenso Damm, ZHR 1990, S. 413, 418 f.; v. Gerkan, ZGR 1985, S. 167, 171; MüKoZPO/Heinze, 2. Aufl., § 935, Rn. 3, 4, 23 und § 940, Rn. 4, wonach jede einstweilige Verfügung eine Sicherungsverfügung darstelle, weil darin der einzige Zweck des einstweiligen Rechtsschutzverfahrens liege.

326 Schuschke/Walker/Schuschke, Vor § 935, Rn. 30; Wenzel, MDR 1967, S. 889; Damm, ZHR 1990, S. 418; AK-Damrau, §§ 935, 940, Rn. 1 ff.; im Ergebnis wie hier auch Stein/Jonas/Grunsky, Vor § 935, Rn. 29, 30.

Rechtsschutz nicht verpflichtet ist anzugeben, ob eine Sicherungs- oder Regelungsverfügung erlassen werden soll.[327] Das Gericht entscheidet vielmehr gemäß § 938 I ZPO nach freiem Ermessen, welche Anordnung zur Erreichung des Zwecks erforderlich ist, selbst wenn es im Ergebnis nicht mit der beantragen Verfügung übereinstimmt.[328] Das Gericht muss den Antragsteller vor seiner Entscheidung weder darauf hinweisen noch ihn anregen, seinen Antrag umzustellen.[329] Allerdings muss das Gericht aus dem Antrag das Rechtsschutzziel des Antragstellers unmissverständlich entnehmen können.[330] „Die weit verbreitete Unterscheidung verschiedener Arten einstweiliger Verfügungen in Sicherungsverfügung, Regelungsverfügung und Leistungsverfügung benennt damit nicht unterschiedliche rechtliche Voraussetzungen für den Erlass einer einstweiligen Verfügung, sondern bezeichnet allein unterschiedliche Inhalte der einstweiligen Verfügung"[331].

II. Adressat und Inhalt der einstweiligen Verfügung

Wenn es nun um die Bestimmung des konkreten Inhalts der einstweiligen Verfügung geht, bringt ihre Natur als gerichtliche Anordnung zwangsläufig die Orientierung auf die am Verfahren beteiligten Personen mit sich.[332] Ansonsten ist die Verfügung weder klag- noch vollstreckbar.[333] Zu den am Verfahren beteiligten Personen zählen nur die Parteien. Das sind diejenigen, die in der Klageschrift als Kläger oder Beklagten benannt sind.[334] Davon auszuschließen sind also unbedingt

327 Stein/Jonas/Grunsky, Vor § 935, Rn. 30; Schuschke/Walker/Schuschke, Vor § 935, Rn. 14; Minnerop, Materielles Recht und einstweiliger Rechtsschutz, S. 58; Dunkl/Moeller/Baur/Feldmeier, A, Rn. 489.

328 Minnerop, Materielles Recht und einstweiliger Rechtsschutz, S. 58; Dunkl/Moeller/Baur/Feldmeier, A, Rn. 465, 489; Schuschke/Walker/Schuschke, Vor § 935, Rn. 14; Stein/Jonas/Grunsky, Vor § 935, Rn. 30.

329 Minnerop, Materielles Recht und einstweiliger Rechtsschutz, S. 58; Stein/Jonas/Grunsky, Vor § 935, Rn. 30.

330 Schuschke/Walker/Schuschke, Vor § 935, Rn. 14; Baur, BB 1964, S. 608.

331 MüKoZPO/Drescher, § 935, Rn. 6.

332 Baur, BB 1964, S. 608.

333 Stein/Jonas/Grunsky, § 935, Rn. 2.

334 BGHZ 127, S. 156; BGH, NJW 1999, S. 1871; BGH, NJW 2001, S. 447; BGH, NJW 2002, S. 3111; BGH, NJW 2003, S. 1043; Schellhammer, Rn. 1168; Musielak, Rn. 223; Thomas/Putzo/Reichold, § 253, Rn. 7; Stein/Jonas/Roth, § 253, Rn. 14; MüKoZPO/Becker-Eberhard, § 253, Rn. 46.

unbeteiligte Dritte und insbesondere die Schiedsrichter. Das ergibt sich bereits aus dem Wortlaut des § 253 II Nr. 1 ZPO, der zwischen Partei und Gericht genau unterscheidet. Folglich ist es nicht möglich, allein gegen die Tatsache seiner Bestellung mit Hilfe der einstweiligen Verfügung direkt und unmittelbar gegen einen Schiedsrichter vorzugehen, auch wenn eine solche Handlung in dieser Situation sicherlich wünschenswert wäre. Eine einstweilige Verfügung mit dem Inhalt, einem Schiedsrichter bis zur gerichtlichen Entscheidung über seine Ablehnung jede weitere Beteiligung am Schiedsverfahren zu untersagen, wäre nicht nur unzulässig, sondern gar unstatthaft. Ein anderes Ergebnis kommt für den Fall in Betracht, in dem der Anspruchsteller einen materiell-rechtlichen Anspruch direkt gegen den Richter hat. Ein solcher Fall ist z.B. bei einem Verstoß des Schiedsrichters gegen seine Verschwiegenheitspflicht gegenüber einem Dritten denkbar. Für den Fall der Bestellung eines Konkurrenten zum Schiedsrichter kommt ein Anspruch gegen den Schiedsrichter jedoch nicht ohne Weiteres in Betracht.

Folglich hat sich die einstweilige Verfügung gegen die gegnerische Partei zu richten. Damit steht der Antragsteller der Herausforderung gegenüber, mit einer einstweiligen Verfügung gegenüber der gegnerischen Partei den Wissensstand des abgelehnten Schiedsrichters auf dem Status quo zum Zeitpunkt seiner Bestellung zu halten. Dafür bietet sich in diesem Fall allein eine Kommunikationssperre zwischen dem Antragsgegner und dem Konkurrenten mittels einstweiliger Verfügung an. Damit soll bewirkt werden, dass die gegnerische Partei bis zu der Entscheidung des ordentlichen Gerichts über die Ablehnung des Schiedsrichters keine weiteren Informationen zum Streitgegenstand an „ihren" Schiedsrichter weitergibt. Auf diese Weise ist die einstweilige Verfügung die notwendige Ergänzung zu Ablehnungsmaßnahmen gemäß § 1035 IV oder § 1032 II ZPO. Der Tenor der einstweiligen Verfügung würde sodann lauten:

1. *Dem Antragsgegner wird untersagt, dem Schiedsrichter, der gleichzeitig Mitglied einer konkurrierenden Gesellschaft ist, Information welcher Art auch immer zu erteilen oder durch Dritte erteilen zu lassen, die die eigene Gesellschaft betreffen und die weder öffentlich bekannt noch zugänglich sind, und zwar so lange, bis über das Ablehnungsgesuch, welches die Antragsteller in Bezug auf die Tätigkeit des Konkurrenten als von dem Antragsgegner ernannter Schiedsrichter in dem eingeleiteten Schiedsverfahren eingereicht haben, rechtskräftig entschieden wurde.*

2. *Für jeden Fall der Zuwiderhandlung wird dem Antragsgegner angedroht:*

   a. *Ein Ordnungsgeld bis zu € 100.000,00 und für den Fall, dass dieses nicht beigetrieben werden kann, Ordnungshaft bis zu sechs Monaten oder*

b. Ordnungshaft bis zu sechs Monaten.

3. Kostenentscheidung

III. Zwischenergebnis: Rechtsschutzziel des Antragstellers und einschlägige einstweilige Verfügung

Das Rechtsschutzziel des Antragstellers ist die Unterbrechung der Kommunikation zwischen der gegnerischen Partei und dem von ihr benannten Schiedsrichter bis zu einer Entscheidung eines ordentlichen Gerichtes über die Besetzung des Schiedsgerichts. Dieses Rechtsschutzziel entspricht damit nicht nur einer Sicherung, sondern auch zumindest vorübergehend einer Erfüllung der Verschwiegenheitspflicht des Antragsgegners gegenüber dem Schiedsrichter. Damit hat eine solche Verfügung zumindest vorläufig eine befriedigende Wirkung, weil die untersagte Kommunikation selbst im Fall einer anders lautenden Entscheidung nach Widerspruch nicht nachgeholt werden kann.

Dieses Rechtsschutzziel lässt sich weder über die Sicherungsverfügung nach § 935 ZPO, noch über die Regelungsverfügung gemäß § 940 ZPO erreichen. Diese Formen der einstweiligen Verfügung sichern lediglich eine spätere Befriedigung des Antragstellers.[335] Für das Begehren des Antragstellers kommt als Rechtsschutzmöglichkeit daher ausschließlich eine Leistungs- oder Befriedigungsverfügung in Form der Unterlassungsverfügung in Betracht. Denn die begehrte einstweilige Verfügung hat selbst dann eine befriedigende Wirkung, wenn der Antragsgegner sich nur bis zur Entscheidung in der Hauptsache an das Verbot halten muss und wenn er auch nach diesem Zeitpunkt noch an der Vornahme der zunächst verbotenen Handlung interessiert ist.[336] Ein solcher Fall liegt bei der Bestellung eines Konkurrenten zum Schiedsrichter vor, insbesondere ist die Partei, die den Schiedsrichter benannt hat, weiterhin an der Vornahme der zunächst verbotenen Handlung interessiert. Ansonsten hätte diese Partei der Ablehnung „ihres“ Schiedsrichters bereits zugestimmt.

---

335 Stein/Jonas/Grunsky, Vor § 935, Rn. 31.

336 Siehe dazu bereits oben: Walker, Der einstweilige Rechtsschutz, Rn. 247.

IV. Einzelheiten zu Leistungs- oder Befriedigungsverfügungen und insbesondere Unterlassungsverfügungen

Für die Gewährleistung eines lückenlosen Rechtsschutzes muss es auch eine Lösung für solche Ansprüche geben, die aufgrund ihrer Zeitgebundenheit und dem damit einhergehenden endgültigen Rechtsverlust nicht mit einer Sicherungsverfügung und einem anschließenden Hauptverfahren in den Griff zu bekommen sind. Für solche Ansprüche entwickelte sich die Leistungs- oder Befriedigungsverfügung. Das Regelungsziel dieser Verfügung ist – entgegen dem Grundkonzept des einstweiligen Rechtsschutzes – die vorläufige Befriedigung des Antragstellers unter Vorwegnahme der Hauptsache.[337] Der Begründungsaufwand für den Erlass einer solchen Verfügung ist daher entsprechend höher als im üblichen Verfahren des einstweiligen Rechtsschutzes.[338] Daher ist die Leistungs- oder Befriedigungsverfügung näher zu betrachten.

1. Entwicklung der Leistungs- oder Befriedigungsverfügung

Die Entwicklung der Leistungs- oder Befriedigungsverfügung[339] wurde ausgelöst durch Ausnahmefälle, denen im Wesentlichen zwei Merkmale immanent sind. Zum einen ist zur Verwirklichung eines effektiven Rechtsschutzes in diesen Fällen

337 Berger, Einstweiliger Rechtsschutz im Zivilrecht, S. 90, 189; Walker, Der einstweilige Rechtsschutz, Rn. 84, 247; Musielak, Rn. 757; Baur, BB 1964, S. 607. 608; Compensis, Die einstweilige Verfügung auf Unterhaltsleistung, S. 63 („rechtsfortbildende Erweiterung der beiden gesetzlichen Verfügungsarten um eine dritte: die Leistungsverfügung"); Teplitzky, Wettbewerbsrechtliche Ansprüche, 53, Rn. 6 („Entwicklung extra legem bzw. mindestens unter sehr weiter Auslegung des Gesetzes").

338 Berger, Einstweiliger Rechtsschutz im Zivilrecht, S. 90, 189; Walker, Der einstweilige Rechtsschutz, Rn. 84, 247; Musielak, Rn. 757; Baur, BB 1964, S. 607. 608; Compensis, Die einstweilige Verfügung auf Unterhaltsleistung, S. 63 („rechtsfortbildende Erweiterung der beiden gesetzlichen Verfügungsarten um eine dritte: die Leistungsverfügung"); Teplitzky, Wettbewerbsrechtliche Ansprüche, 53, Rn. 6 („Entwicklung extra legem bzw. mindestens unter sehr weiter Auslegung des Gesetzes").

339 Eine einheitliche Meinung zur Bezeichnung dieser Verfügung hat sich bisher nicht durchgesetzt. Zur Erläuterung der Begriffswahl siehe Walker, Der einstweilige Rechtsschutz, Rn. 84.

eine einstweilige Verfügung erforderlich, die eine Regelung entsprechend einem ansonsten im Hauptsacheprozess ergehenden Urteils enthält.[340] Zum anderen besteht in diesen Fällen bei Versagung einer solchen Verfügung die Gefahr eines irreparablen Schadens für den Antragsteller, der auch durch ein anders lautendes Urteil im Hauptsacheverfahren nicht aufgewogen werden kann.[341] Ausgangspunkt für diese Ausnahmefälle waren einstweilige Verfügungen auf Zahlung einer Geldsumme wegen Unterhaltsforderungen. Der Antragssteller war in diesen Fällen auf die unmittelbare Begleichung der Forderung angewiesen und konnte einen langwierigeren Hauptsacheprozess nicht abwarten, ohne beim Bestreiten seines Lebensunterhaltes in existenzielle Not zu geraten.[342]

In diesen Fällen wird einerseits die Schwäche des Arrests deutlich, der nur die Sicherung der Zwangsvollstreckung wegen einer Geldforderung bezweckt (§ 916 I ZPO) und damit keine für den Antragsteller tragfähige Lösung darstellt.[343] Die Vorschriften über die Vollziehung des Arrestes (§§ 930–933 ZPO) verhindern eine über die Sicherung des Anspruchs hinausgehende Wirkung.[344] Eine vorläufige Befriedigung des Antragstellers lässt sich damit also bereits von Gesetzes wegen nicht erreichen. Zum anderen ist die vorläufige Befriedigung aber notwendige Voraussetzung für die Gewährung effektiven Rechtsschutzes, weil der Vollstreckungserfolg eines späteren Urteils aufgrund seiner zeitlichen Abhängigkeit untrennbar mit dem Erlass einer solchen Leistungs- oder Befriedigungsverfügung verbunden ist.[345] Es besteht also offensichtlich ein praktisches Bedürfnis, die Funktion des einstweiligen Rechtsschutzes zu erweitern. Denn das Eintreten dieser Notlage – im Fall der beantragten Unterhaltszahlung wäre der Antragsteller auf Sozialhilfe angewiesen – lässt sich gerade nicht durch eine Erfüllung nach

---

340 MüKoZPO/Heinze, 2. Aufl., Vor § 916, Rn. 59; Berger, Einstweiliger Rechtsschutz im Zivilrecht, S. 189; OLG Düsseldorf, NJW-RR 1992, S. 199; Brox/Walker, Zwangsvollstreckungsrecht, Rn. 1612; Wieczorek/Schütze/Thümmel, § 940, Rn. 7.

341 MüKoZPO/Heinze, 2. Aufl., Vor § 916, Rn. 59; Berger, Einstweiliger Rechtsschutz im Zivilrecht, S. 189; OLG Düsseldorf, NJW-RR 1992, S. 199; Brox/Walker, Zwangsvollstreckungsrecht, Rn. 1612; Wieczorek/Schütze/Thümmel, § 940, Rn. 7.

342 OLG Köln, MDR 1959, S. 398; OLG Celle, VersR 1960, S. 280, 281; OLG Düsseldorf, NJW-RR 1992, S. 198, 199; Blankenburg/Leipold, S. 110; Stein/Jonas/Grunsky, Vor § 935, Rn. 39; Berger, Einstweiliger Rechtsschutz im Zivilrecht, S. 189; MüKoZPO/Heinze, 2. Aufl., Vor § 916, Rn. 59, 70; zur Entwicklung vergleiche Schilken, Die Befriedigungsverfügung, S. 30 ff.; Gaul/Schilken/Becker-Eberhard, § 76, Rn. 18; Ahrens, Der Wettbewerbsverfahrensrecht, S. 244 ff.

343 MüKoZPO/Heinze, 2. Aufl., Vor § 916, Rn. 59.

344 Walker, Der einstweilige Rechtsschutz, Rn. 76.

345 MüKoZPO/Heinze, 2. Aufl., Vor § 916, Rn. 59.

Beendigung des Hauptsacheverfahrens verhindern.[346] Die Funktion der Leistungs- oder Befriedigungsverfügung besteht damit gerade darin, die Durchsetzung des geltend gemachten Anspruchs nicht nur bis zur Entscheidung in der Hauptsache zu sichern, sondern sie auch schon vorher zu ermöglichen.[347]

Diese Ausnahmefälle sind einer Sicherung der prozessualen Rechtsstellung nur dann zugänglich, wenn sich die einstweilige Verfügung unmittelbar auf Erfüllung des Hauptsacheanspruchs richtet. Die Kehrseite einer solchen Verfügung ist jedoch für den Fall des Erlasses die Vorwegnahme der Hauptsache. Das wiederum kann erhebliche und unwiderrufliche Folgen für den Antragsgegner haben.[348] Insbesondere im Fall der – unberechtigten– Zahlung der Unterhaltsansprüche wird der Antragsgegner praktisch nur selten die Chance haben, das zu Unrecht gezahlte Geld von dem in der Regel vermögenslosen Antragsteller zurück zu erhalten. Zu solchen Schädigungen kommt es mittlerweile jedoch nicht mehr nur im Einzelfall, worauf allein die Zahl der einstweiligen Verfügungen vor Amts- und Landgerichten hindeutet.[349] Darüber hinaus sind sich die erlassenden Gerichte des Ausnahmecharakters der Leistungs- oder Befriedigungscharakter zwar bewusst und scheuen sich auch nicht, ihn zu formulieren, erlassen die Verfügung in der ständigen Praxis aber gleichwohl regelmäßig.[350]

Diese Entwicklung ist auch dem Gesetzgeber nicht verborgen geblieben und er hat darauf mit der verschuldensunabhängigen Haftung des Antragstellers gemäß § 945 ZPO reagiert.[351] Zurückzuführen ist dieser Haftungstatbestand auf den allgemeinen Rechtsgedanken, wonach der Gläubiger das Risiko der Vollstreckung eines vorläufigen Titels zu tragen hat, wie es auch in § 717 II ZPO zum Ausdruck kommt.[352] Aus diesem Grund gilt auch bei der Leistungs- oder Befriedigungsverfügung § 945 ZPO. Bei der Erwirkung einer Leistungs- oder Befriedigungsverfügung ist für den

346 Berger, Einstweiliger Rechtsschutz im Zivilrecht, S. 189; Walker, Einstweiliger Rechtsschutz, Rn. 247 ff.; MüKoZPO/Heinze, 2. Aufl., Vor § 916, Rn. 70; Stein/Jonas/Grunsky, Vor § 935, Rn. 39.

347 Walker, Der einstweilige Rechtsschutz, Rn. 84.

348 MüKoZPO/Heinze, 2. Aufl., Vor § 916, Rn. 62.

349 Walker, Der einstweilige Rechtsschutz, Rn. 28.

350 Baur, ZFA 1997, S. 481, sie dazu aktuell die Erhebung des Statistischen Bundesamtes: https://www.destatis.de/DE/Publikationen/Thematisch/Rechtspflege/Querschnitt/RechtspflegeAusgewaehlteZahlen2100100117004.pdf?__blob=publicationFile

351 Walker, Der einstweilige Rechtsschutz, Rn. 439.

352 BGHZ 30, S. 123, 128 ff.; BGHZ 39, S. 77; BGHZ 54, S. 76, 80; BGHZ 95, S. 10, 14; Berger, Einstweiliger Rechtsschutz, S. 432; Walker, Der einstweilige Rechtsschutz, Rn. 441.

Antragsteller deshalb grundsätzlich Vorsicht geboten. § 945 ZPO gibt dem Schuldner bei dem ungerechtfertigten Erlass der Verfügung einen Schadensersatzanspruch an die Hand, der unabhängig vom Verschulden des Antragstellers entsteht und ihm den Schaden ersetzt, der aus der Vollziehung der angeordneten Maßregel entstanden ist.

Die Entscheidung des Gesetzgebers zur Implementierung des § 945 ZPO verdient besondere Beachtung vor dem Hintergrund, dass sich der Antragssteller bei der Erwirkung der einstweiligen Verfügung auf eine gerichtliche Entscheidung stützen kann und nicht etwa Selbsthilfe ausübt.[353] Bis zum Jahr 1898 enthielt denn auch die ZPO keine vergleichbare Regelung.[354] Ausschlaggebend für § 945 ZPO war schließlich der Grundsatz der Ausgewogenheit des Rechtsschutzes.[355] Dieses Gebot hat seine Wurzel in Art. 19 Abs. 4 GG und verlangt im Einzelfall einen verhältnismäßigen Ausgleich bei kollidierenden Verfassungsgütern.[356] Jede vorweggenommene Entscheidung hinsichtlich dieser Frage bedeutet nämlich einen zwingenden Rechtsverlust für die andere Partei. Unter diesem Gesichtspunkt ergäbe sich bei Erlangung eines vorläufigen vollstreckbaren Titels bei geringerer Gewährleistung von Verfahrensgarantien[357] ohne ein entsprechendes eigenes Risiko des Antragstellers eine Übervorteilung des Antragsgegners.[358] Eine solche Position darf der Antragsteller daher nur auf eigene Gefahr erlangen.[359]

Zugegeben erweist sich § 945 ZPO beispielsweise in den Unterhaltsfällen jedoch allzu häufig als stumpfes Schwert. Kommt das Gericht im nachfolgenden Hauptsacheverfahren zu dem Ergebnis, dass der Antragsgegner im Verfahren des einstweiligen Rechtsschutzes nicht zur Leistung des Unterhalts verpflichtet war, wird sich der Schadensersatzanspruch des Antragsgegners gemäß § 945 ZPO bei einer mittellosen Partei im Regelfall nicht realisieren lassen.[360] Der Vormarsch der

---

353 Baur, Studien zum einstweiligen Rechtsschutz, S. 99; Walker, Der einstweilige Rechtsschutz, Rn. 439.

354 Z.B. Art. 636 Bay. Prozessordnung von 1869, siehe Walker, Der einstweilige Rechtsschutz, Rn. 439.

355 Walker, Der einstweilige Rechtsschutz, Rn. 440.

356 Walker, Der einstweilige Rechtsschutz, Rn. 72; Schilken, Die Befriedigungsverfügung, S. 112 f.; Wenzel, DB 1972, S. 1290; ders. MDR 1967, S. 889, 893; v. Mangoldt/Klein/Starck/Huber, Art. 19 Abs. 4, Rn. 376, 377, 379.

357 Die Möglichkeit der Entscheidung ohne Anhörung (§ 937 II ZPO, § 944 ZPO) und die Beschränkung des Beweises der Glaubhaftmachung.

358 Walker, Der einstweilige Rechtsschutz, Rn. 440.

359 BGHZ 96, S. 1, 3.

360 Baur, BB 1964, S. 607; MüKoZPO/Heinze, 2. Aufl., Vor § 916, Rn. 62; Heinze, Einstweiliger Rechtsschutz im Zahlungsverkehr der Banken, 1984, S. 57 f.; Musielak, Rn. 757.

Leistungs- oder Befriedigungsverfügung wurde trotz dieser für den Antragsgegner ungünstigen Perspektive jedoch nicht aufgehalten.

2. Die Unterlassungsverfügung

Aufgrund des Begehrens des Antragstellers – nämlich der gegnerischen Partei per Unterlassungsverfügung eine Kontaktsperre zu ihrem Schiedsrichter aufzuerlegen – kommt der Leistungs- oder Befriedigungsverfügung in Form der Unterlassungsverfügung besondere Bedeutung zu. Dazu passt es gut, dass Unterlassungsverfügungen den „wohl praktisch umfangreichsten, wenn auch problematischsten Anwendungsfall“[361] der Leistungs- oder Befriedigungsverfügung darstellen. Die Unterlassungsverfügung kommt bereits aufgrund ihrer Regelungsnatur regelmäßig nicht nur in die Nähe der Vorwegnahme der Hauptsache, sondern gewährt dem Antragsteller regelmäßig eine vorläufige Befriedigung seines Unterlassungsanspruchs.[362] Ausschlaggebend dafür ist die Zeitgebundenheit der meisten Unterlassungsansprüche, die zumindest für den Zeitraum bis zu einer eventuellen Aufhebung der einstweiligen Verfügung endgültige Verhältnisse schafft.[363] Damit manifestiert sich der Charakter der Unterlassungsverfügung als Leistungs- oder Befriedigungsverfügung.[364]

Die Wirkungen eines Unterlassungsanspruchs sind sowohl für den Gläubiger als auch für den Schuldner häufig endgültig. Verzichtet der Gläubiger auf die Durchsetzung seines Anspruchs im einstweiligen Rechtsschutz und wartet auf das Verbot gegen den Schuldner im Hauptsacheverfahren, entsteht ihm nicht selten ein nicht kompensationsfähiger Schaden.[365] Auf der anderen Seite gilt das Gleiche, wenn der Gläubiger seinen Unterlassungsanspruch durchsetzt und sich hinterher das Nichtbestehen des Anspruchs herausstellt. Für solche Verhaltensweisen gibt es neben der hier behandelten Problematik der Preisgabe von Geschäftsinterna

361 MüKoZPO/Heinze, 2. Aufl., Vor § 916, Rn. 79; im Ergebnis auch: Stein/Jonas/Grunsky, Vor § 935, Rn. 46.

362 Baur, ZFA 1997, S. 480.

363 Stein/Jonas/Grunsky, Vor § 935, Rn. 46; Baur, ZFA 1997, S. 480.

364 Stein/Jonas/Grunsky, Vor § 935, Rn. 46; Baur, BB 1964, S. 608; MüKoZPO/Heinze, 2. Aufl., Vor § 916, Rn. 79 („Anwendungsfall der sog. Befriedigungsverfügung“); Gaul/Schilken/Becker-Eberhard, § 76, Rn. 27; Ahrens, Wettbewerbsverfahrensrecht, S. 251 ff.

365 Schuschke/Walker/Schuschke, Vor § 935, Rn. 18; Stein/Jonas/Grunsky, Vor § 935, Rn. 49.

an Konkurrenten zahlreiche weitere Beispiele, so dass hier beispielsweise nur die Durchführung einer unlauteren bzw. verleumderischen Werbekampagne des Wettbewerbers sowie der rechtswidrige Streik angeführt werden sollen.[366] Bei einer Pressekampagne führt weder eine Gegendarstellung noch eine Schadensersatzzahlung zu einer umfassenden Kompensation des eingetretenen Schadens.[367] Stellt sich hinterher hingegen die Rechtmäßigkeit der Pressekampagne heraus, ist der „richtige Moment" für die Schaltung der Anzeige vertan. Bei einem rechtswidrigen/rechtmäßigen Streik ist die Situation vergleichbar. Hat ein Streik einen Betrieb erst einmal erfasst und die Arbeitsvorgänge zum Stillstand gebracht, kann sich ein Schaden durch den Verlust von Aufträgen oder Lieferbeziehungen realisieren, der durch einen Schadensersatzanspruch nicht zu entschädigen ist.[368] Nur ein funktionierender einstweiliger Rechtsschutz kann in solchen Fällen der Aufgabe eines effektiven Rechtsschutzes gerecht werden, in dem über einen Unterlassungsanspruch bereits vorzeitig und damit rechtzeitig über die Rechtmäßigkeit der Maßnahme entschieden wird.[369] Gleichzeitig ist bei dieser Entscheidung die oftmalige Einmaligkeit einer solchen Situation ins Kalkül zu bringen.[370] Insbesondere die Situation der Weitergabe von Geschäftsinterna an einen Konkurrenten und Schiedsrichter passiert nur in Ausnahmefällen. Einen präventiven Charakter braucht die Verfügung somit nicht zu haben, weil es in der Regel zu keiner Wiederholung in der gleichen Art und Weise kommen wird.

Unter Berücksichtigung dieser Ausnahmefunktion der Leistungs- oder Befriedigungsverfügung hat das Gericht bei dem Erlass einer Unterlassungsverfügung Sorge dafür zu tragen, dass die Verfügung nicht „zur Durchsetzung des Hauptsacheanspruchs im Dienst außerrechtlicher, taktischer Interessen des Wirtschaftslebens genutzt werden"[371]. Insbesondere § 12 II UWG ist als Sonderrecht für Wettbewerbssachen nicht verallgemeinerungsfähig.[372] Diese Vorschrift ist im besonderen Maße auf das Wettbewerbsrecht zugeschnitten, in welchem die einstweilige und kurzfristige Wahrung der Rechte der Betroffenen gegenüber dem Interesse des Verletzers, ein Hauptverfahren oder einen Schadensersatzprozess

366 Schuschke/Walker/Schuschke, Vor § 935, Rn. 18.
367 Schuschke/Walker/Schuschke, Vor § 935, Rn. 18.
368 Schuschke/Walker/Schuschke, Vor § 935, Rn. 18.
369 Schuschke/Walker/Schuschke, Vor § 935, Rn. 18; MüKoZPO/Heinze, 2. Aufl., Vor § 916, Rn. 79.
370 Schuschke/Walker/Schuschke, Vor § 935, Rn. 18.
371 MüKoZPO/Heinze, 2. Aufl., Vor § 916, Rn. 80.
372 Schuschke/Walker/Schuschke, Vor § 935, Rn. 75.

durchzuführen, Priorität genießt.[373] Damit trifft § 12 II UWG eine Vorentscheidung über die Stoßrichtung der Unterlassungsverfügung, die zwar mit dem Wettbewerbsrecht, aber darüber hinaus nicht mit den dargestellten Voraussetzungen der Leistungs- oder Befriedigungsverfügung in Einklang zu bringen ist. Im Gegensatz zum zivilprozessualen einstweiligen Rechtsschutz kann nämlich mit der wettbewerbsrechtlichen Verfügung nicht nur in Ausnahmefällen eine endgültige Beilegung des Rechtsstreits erreicht werden.[374]

Außerhalb des Wettbewerbsrechts hat der Gesetzgeber jedoch das Hauptsacheverfahren vorgesehen, um einen Anspruch durchzusetzen und ihn gegebenenfalls zu vollstrecken. Eine Umgehung des langwierigeren Hauptsacheverfahrens mittels des zügigeren einstweiligen Rechtsschutzes wollte der Gesetzgeber gerade nicht.[375] Dennoch muss man sich bei Unterlassungsansprüchen in sämtlichen Rechtsgebieten damit auseinandersetzen, dass der Erfolg des Antragstellers selbst bei der Verfolgung der Interessen im Verfahren des einstweiligen Rechtsschutzes aufgrund von zeitlichen Umständen endgültig beeinflusst werden kann.[376] Umso mehr bedarf es eines Korrektivs, damit nicht nur derjenige profitiert, zu dessen Gunsten die Zeit abläuft. Aufgrund des möglicherweise irreversiblen Zustands mit Erlass der Leistungs- oder Befriedigungsverfügung auf Unterlassen bedarf es dafür eines besonderen Legitimationsgrundes.[377]

Im Rahmen der Prüfung und Abwägung des Legitimationsgrundes wird das Risiko einer Fehlentscheidung entsprechend auf den Schultern von Antragsteller und Antragsgegner verteilt.[378] Das Gericht kann sich bei der Abwägung von der Entscheidung des Gesetzgebers leiten lassen. So hat der Gläubiger für den Fall der zu Unrecht ergangenen Verfügung gemäß § 945 ZPO Schadensersatz ohne Verschulden zu leisten. Dabei kann auch die Schwäche des § 945 ZPO berücksichtigt werden, die in der fehlenden finanziellen Leistungsfähigkeit des Gläubigers liegen kann. Ebenso besteht die Möglichkeit, per Arrest den Schadensersatzanspruch gemäß § 945 ZPO zu sichern und den Unterlassungsanspruch abzulehnen.[379] Der Schuldner hingegen ist nur dann schadensersatzpflichtig, wenn er den

373 Ahrens/Jestaedt, Kap. 43, Rn. 2.

374 Ahrens/Jestaedt, Kap. 43, Rn. 3; Schuschke/Walker/Schuschke, Vor § 935, Rn. 18.

375 MüKoZPO/Heinze, 2. Aufl., Vor § 916, Rn. 80.

376 Stein/Jonas/Grunsky, Vor § 935, Rn. 49.

377 MüKoZPO/Heinze, 2. Aufl., Vor § 916, Rn. 81.

378 Stein/Jonas/Grunsky, Vor § 935, Rn. 49; Grunsky, JuS 1976, S. 284; Zustimmend LAG München, NJW 1980, S. 957; ablehnend Piehler, Einstweiliger Rechtsschutz und materielles Recht, S. 212 f.

379 MüKoZPO/Heinze, 2. Aufl., Vor § 916, Rn. 80.

unberechtigten Nichterlass der Verfügung zu verschulden hat.[380]. Der Schuldner ist aufgrund seiner verschuldensabhängigen Haftung gegenüber dem Gläubiger und dessen verschuldensunabhängiger Haftung aus § 945 ZPO privilegiert und deshalb gegen das Risiko einer Fehlentscheidung besser abgesichert als der Gläubiger.[381] Denn der Nachweis des Verschuldens ist im Prozess meistens nur sehr aufwendig zu begründen, wenn es überhaupt gelingt.

Nach dem gegenwärtigen Echo in der Literatur zu den Unterlassungsverfügungen gehört es bisher jedoch zur Gangart der Gerichte, im einstweiligen Rechtsschutz auf den „schnellen Schuss" zu vertrauen.[382] Im Ergebnis wird dem Unterlassungsgebot im einstweiligen Verfahren regelmäßig im selben Umfang wie im Hauptsacheverfahren entsprochen, ohne dass im Einzelfall dafür eine Notwendigkeit besteht.[383] Häufig dient nämlich auch ein Weniger an Umsetzung dem Begehren des Antragstellers in gleicher Weise.[384] Für die Unterlassungsverfügung gilt daher im gleichen Maße wie für die übrigen Leistungs- und Befriedigungsverfügungen die Beschränkung auf Fälle, in denen nur der Erlass der Verfügung zur Abwendung einer ansonsten irreparablen Notlage für den Antragsteller geeignet ist.[385] Gleichzeitig darf mit Erlass der Verfügung der Antragsgegner seinerseits nur in absoluten Ausnahmefällen in eine solche Notlage gebracht werden, die auch ein potenzieller Schadensersatzanspruch nicht mehr ausgleichen kann.[386] Als weitere Regel lässt sich daraus ableiten, dass zwischen materiellen und somit bezifferbaren und bezahlbaren Schäden ein anderer Maßstab anzulegen ist als bei immateriellen Schäden.[387] Beispielhaft kann in diesem Fall erneut der hier gegenständliche Verlust von Geschäftsgeheimnissen angeführt werden, bei dem regelmäßig von einer irreparablen Notlage auszugehen und dessen Schaden zudem schwierig zu beziffern ist. Nach einer intensiven Prüfung der Sachlage ist es abschließend interessengerecht, bei der Entscheidung über den Erlass einer Unterlassungsverfügung grundsätzlich derjenigen Partei das Risiko einer Fehlentscheidung aufzubürden, die wahrscheinlich in der Hauptsache unterliegt.[388]

---

380 Stein/Jonas/Grunsky, Vor § 935, Rn. 49; MüKoZPO/Heinze, 2. Aufl., Vor § 916, Rn. 81; als Haftungsgründe kommen dafür sowohl § 280 BGB als auch § 823 BGB in Betracht.

381 Stein/Jonas/Grunsky, Vor § 935, Rn. 49.

382 Z.B. MüKoZPO/Heinze, Vor § 916, Rn. 81.

383 MüKoZPO/Heinze, 2. Aufl., Vor § 916, Rn. 81

384 MüKoZPO/Heinze, 2. Aufl., Vor § 916, Rn. 81

385 Grunsky, JuS 1976, S. 284; MüKoZPO/Heinze, 2. Aufl., Vor § 916, Rn. 82.

386 Grunsky, JuS 1976, S. 284; MüKoZPO/Heinze, 2. Aufl., Vor § 916, Rn. 82.

387 MüKoZPO/Heinze, 2. Aufl., Vor § 916, Rn. 82.

388 Stein/Jonas/Grunsky, Vor § 935, Rn. 49.

3. Die Vorwegnahme der Hauptsache

Die vorläufige Rechtsverwirklichung im Wege des einstweiligen Rechtsschutzes wirft die Frage nach den Grenzen dieser Rechtsschutzmöglichkeit auf. Besonders virulent wird dieses Thema, wenn eine Sicherung des Anspruchs faktisch ausscheidet oder dem Antragsteller keinen Nutzen bringt.[389] Gleichzeitig tritt man an dieser Stelle in die praktisch bedeutsame Diskussion um den zulässigen Inhalt des einstweiligen Rechtsschutzes ein. In dieser Diskussion geht es vor allem darum, ob und wieso der einstweilige Rechtsschutz zur Befriedigung des Gläubigers führen und damit die Entscheidung in der Hauptsache vorwegnehmen darf. Zudem verwässert die grundsätzlich strukturelle Unterscheidung zwischen einstweiligen Rechtsschutz und Hauptsacheverfahren, wenn die einstweilige Maßnahme die Entscheidung des Hauptsacheverfahrens samt Befriedigungswirkung vorweg nimmt.[390] Von der anderen Seite betrachtet lässt sich ebenso fragen, ob der Charakter der „einstweiligen" Maßnahme durch die Leistungs- oder Befriedigungsverfügungen überhaupt berücksichtigt wird.[391]

a) Herleitung des Verbots der Vorwegnahme der Hauptsache

Dem Gericht kommt bei der Anordnung einer einstweiligen Verfügung ein Auswahlermessen zu, welches seine Grenzen in den Grundsätzen des allgemeinen Prozessrechts findet. Zu diesen Grundsätzen gehört auch, dass es sich bei dem einstweiligen Rechtsschutz nur um eine vorläufige Regelung zur Sicherung eines Anspruchs handelt.[392] Damit gehört es nicht zu den Aufgaben des einstweiligen Rechtsschutzes, eine Entscheidung über den Hauptsacheanspruch zu treffen.[393] Vielmehr ist es seine Aufgabe, den prozessualen status quo bis zu der Entscheidung in der Hauptsache vor Beeinträchtigungen zu wahren.[394] Die vordringlichste Aufgabe des einstweiligen Rechtsschutzes liegt daher in der vorläufigen Sicherung des prozessualen status quo insbesondere vor einer Erledigung durch Zeitablauf

389 Schilken, Die Befriedigungsverfügung, S. 15; Walker, Der einstweilige Rechtsschutz, Rn. 66.

390 MüKoZPO/Heinze, 2. Aufl., Vor § 916, Rn. 63.

391 MüKoZPO/Heinze, 2. Aufl., Vor § 916, Rn. 63.

392 Baumbach/Lauterbach/Hartmann, Grundz. § 916, Rn. 5.

393 BGHZ 68, S. 289, 292; Baumbach/Lauterbach/Hartmann, Grundz. § 916, Rn. 4, 5; Schmitt, ZIP 1992, S. 1214.

394 Schmitt, ZIP 1992, S. 1214.

als auch durch ein Verhalten des Antragsgegners.[395] Andernfalls wäre die einstweilige Verfügung nicht länger als vorläufig zu bezeichnen, sondern würde endgültige Ergebnisse hervorbringen.[396] „Vielmehr muss die Maßnahme ein Minus gegenüber der Verurteilung zur Erfüllung des Anspruchs und ein Aliud im Vergleich zu der nach materiellem Recht gegebenen Rechtsfolge sein"[397].

Aus der Aufgabe der vorläufigen Sicherung des prozessualen status quo wird daher auch das Verbot der Vorwegnahme der Hauptsache im Verfahren des einstweiligen Rechtsschutzes abgeleitet.[398] Entsprechend seinem Charakter gilt dieses Verbot naturgemäß nicht nur für den zivilprozessualen einstweiligen Rechtsschutz[399], sondern als „Grundsatz des allgemeinen Prozessrechts"[400] auch für den einstweiligen Rechtsschutz nach der VwGO[401], der FGO[402] und dem SGG[403]. Im Gegensatz dazu stellt die Leistungs- und Befriedigungsverfügung, die mit ihrem Erlass eine zumindest vorübergehende befriedigende Wirkung erreicht, einen Fremdkörper in der deutschen Prozessrechtsordnung dar.[404]

Uneinigkeit besteht hingegen über die Begründung der dogmatischen Verankerung des Vorwegnahmeverbots im Gesetz.[405] Einerseits wird zur Begründung auf die vorläufige Natur der einstweiligen Maßnahmen als auch auf die Formulierung „einstweilig" in § 940 ZPO abgestellt.[406] Andererseits bedient man sich zur

---

395 Blankenburg/Leipold, S. 110.

396 Baumbach/Lauterbach/Hartmann, Grundz. § 916, Rn. 5; Morbach, Einstweiliger Rechtsschutz in Zivilsachen, S. 98; Brox/Walker, Zwangsvollstreckungsrecht, Rn. 1582.

397 Baur, Studien zum einstweiligen Rechtsschutz, S. 46, 49, 60; Vogg, Einstweiliger Rechtsschutz und vorläufige Vollstreckbarkeit, S. 118.

398 Blankenburg/Leipold, S. 110; Leipold, ZZP 90, S. 268; Vogg, Einstweiliger Rechtsschutz und vorläufige Vollstreckbarkeit, S. 118; Schmitt, ZIP 1992, S. 1214; Stein/Jonas/Grunsky, § 938, Rn. 10; Baumbach/Lauterbach/Hartmann, § 938, Rn. 1.

399 Stein/Jonas/Grunsky, § 938, Rn. 3; Zöller/Vollkommer, § 938, Rn. 3; Thomas/Putzo/Reichold, § 938, Rn. 2, 3; Baumbach/Lauterbach/Hartmann, Grundz. § 916, Rn. 4, 5; Vogg, Einstweiliger Rechtsschutz und vorläufige Vollstreckbarkeit, S. 117; relativierend:. v. Gerkan, ZGR 1985, S. 167 ff.

400 Karpen, JuS 1984, S. 456 ff.; Vogg, Einstweiliger Rechtsschutz und vorläufige Vollstreckbarkeit, S. 117.

401 Vgl. Stern, JuS 1981, S. 346 m.w.N.

402 Vgl. Hetzer, BB 1985, S. 2315 ff. m.w.N.

403 Lemmer, Die einstweilige Anordnung im Sozialgerichtsverfahren, S. 152 m.w.N.

404 MüKoZPO/Heinze, 2. Aufl., Vor § 916, Rn. 66.

405 Vogg, Einstweiliger Rechtsschutz und vorläufige Vollstreckung, S. 118, 119.

406 Vogg, Einstweiliger Rechtsschutz und vorläufige Vollstreckung, S. 119;.Hobbeling, Die Rechtstypen der zivilprozessualen einstweiligen Verfügung, 1974,

Begründung auch der Formulierung von der „Erreichung des Zwecks“ in § 938 I ZPO, weil der „Zweck“ der einstweiligen Verfügung jedenfalls nicht in der Befriedigung des Gläubigers liege.[407] Das lässt sich auch § 926 I ZPO entnehmen, wonach das Arrestgericht auf Antrag die Erhebung der Klage anzuordnen hat, sofern die Hauptsache noch nicht anhängig ist.[408] Eine Stellungnahme zu diesen verschiedenen Ansätzen kann an dieser Stelle aufgrund der unzweifelhaften Anerkennung des Vorwegnahmeverbots dahinstehen.

Kennzeichnend für die Leistungs- oder Befriedigungsverfügung ist jedoch, dass sie das Ergebnis des Hauptprozesses praktisch ganz oder doch zum Teil vorwegnimmt. Betrachtet man die grundsätzlich auf reine Sicherungsaspekte zugeschnittene Funktion des einstweiligen Rechtsschutzes, führt das zwangsläufig zu der Frage, ob eine Vorwegnahme der Hauptsache einerseits unter diesen Sicherungsaspekt fällt, andererseits ob nur auf diese Weise einem effektiven Rechtsschutz genüge getan werden kann.[409] Fest steht jedenfalls, dass die Leistungs- oder Befriedigungsverfügung in den Fällen eine gewichtige Rolle spielt, in denen eine „Sicherung aufgrund des Gegenstandes des materiellen Anspruchs entweder nicht möglich ist (so bei Unterlassungsansprüchen) oder wenn sie dem Gläubiger nichts nützt, weil dieser – etwa auf Grund einer Notlage – auf sofortige Erfüllung angewiesen ist (so bei Unterhaltsansprüchen)“[410]. In solchen Fällen stößt das vom Gesetzgeber konzipierte Recht an seine Grenzen. Für einen effektiven Rechtsschutz kommen an dieser Stelle keine einstweiligen Maßnahmen ohne befriedigende Wirkung in Betracht.[411]

b) Notwendigkeit der Vorwegnahme der Hauptsache

Ungeachtet mancher abweichender Auffassung wird bis heute richtigerweise davon ausgegangen, dass eine einstweilige Verfügung unzulässig ist, wenn sie sich im Sinne einer materiell-rechtlichen Befriedigung des Hauptsacheanspruches

---

S. 245; Stein/Jonas/Grunsky, § 938, Rn. 3; im Ansatz auch Jauernig, ZZP 79, S. 324 und 331.

407 Vogg, Einstweiliger Rechtsschutz und vorläufige Vollstreckbarkeit, S. 119, 127; Baur, Studien zum einstweiligen Rechtsschutz, S. 46 f.; Piehler, Einstweiliger Rechtsschutz und materielles Recht, S. 34.

408 Grunsky, JuS 1976, S. 283.

409 Jauernig, ZZP 79, S. 321; Schuschke/Walker/Walker, Vor § 916, Rn. 4.

410 Schuschke/Walker/Walker, Vor § 916, Rn. 4; Walker, Der einstweilige Rechtsschutz, Rn. 70.

411 Schuschke/Walker/Schuschke, Vor § 935, Rn. 17.

auswirkt und daher eine „endgültige Regelung“ darstellt.[412] Dadurch entsteht auch nicht zwingend ein Rechtsschutzdefizit für den Antragssteller. Auch Minusmaßnahmen können eine Sicherung des Antragstellers sicherstellen, ohne dass es der Vorwegnahme der Hauptsache im Verfahren des einstweiligen Rechtsschutzes bedarf.[413] Allerdings muss entweder der Antragsteller oder das Gericht für solche geeignete Maßnahmen die „gebotene Phantasie“ aufbringen, um dem Antragsgegner die schädigende Handlung zu untersagen, ohne die Hauptsache vorweg zu nehmen.[414] Wenn das gelingt, wird dem Antragsgegner tatsächlich nur ein vorübergehendes und in den meisten Fällen zumutbares Stillehalten abverlangt.[415] Der Grundsatz „Alles oder Nichts“ bei Erlass der Leistungs- oder Befriedigungsverfügung ist daher in der Regel zu korrigieren, sofern eine geeignete Regelung unterhalb einer befriedigenden Wirkung gefunden wird.[416]

In Ausnahmefällen ist die These vom Verbot einer Vorwegnahme der Hauptsache jedoch zu hinterfragen oder zumindest zu relativieren.[417] Solche Ausnahmefälle zeichnen sich regelmäßig durch ihre besondere Zeitgebundenheit aus. Dann kann nämlich nicht nur der Erlass einer einstweiligen Leistungs- oder Befriedigungsverfügung, sondern auch der Nichterlass faktisch zu Ergebnissen führen, die auch ein anschließendes Hauptsacheverfahren nicht mehr korrigieren kann.[418]

c) Rechtfertigung der Vorwegnahme der Hauptsache: Effektivität und Ausgewogenheit des Rechtsschutzes

Die Vorwegnahme der Hauptsache durch Befriedigung des Antragstellers im Wege der Leistungs- oder Befriedigungsverfügung muss nämlich ausnahmsweise bis zur Klärung des Rechtsverhältnisses der Parteien durch die Hauptsacheentscheidung zulässig sein, wenn nur auf diese Weise effektiver Rechtsschutz gewährleistet

---

412 Grunsky, JuS 1976, S. 281; Stein/Jonas/Grunsky, Vor § 935, Rn. 31 f. und § 938, Rn. 2; Ostler, MDR 1968, S. 716, 717; Zöller/Vollkommer, § 938, Rn. 2, 3; MüKoZPO/Heinze, 2. Aufl., Vor § 916, Rn. 66.

413 Die Gefährdung des Antragsgegners wird in der Literatur durchaus erkannt und hervorgehoben, s. Baur, BB 1964, S. 607, 610; Jauernig, ZZP 79, S: 338, 347; MüKoZPO/Heinze, 2. Aufl., Vor § 916, Rn. 79.

414 MüKoZPO/Heinze, 2. Aufl., Vor § 916, Rn. 79.

415 Baur, BB 1964, S. 609.

416 Baur, Studien zum einstweiligen Rechtsschutz, S. 58; Schuler, NJW 1959, S. 1801 f.; Wenzel, MDR 1967, S. 893; MüKoZPO/Heinze, 2. Aufl., Vor § 916, Rn. 79.

417 V. Gerkan, ZGR 1985, S. 169.

418 V. Gerkan, ZGR 1985, S. 169; Stein/Jonas/Grunsky, Vor § 935, Rn. 49.

werden kann.[419] Dieses Ergebnis lässt sich dem Gebot des effektiven Rechtsschutzes aus Art.19 IV und Art. 103 GG entnehmen, welches dem Rechtssuchenden einen Anspruch auf den zulässigerweise wirkungsvollsten Rechtsschutz an die Hand gibt.[420]

Liegt eine Situation vor, in der jede andere Maßnahme des einstweiligen Rechtsschutzes den Gläubiger faktisch rechtlos stellen würde, kann effektiver Rechtsschutz in solchen Fällen nur dadurch gewährt werden, dass eine auf Erfüllung gerichtete Befriedigungsverfügung erlassen und damit die Entscheidung in der Hauptsache vorweggenommen wird.[421] Zwar wird damit auch dem Antragsgegner der effektive Rechtsschutz verkürzt, „wenn die Vollziehung einer Befriedigungsverfügung zu irreparablen Folgen führt, die tatsächlich weder rückgängig gemacht noch ausgeglichen werden können“[422]. Dieses Argument lässt sich daher sowohl für als auch gegen die Zulässigkeit der Vorwegnahme der Hauptsache anführen. Es ist nämlich sowohl für die Leistungs- und Befriedigungsverfügung als auch für den dazugehörigen Sachverhalt bezeichnend, dass das Recht einer Partei auf effektiven Rechtsschutz in seinem Umfang begrenzt wird.[423] In vollem Ausmaß wird diese Konsequenz für die im einstweiligen Verfahren unterlegene Partei spürbar, wenn die Entscheidung des Gerichts falsch ist. Dann ist die Entscheidung zwar gemäß §§ 924, 936 angreifbar, aufgrund des Zeitablaufs in der Regel jedoch unverrückbar.[424] „Eine Vorwegnahme der Hauptsache steht also zu dem Gebot effektiven Rechtsschutzes insofern in einem Spannungsverhältnis, als sie für einen effektiven Rechtsschutz der einen Partei notwendig sein und gleichzeitig einem effektiven Rechtsschutz der anderen Partei entgegenstehen kann“[425].

Dem Erlass einer Leistungs- oder Befriedigungsverfügung ist damit immanent, dass eine Partei notwendigerweise das Risiko einer irreparablen Fehlentscheidung hinnehmen muss, und zwar der Antragsteller bei Zurückweisung seines Gesuchs

419 Leuering/Simon, NJW-Spezial 2005, S. 411; Schuschke/Walker/Schuschke, Vor § 935, Rn. 17; Leipold, ZZP 90, S. 268; Fawzy, VuR 1008, S. 432.

420 Maunz/Dürig/Dürig, Art. 19 Abs. 4, Rn. 2; Dreier/Schultze-Fielitz, Art. 19 Abs. 4, Rn. 39 ff.

421 Schuschke/Walker/Walker, Vor § 916, Rn. 4; Walker, Der einstweilige Rechtsschutz, Rn. 70; MüKoZPO/Heinze, 2.Aufl., Vor § 916, Rn. 63.

422 Schuschke/Walker/Walker, Vor § 916, Rn. 4.

423 Walker, Der einstweilige Rechtsschutz, Rn. 70; Kargados, FS Gaul, S. 273; Schuschke/Walker/Walker, Vor § 916, Rn. 4.

424 Walker, Der einstweilige Rechtsschutz, Rn. 70.

425 Walker, Der einstweilige Rechtsschutz, Rn. 70.

und der Antragsgegner bei Erlass der Befriedigungsverfügung.[426] Aufgrund der damit verbundenen Einschränkung des Gebotes des effektiven Rechtsschutzes ist für die Bewältigung dieses Konflikts erneut auf die Ausgewogenheit des Rechtsschutzes abzustellen, welches seine Wurzel in Art. 19 Abs. 4 GG hat und im Einzelfall einen verhältnismäßigen Ausgleich bei kollidierenden Verfassungsgütern verlangt.[427] Im Fall der Leistungs- oder Befriedigungsverfügung bedeutet jede vorweggenommene Entscheidung zu Gunsten des Antragstellers einen zwingenden Rechtsverlust in Form des effektiven Rechtsschutzes für den Antragsgegner. In einer pauschalen Ablehnung der Leistungs- oder Befriedigungsverfügung läge jedoch eine einseitige Bevorzugung des Antragsgegners. Dieser wäre nämlich per se vor den endgültigen Folgen einer Leistungs- oder Befriedigungsverfügung geschützt, mit welchen statt dessen der Antragsteller belastet wäre.[428]

Daher ist bei einem hinreichend gewichtigen und dringenden Bedürfnis das Verbot der Vorwegnahme der Hauptsache zu relativieren und die Möglichkeit der Durchbrechung dieses Grundsatzes für den Einzelfall in Betracht zu ziehen.[429] Bietet eine Auseinandersetzung daher einen solchen Interessenkonflikt, der zur Vornahme einer Leistungs- oder Befriedigungsverfügung zwingt, müssen die Parteien zur Wahrung ihrer Interessen das Risiko einer Beeinträchtigung ihrer Rechtsschutzmöglichkeiten in Kauf nehmen. Deshalb ist auch eine Limitierung des einstweiligen Rechtsschutzes auf die Sicherung des prozessualen status quo im Einzelfall nicht mit dem Gebot der Ausgewogenheit des Rechtsschutzes in Übereinstimmung zu bringen.[430]

Zielführend ist in diesem Konflikt daher nur eine Entscheidung anhand einer Interessenabwägung im Einzelfall.[431] Nach erfolgreicher Antragstellung ist

---

426 Schuschke/Walker/Walker, Vor § 916, Rn. 4.

427 Walker, Der einstweilige Rechtsschutz, Rn. 72; Schilken, Die Befriedigungsverfügung, S. 112 f.; Wenzel, DB 1972, S. 1290; ders. MDR 1967, S. 889, 893; v. Mangoldt/Klein/Starck/Huber, Art. 19 Abs. 4, Rn. 376, 377, 379; Schuschke/Walker/Walker, Vor § 916, Rn. 4; Maunz/Dürig/Schmidt-Aßmman, Art. 19 Abs. 4, Rn. 4.

428 Schuschke/Walker/Walker, Vor § 916, Rn. 4.

429 v. Gerkan, ZGR 1985, S. 170; Baur, Studien zum einstweiligen Rechtsschutz, S. 60; Stein/Jonas/Grunsky, Vor § 935, Rn. 54, 55, 60; Grunsky, JuS 1976, S. 283, 284; Baumbach/Lauterbach/Hartmann, § 938, Rn. 2; OLG Frankfurt, NJW 1975, S. 392, 393; Schmitt, ZIP 1992, S. 1214; Damm, ZHR 1990, S. 413, 417, 418; Schilken, Die Befriedigungsverfügung, S. 70 f.

430 Walker, Der einstweilige Rechtsschutz, Rn. 72; Maunz/Dürig/Schmidt-Aßmman, Art. 19 Abs. 4, Rn. 4; v. Mangoldt/Klein/Starck/Huber, Art. 19 Abs. 4, Rn. 376.

431 Schuschke/Walker/Walker, Vor § 916, Rn. 4; Leipold, ZZP 90, S. 269.

bei der Ausgestaltung der Maßnahme der schonendste Eingriff in die Rechtsposition des Antragsgegners zu suchen.[432] Das bedeutet auch einen Verzicht auf Maßnahmen mit unwiderruflichen Folgen, soweit es mit dem erfolgreichen Antrag in Übereinstimmung zu bringen ist.[433] Ein grundsätzliches Verbot einer Leistungs- oder Befriedigungsverfügung wird der Situation hingegen nicht gerecht, weil es eine einseitige Rechtsverweigerung darstellen würde[434], für welche es keinen sachlichen Grund gibt.[435] „Wenn der einstweilige Rechtsschutz seine Funktion also nur durch die Vorwegnahme der Hauptsache erfüllen kann, darf daher auch eine Leistungs- oder Befriedigungsverfügung nicht von vornherein ausgeschlossen sein"[436]. Um der Einstweiligkeit der Maßnahme dennoch Rechnung zu tragen, hat das Gericht die Verfügung an eine Frist zu binden, innerhalb derer die Angelegenheit in der Hauptsache rechtshängig zu machen ist, sofern das noch nicht geschehen ist.[437] Erhebt der Antragsteller die Klage nicht innerhalb dieser Frist, spricht das Gericht auf Antrag die Aufhebung der Maßnahme aus.[438] Das bedeutet für den Antragsteller, dass er ab diesem Zeitpunkt Schadensersatzansprüchen des Antragsgegners gemäß § 945 ZPO ausgesetzt sein kann.[439]

V. Zuständigkeit für den Erlass der einstweiligen Verfügung

Als nächstes gilt es zu klären, welches Gericht für den Erlass der einstweiligen Verfügung zuständig ist bzw. bei welchem Gericht die antragstellende Partei die einstweilige Verfügung einreichen kann. Zur Auswahl stehen zum einen das staatliche Gericht und zum anderen das Schiedsgericht.

---

432 Leipold, ZZP 90, S. 269.

433 Leipold, ZZP 90, S. 269.

434 Wenzel, MDR 1967, S. 894.

435 Schuschke/Walker/Walker, Vor § 916, Rn. 4; Leipold, ZZP 90, S. 269.

436 Schuschke/Walker/Walker, Vor § 916, Rn. 4; LAG München, NZA 1994, S. 997, 999; Damm, ZHR 1990, S. 413, 418 f.; v. Gerkan, ZGR 1985, S. 167, 169 f.; Vogg, Einstweiliger Rechtsschutz und vorläufige Vollstreckbarkeit, S. 125 f.; Walker, Der einstweilige Rechtsschutz, Rn. 71 f.; siehe auch BVerfGE, NJW 2003, S. 1236, 1237 zur Notwendigkeit vorläufigen Rechtsschutzes in sog. Vornahmesachen.

437 MüKoZPO/Heinze, 2. Aufl., Vor § 916, Rn. 67.

438 MüKoZPO/Heinze, 2. Aufl., Vor § 916, Rn. 67.

439 MüKoZPO/Heinze, 2. Aufl., Vor § 916, Rn. 67.

1. Einstweilige Verfügung durch das Schiedsgericht

Zunächst ist die Zuständigkeit des Schiedsgerichts zum Erlass einstweiliger Verfügungen zu beleuchten. Dabei ist auch an dieser Stelle zwischen den Zeitpunkten vor und nach Implementierung des UNCITRAL-Modellgesetzes zu unterscheiden.

a) Rechtslage zur Zuständigkeit des Schiedsgerichts bis 31.12.1997

Eine gesetzliche Ermächtigung des Schiedsgerichts zum Erlass von Maßnahmen des einstweiligen Rechtsschutzes war dem alten Recht fremd.[440] Gleichwohl gab es eine rege Diskussion um die Zuständigkeit des Schiedsgerichts zum Erlass einstweiliger Maßnahmen, wozu im Wesentlichen drei Meinungen vertreten wurden. Ein Teil der Literatur diskutierte die Möglichkeit, dem Schiedsgericht durch private Vereinbarung Rechtsprechungskompetenz im einstweiligen Rechtsschutz als Ausfluss der von Art. 2 I GG geschützten Privatautonomie zu verleihen.[441] Die Befürworter einer solchen Kompetenz kraft Privatautonomie mussten dann als nächstes prüfen, ob die §§ 1025 ff. ZPO a.F. überhaupt Gestaltungsspielraum für eine solche Vereinbarung zuließen.[442] Ein anderer Teil der Literatur verlangte für diese Kompetenz des Schiedsgerichts eine besondere gesetzliche Ermächtigung.[443] Diese Meinung forderte im Anschluss daran eine Auseinandersetzung mit der Frage, „ob die ausdrückliche Ermächtigung für die Entscheidung von Hauptsachestreitigkeiten[444] zugleich die Ermächtigung zu Entscheidungen im einstweiligen

440 Vgl. zur bisherigen Diskussion Bösch, Einstweiliger Rechtsschutz in der internationalen Handelsschiedsgerichtsbarkeit, S. 43 ff.; ders., in: Bösch, Provisional Remedies in International Commercial Arbitration, S. 275 ff.; Brinkmann, S. 35 ff.; Hausmaninger,S. 98 ff.; Jeong-Ha, S. 15, 141 ff.; Kühn, vorläufiger Rechtsschutz und Schiedsgerichtsbarkeit, JbPrSch 1 (1987), S. 47 ff.; Schmitt, Die Einrede des Schiedsvertrages im Verfahren des einstweiligen Rechtsschutzes, S. 1 ff; Stein/Jonas/Schlosser, § 1041, Rn. 1; Krimpenfort, S. 13.

441 So Baur, Neuere Probleme der privaten Schiedsgerichtsbarkeit, S. 25; Nicklisch, RIW/AWD 1991, S. 89, 90; Stürner, FS Baur, S. 656; ausführlich dazu Jeong-Ha, S. 141 ff.

442 Jeong-Ha, S. 149 ff.; a.A. Lindacher, ZGR 1979, S. 211; darstellend: Bandel, Einstweiliger Rechtsschutz im Schiedsverfahren, S. 12.

443 So Erman, FS Möhring, S. 13 f.; Bandel, Einstweiliger Rechtsschutz im Schiedsverfahren, S. 12; Nicklisch, RIW/AWD 1978, S. 638.

444 §§ 1025, 1040 ZPO a.F.

Rechtsschutz umfasste"[445]. Für den Fall der gesetzlichen Zulässigkeit der Anordnung einstweiliger Maßnahmen durch das Schiedsgericht mussten sich anschließend beide Ansichten entscheiden, ob die dafür notwendige Ermächtigung des Schiedsgerichts bereits in der Schiedsvereinbarung der Parteien enthalten war[446] oder es einer weitergehenden Vereinbarung der Parteien hierzu bedurfte.[447]

Trotz vielfältiger dogmatischer Versuche, gleichwohl Raum für schiedsrichterlichen einstweiligen Rechtsschutz zu schaffen, insbesondere über die Konstruktion „materiellen Zwischenrechts"[448], lehnte die herrschende Meinung inklusive der Rechtsprechung eine Zuständigkeit des Schiedsgerichts ab.[449] Die Zuständigkeit des Schiedsgerichts für die Anordnung von einstweiligen Maßnahmen ließ sich nach der damaligen vorherrschenden Ansicht selbst dann nicht begründen, wenn die Parteien dem Schiedsgericht die Kompetenz ausdrücklich in der Schiedsvereinbarung zugesprochen hatten.[450] Jede noch so geartete Schiedsvereinbarung ließ daher nach übereinstimmender Meinung in Rechtsprechung und Literatur die – alleinige – Zuständigkeit des Staatsgerichts für einstweiligen Rechtsschutz unberührt.[451]

Diese Sichtweise war jedenfalls bis Mitte der achtziger Jahre zu beobachten.[452] Von diesem Zeitpunkt an verstärkte sich die Ansicht, wonach das

---

445 So wohl Bösch, Einstweiliger Rechtsschutz in der internationalen Handelsschiedsgerichtsbarkeit S. 154; Sandrock/Nöcker, JbPrSch 1, S. 74, 78, 79; a.A. Erman, FS Möhring, S. 13 f.

446 Berger, Internationale Wirtschaftsschiedsgerichtsbarkeit, S. 231 f.; Brinkmann, S. 34; Kohl, Vorläufiger Rechtsschutz in internationalen Handelsschiedsverfahren, S. 14 ff.; Matsuura, FS Schwab, S. 326, Schlosser, ZZP 99, S. 241, 256.

447 Aden, BB 1985, S. 2281; Herdegen, RIW/AWD 1981, S. 304; Schmitt, Die Einrede des Schiedsvertrages im Verfahren des einstweiligen Rechtsschutzes, S. 46 ff.; Nicklisch, RIW/AWD 1978, S. 638; Nachweise bei Bandel, Einstweiliger Rechtsschutz im Schiedsverfahren, S. 13.

448 Dazu näher Schlosser, ZZP 99, S. 241 ff.; Habscheid, IPrax 1989, S. 134.

449 BGH, ZZP 71, S. 427, 436 (letzter Absatz); Thümmel, DZWir 1997, S. 133; Schwab/Walter, Kap. 17a, Rn. 1; LG Frankfurt, NJW 1983, S. 761, 762; Schwab, FS Baur, S. 627, 638; Semler, BB 1979, S. 1533; Stein/Jonas/Grunsky, vor § 916, Rn. 30; a.M.: Aden, BB 1985, S. 2279, 2281; Kühn, JbPrSch 1, S. 48; Baur, Neuere Probleme der privaten Schiedsgerichtsbarkeit, 1980, S. 25; Lindacher, ZGR 1979, S. 210.

450 Vgl. LG Frankfurt, NJW 1983, S. 761, 762, 763; Jeong-Ha, S. 29 ff. und 141 ff.; v. Beringe, Grenzen der Schiedsgerichtsbarkeit, DB 1954, S. 776, 777; Krimpenfort, S. 13; Kühn, JbPrSch 1, S. 48; Laschet, ZZP, 99, S. 272, Fn. 7 m.w.N.

451 Lindacher, ZGR 1979, S. 203; Laschet, ZZP 99, S. 272.

452 Calavros, S. 96 ff.; Schlosser, ZZP 99, S. 241 ff. jeweils m.w.N.; Vgl. die Begründung in BT-Drucks. 13/5274, S. 44; Krimpenfort, S. 13.

Schiedsverfahren maßgeblich durch den im Schiedsvertrag manifestierten Willen der Parteien beeinträchtigt wird. Unter dieser Prämisse mehrten sich die Vertreter, nach deren Ansicht auch das Schiedsgericht Eilmaßnahmen anordnen konnte, „sobald diese sich als materiell-rechtliche Verpflichtung aus dem Vertrag der Schiedsparteien selbst ergaben“[453]. Diese Entwicklung ging sogar so weit, dass unter den Befürwortern[454] fortan ausführlich über weitere Details gestritten wurde. Für die Zuständigkeit zum Erlass einstweiliger Maßnahmen war sodann keine ausdrückliche Ermächtigung des Schiedsgerichts mehr erforderlich, sondern es genügte eine stillschweigende Vereinbarung aufgrund des bereits bestehenden Schiedsvertrages.[455] Von der zeitlichen Anwendbarkeit sollte diese Regel nicht nur für zukünftige, sondern auch für zurückliegende Schiedsstreitigkeiten gelten.[456] Ausschlaggebend dafür war die Überlegung, dass die Parteien bei Abschluss des Schiedsvertrages zwar nur das Hauptverfahren regelten, weil sie nicht an ein eventuell notwendiges Verfahren im einstweiligen Rechtsschutz dachten. Die Interessenlage der Parteien war aber bei beiden Verfahren identisch und führte daher im Wege der Auslegung zur Zuständigkeit des Schiedsgerichts auch in einstweiligen Angelegenheiten.[457]

Diese zunehmende Bedeutung des Parteiwillens war schließlich auch ausschlaggebend für die fortschreitende Anerkennung der Zuständigkeit des Schiedsgerichts im einstweiligen Rechtsschutz. Im Hinblick auf die Interessenlage der Parteien im Hauptsache- als auch im einstweiligen Verfahren war das nur konsequent. In beiden Verfahren dominierte der Wille der Parteien um Geheimhaltung der Streitsache, der Unanfechtbarkeit der Entscheidung, der freien Wählbarkeit und Kompetenz der Schiedsrichter, der nationalen Ausgewogenheit des Gerichts und nicht zuletzt der Prozessökonomie.[458]

---

453 Krimpenfort, S. 13; Schmitt, Die Einrede des Schiedsvertrages im Verfahren des einstweiligen Rechtsschutzes, S. 46.

454 Schmitt, Die Einrede des Schiedsvertrages im Verfahren des einstweiligen Rechtsschutzes, S. 46; Rosenberg/Schwab/Gottwald, § 177, Rn. 15 ff.

455 Siehe dazu Schmitt, Die Einrede des Schiedsvertrages im Verfahren des einstweiligen Rechtsschutzes, S. 46 m.w.N.

456 Siehe dazu Schmitt, Die Einrede des Schiedsvertrages im Verfahren des einstweiligen Rechtsschutzes, S. 46 m.w.N.

457 Siehe dazu Schmitt, Die Einrede des Schiedsvertrages im Verfahren des einstweiligen Rechtsschutzes, S. 46 m.w.N.

458 Schmitt, Die Einrede des Schiedsvertrages im Verfahren des einstweiligen Rechtsschutzes, S. 47; Nicklisch, RIW/AWD 1978, S. 638.

b) Rechtslage zur Zuständigkeit des Schiedsgerichts ab 1.1.1998

Seit der Reform des 10. Buches der ZPO zum 1.1.1998 und der damit verbundenen Inkorporierung des § 1041 I 1 ZPO regelt diese Vorschrift nunmehr eindeutig auch die Zuständigkeit des Schiedsgerichts im einstweiligen Rechtsschutz: „Haben die Parteien nichts anderes vereinbart, so kann das Schiedsgericht auf Antrag einer Partei vorläufige oder sichernde Maßnahmen anordnen, die es in Bezug auf den Streitgegenstand für erforderlich hält". Nach dem ausdrücklichen Wunsch des Gesetzgebers ist das Schiedsgericht daher berechtigt, Maßnahmen des einstweiligen Rechtsschutzes zu erlassen. Die frühere Rechtsunsicherheit und Meinungsverschiedenheiten haben sich daher durch § 1041 ZPO erledigt.[459] Eine Willenseinigung der Parteien, die speziell dahin geht, dem Schiedsgericht die Kompetenz zur Anordnung einstweiliger Maßnahmen einzuräumen, ist damit nicht mehr erforderlich. Haben die Parteien dennoch eine solche Regelung getroffen, tritt die Einigung als Kompetenzgrundlage an die Stelle der gesetzlichen Regelung.[460] Denn unabhängig von der vom Gesetzgeber verordneten Parallelität der Verfahren bleibt es gemäß § 1041 I 1 ZPO im Einzelfall weiterhin der Parteiautonomie überlassen, ob das Schiedsgericht auch zum Erlass von Maßnahmen des einstweiligen Rechtsschutzes befugt sein soll.[461] Haben die Parteien keine Regelung getroffen, können sie selbst entscheiden, welches Gericht sie für den einstweiligen Rechtsschutz bemühen wollen.[462] Genauso bleibt es den Parteien aber weiterhin unbenommen, per Schiedsvertrag oder Zusatzvereinbarung die Zuständigkeit des Schiedsgerichts für Maßnahmen des einstweiligen Rechtsschutzes auszuschließen.

Dieses Wahlrecht ist das Ergebnis der Auseinandersetzung um die Frage, ob sich aus § 1041 ZPO die Kompetenz des Schiedsgerichts zum Erlass einstweiliger

---

459 Vgl. zur bisherigen Diskussion Bösch, Einstweiliger Rechtsschutz in der internationalen Handelsschiedsgerichtsbarkeit, S. 43 ff.; ders., in: Bösch, Provisional Remedies in International Commercial Arbitration, S. 275 ff.; Brinkmann, S. 35 ff.; Hausmaninger,S. 98 ff.; Jeong-Ha, S. 15, 141 ff.; Kühn, vorläufiger Rechtsschutz und Schiedsgerichtsbarkeit, JbPrSch 1 (1987), S. 47 ff.; Schmitt, Die Einrede des Schiedsvertrages im Verfahren des einstweiligen Rechtsschutzes, S. 1 ff.

460 Bandel, Einstweiliger Rechtsschutz im Schiedsverfahren, S. 16.

461 Schütze, Rn. 478, 479; Granzow, S. 134 ff.; Hußlein-Stich, S. 97 ff.; Schwab/Walter, Kap. 17a, Rn. 1: spricht in diesem Fall von einem „opting out" der Parteien; Schütze, BB 1998, S. 1650; Krimpenfort, S. 37; Bandel, Einstweiliger Rechtsleinschutz im Schiedsverfahren, S. 11, 15; Calavros, S. 96 ff.

462 Schütze, BB 1998, S. 1650; Lörcher/Lörcher, Das Schiedsverfahren, Rn. 74; Lachmann, Rn. 2852, 2888 ff.

Maßnahmen aus dem Gesetz oder aus der Schiedsvereinbarung ergibt.[463] „Aus der Rechtsgeschäftslehre ist die Unterscheidung zwischen Rechtsfolgen kraft privatautonomer Gestaltung einerseits und gesetzlichen Rechtsfolgen aufgrund privatautonomer Gestaltung andererseits bekannt“[464]. Der Unterschied zwischen beiden ist folgender: gesetzliche Rechtsfolgen aufgrund privat-autonomer Gestaltung treten auch ohne den ausdrücklichen Willen der Parteien hinsichtlich einer bestimmten Rechtsfolge ein. Notwendige Voraussetzung ist aber ein Vertrag und eine – meist dispositive – Gesetzesanordnung, welche den Boden für die bestimmte Rechtsfolge bereitet.[465] Rechtsfolgen kraft privat-autonomer Gestaltung entfalten hingegen nur dann Wirkung, wenn „ein konkreter Wille auf die Herbeiführung der Rechtsfolge gerichtet ist“.[466]

Nunmehr fällt es nicht schwer, die Rechtsnatur des § 1041 I 1 ZPO zu bestimmen. Voraussetzung für die Anwendbarkeit des § 1041 I 1 ZPO ist eine Schiedsvereinbarung. Liegt eine solche vor, bestimmt die dispositive Regelung des § 1041 I 1 ZPO, dass für den Erlass einstweiliger Maßnahmen das Schiedsgericht zuständig ist, auch wenn die Parteien dessen Zuständigkeit nicht ausdrücklich vereinbart und eventuell nicht einmal daran gedacht haben. § 1041 I 1 ZPO statuiert mithin eine gesetzliche Rechtsfolge aufgrund privat-autonomer Gestaltung.[467] Eine solche Regelung ist aufgrund ihrer Flexibilität und Vielseitigkeit auch der Rechtsfolge kraft privat-autonomer Gestaltung vorzuziehen.[468] Außerdem kommt eine solche Regelung genau solchen Schiedsvereinbarungen entgegen, die Gegenstand dieser Arbeit sind: nämlich unvollständigen Schiedsvereinbarungen. So sieht es denn auch *Bandel*, wenn er sagt: „Standardschiedsklauseln werden häufig keine Aussage zum einstweiligen Rechtsschutz treffen, was die Vermutung nahe legt, dass die Parteien an solche Streitigkeiten gar nicht gedacht haben“[469]. Als Beispiel soll eine Klausel gezeigt werden, die typischerweise in einem Schiedsvertrag zu finden sein wird[470]:

---

463 Bandel. Einstweiliger Rechtsschutz des Schiedsgerichts, S. 14.

464 Flume, AT II, § 1 3. b) (S. 3); Bandel, Einstweiliger Rechtsschutz im Schiedsverfahren, S. 14.

465 Flume, AT II, § 1 3. b) (S. 3); Larenz/Wolf, § 28, Rn. 105; Bandel, Einstweiliger Rechtsschutz im Schiedsverfahren, S. 14.

466 Bandel, Einstweiliger Rechtsschutz im Schiedsverfahren, S. 14, 15.

467 Bandel, Einstweiliger Rechtsschutz im Schiedsverfahren, S. 15.

468 Für Art. 183 IPRG/CH als dispositives Gesetzesrecht auch Sangiorgio, Der vorsorgliche Rechtsschutz in der internationalen Schiedsgerichtsbarkeit, S. 72 f.; Bandel, Einstweiliger Rechtsschutz im Schiedsverfahren, S. 15.

469 Bandel, Einstweiliger Rechtsschutz im Schiedsverfahren, S. 15.

470 Vgl. dazu Lindacher, ZGR 1979, S. 215, der eine ähnliche Klausel formuliert.

„Wie in § XY des Gesellschaftsvertrages vorgesehen, vereinbaren die Parteien hiermit, dass alle Streitigkeiten aus und im Zusammenhang mit dem am TT.MM.JJJJ geschlossenen Gesellschaftsvertrag unter Ausschluss des ordentlichen Rechtsweges durch ein Schiedsgericht entschieden werden sollen, für welches nachstehende Regelungen gelten.“

Das besondere an § 1041 I ZPO ist nun, dass die Norm dem Schiedsgericht die Befugnis zum Erlass einstweiliger Maßnahmen einräumt.[471] Die Zuständigkeit des Schiedsgerichts zum Erlass einstweiliger Anordnungen ist damit nicht mehr von einer Parteiermächtigung oder einer vereinbarten institutionellen schiedsgerichtlichen Verfahrensordnung abhängig, welche eine derartige Ermächtigung enthält.[472] Damit weist der Regelungsgehalt des § 1041 I „eine Parallele zur Zuständigkeit staatlicher Gerichte im einstweiligen Rechtsschutz aufgrund einer Prorogation für die Hauptsache“[473] auf. Dieses Ergebnis überrascht deshalb nicht, weil die Schiedsvereinbarung letztlich ebenso eine Form der Gerichtsstandsvereinbarung ist wie die Prorogation gemäß §§ 38 ff. ZPO. Auch bei der Prorogation wird die Regelung der Zuständigkeit für den einstweiligen Rechtsschutz regelmäßig übersehen.[474] Über §§ 919, 937 I ZPO können die Parteien diesen Mangel jedoch heilen.[475]

Mit der Schaffung des § 1041 ZPO hat der Gesetzgeber diese Diskussion zu Gunsten der Zuständigkeit des Schiedsgerichts gelöst. Nunmehr stehen die Zuständigkeiten der staatlichen Gerichte und der Schiedsgerichte gleichwertig nebeneinander.[476] Die Kompetenz des Schiedsgerichts zum Erlass von Maßnahmen des einstweiligen Rechtsschutzes ist somit nur noch davon abhängig, dass die Parteien sie nicht in Form einer „Ausschlussvereinbarung“ abbedungen haben.[477] Die Befürwortung dieser Kompetenz des Schiedsgerichts, auch „implied power“ genannt stieß bei der Konzipierung des UNCITRAL-Modellgesetzes nicht unumstritten.[478] Schließlich hat sich diese Sichtweise jedoch sowohl im Modellgesetz

471 Schwab/Walter, Kap. 17a, Rn. 2; Krimpenfort, S. 8

472 Schwab/Walter, Kap. 17a, Rn. 2; Krimpenfort, S. 8

473 Bandel, Einstweiliger Rechtsschutz im Schiedsverfahren, S. 15.

474 MüKoZPO/Heinze, 2. Aufl., § 919, Rn. 1; Stein/Jonas/Grunsky, § 919, Rn. 1; Wieczorek/Schütze/Thümmel, ZPO, § 919, Rn. 3; Zöller/Vollkommer, § 919, Rn. 9; Bandel, Einstweiliger Rechtsschutz im Schiedsverfahren, S. 15.

475 Bandel, Einstweiliger Rechtsschutz im Schiedsverfahren, S. 15.

476 Lachmann, Rn. 2852; Schütze, Rn. 477; Zöller/Geimer, § 1041, Rn. 1.

477 Bandel, Einstweiliger Rechtsschutz im Schiedsverfahren, S. 16.

478 Holtzmann/Neuhaus, S. 530; Bandel, Einstweiliger Rechtsschutz im Schiedsverfahren, S. 13.

als auch beim deutsche Gesetzgeber durchgesetzt.[479] Im Gegensatz dazu haben sich mehrere andere Länder für einen anderen Weg entschlossen.[480] Bei ihnen ist die Kompetenz des Schiedsgerichts zum Erlass einstweiliger Maßnahmen abhängig von einer ausdrücklichen Ermächtigung.[481] § 1041 ZPO begründet mithin eine „originäre Kompetenz des Schiedsgerichts auf dem Gebiet des vorläufigen Rechtsschutzes“.[482] Auch wenn es in Einzelfällen im Interesse der Parteien liegen mag, die durch § 1041 I ZPO eröffnete Kompetenz zu begrenzen, so dürften eigene Parteivereinbarungen hierzu doch die Ausnahme bleiben. Häufiger wird hingegen vereinbart, dass das Verfahren nach einer bestimmten Schiedsordnung durchgeführt werden soll.

An dieser Stelle ist der Vollständigkeit halber hinzuzufügen, wofür die Annahme einer gesetzlich vorgegebenen Rechtsfolge noch Bedeutung hat. Die gesetzliche Rechtsfolge des § 1041 I 1 ZPO wirkt sich nämlich auch auf die Möglichkeit der Partei aus, sich vom Schiedsvertrag zu lösen. Ein Irrtum über die gesetzliche Rechtsfolge des § 1041 I 1 ZPO ist kein anfechtbarer Irrtum im Sinne des § 119 I BGB. Die Rechtsfolge ist eben gerade kein Erklärungsbestandteil der Willenserklärung und damit auch nicht anfechtbar.[483] Anders und damit anfechtbar wäre eine Vereinbarung, wonach die Parteien irrtümlich die schiedsrichterliche Kompetenz zum Erlass einstweiliger Maßnahmen vereinbart hätten.[484]

2. Einstweilige Verfügung durch das staatliche Gericht im Rahmen des Schiedsverfahrens

Zuständig für den Erlass von einstweiligen Anordnungen im Rahmen eines Schiedsverfahrens war jedenfalls für den deutschen Rechtsraum bis zum

479 BT-Drucks. 13/5274, S. 45 linke Spalte, Bandel, Einstweiliger Rechtsschutz im Schiedsverfahren, S. 13.

480 So z.B. Ägypten und Australien, weitere Nachweise bei Bandel, Einstweiliger Rechtsschutz im Schiedsverfahren, S. 13, Fn. 60.

481 Bandel, Einstweiliger Rechtsschutz im Schiedsverfahren, S. 13.

482 BT-Drucks. 13/5274, S. 38, 39; Bandel, Einstweiliger Rechtsschutz im Schiedsverfahren, S. 15.

483 BGH, Beschluss vom 29.11.1996, NJW 1997, S. 653; Erman/Brox, BGB, § 119, Rn. 37; Flume, AT II, § 23 4. D) (S. 465 f.); Larenz/Wolf, § 36, Rn. 75 und § 28, Rn. 109 f.; MüKoBGB/Armbrüster, § 119, Rn. 81.; Palandt/Heinrichs, § 119, Rn. 15; Bandel, Einstweiliger Rechtsschutz im Schiedsverfahren, S. 15.

484 Bandel, Einstweiliger Rechtsschutz im Schiedsverfahren, S. 15.

31.12.1997 so gut wie ausschließlich der staatliche Richter.[485] Seit dem 1.1.1998 ergibt sich aus den §§ 1033, 1041 ZPO eine Wahlmöglichkeit der Parteien.[486] Neben der durch § 1041 ZPO nunmehr geregelten Kompetenz des Schiedsgerichts zum Erlass einstweiliger Verfügungen wird daher auch innerhalb des Schiedsverfahrens weiterhin die abstrakte („schiedsprozessuale") Zulassung des einstweiligen Rechtsschutzes vor den staatlichen Gerichten durch § 1033 ZPO gewährleistet.[487] § 1033 ZPO hat sein Vorbild in Art. 9 UNCITRAL-Modellgesetz[488], der ohne inhaltliche Änderung ins Schiedsverfahrensgesetz übernommen wurde.[489] Nach seinem Wortlaut dient die Vorschrift im Wesentliche der Einschränkung des § 1032 ZPO.[490] So statuiert Art. 9 UNCITRAL-Modellgesetz für den einstweiligen Rechtsschutz, dass der Weg zu den staatlichen Gerichten gerade nicht von der Schiedsvereinbarung versperrt ist, wie es gemäß Art. 8 UNCITRAL-Modellgesetz[491] für das Hauptsacheverfahren vorgesehen ist.[492] Bezugspunkt von § 1033 ZPO ist nämlich nicht das Schiedsverfahren, sondern das staatliche Verfahren.[493] So hat es der deutsche Gesetzgeber auch in § 1033 umgesetzt, so dass § 1033 ZPO mit § 1032 ZPO eine Einheit bildet.[494] Gemäß § 1032 hat das Gericht auf Rüge des Beklagten die Klage abzuweisen, sofern die Angelegenheit bereits Gegenstand einer Schiedsvereinbarung ist. Gemäß § 1033 ZPO gilt das jedoch nicht für den Erlass von Maßnahmen des einstweiligen Rechtsschutzes. Solche darf das staatliche Gericht trotz einer Schiedsvereinbarung erlassen. Diese Kompetenz des staatlichen Gerichts besteht nach dem Wortlaut

485 Laschet, ZZP 99, S. 272.

486 Stein/Jonas/Schlosser, § 1033, Rn. 1; Zöller/Geimer, § 1033, Rn. 2; Schuschke/Walker/Schuschke, Vor § 935, Rn. 32; Stein/Jonas/Grunsky, Vor § 916, Rn. 31; Kröll, NJW 2001, S. 1179; MüKoZPO/Münch, § 1033, Rn. 5; Krimpenfort, S. 30.

487 MüKoZPO/Münch, § 1033, Rn. 5; Kröll, NJW 2001, S. 1179.

488 Art. 9: „It is not incompatible with an arbitration agreement for a party to request … from a court an interim measure of protection and for a court to grant such measure".

489 BT-Drucks. 13/5274, S. 38 rechte Spalte; Bandel, Einstweiliger Rechtsschutz im Schiedsverfahren, S. 267; Krimpenfort, S. 28.

490 BT-Drucks. 13/5274, S. 38 rechte Spalte; Krimpenfort, S. 26; Bandel, Einstweiliger Rechtsschutz im Schiedsverfahren, S. 267.

491 Art. 8: „A court before which an action is brought in a matter which is the subject of an arbitration agreement shall, if a party so requests not later than when submitting his first statement on the substance of the dispute, refer the parties to arbitration unless it finds that the agreement is null and void, inoperative or incapable of being performed".

492 Krimpenfort, S. 28.

493 Bandel, Einstweiliger Rechtsschutz im Schiedsverfahren, S. 267.

494 Bandel, Einstweiliger Rechtsschutz im Schiedsverfahren, S. 267.

des § 1033 ZPO („vor oder nach Beginn“) unabhängig von dem Verfahrensstand des Schiedsverfahrens.[495] Auf diese Weise hat der Gesetzgeber systematisch die Folgen einer Schiedsvereinbarung sowohl auf das Hauptsacheverfahren (§ 1032 ZPO) als auch das Verfahren des einstweiligen Rechtsschutzes (§ 1033 ZPO) geregelt.[496]

Im Zusammenhang mit § 1041 ZPO schafft § 1033 ZPO somit auch Klarheit hinsichtlich des Erlasses von Maßnahmen des einstweiligen Rechtsschutzes von Seiten der staatlichen Gerichte bei oder trotz bestehender Schiedsvereinbarung.[497] Dieses Ergebnis wird noch vom Wortlaut des § 1041 II 1 ZPO unterstrichen, wonach das Gericht „die Vollziehung einer [schiedsrichterlichen] Maßnahme nach Absatz 1 zulassen kann, sofern nicht schon eine entsprechende Maßnahme bei einem Gericht beantragt worden ist“. Ohne eine Zuständigkeit staatlicher Gerichte zum Erlass einstweiliger Maßnahmen hat § 1041 II 1 ZPO ansonsten keinen Regelungsgegenstand.[498] Der Gesetzgeber wollte damit an dieser Stelle unmissverständlich deutlich machen, dass die Schiedsgerichtsparteien für das Eilverfahren die freie Wahl zwischen staatlicher Gerichtsbarkeit und der Schiedsgerichtsbarkeit haben.[499] Es sollte gerade für ausländische Anwender des deutschen Schiedsrechtes nicht der Eindruck entstehen, dass eine Zuständigkeit des staatlichen Gerichts für solche Maßnahmen daneben nicht (mehr) besteht.[500]

Für einstweilige gerichtliche Maßnahmen hat der Gesetzgeber damit als Grundkonzept bewusst eine andere Vorgehensweise als im Hauptverfahren angeordnet. Hinter § 1033 ZPO steht der Gedanke der Verwirklichung effektiven Rechtsschutzes. Praktisch ist es in einem Schiedsverfahren nämlich nicht immer möglich, auch in dringenden Fällen eine Entscheidung des Schiedsgerichts zu erlangen.[501] Die Infrastruktur an staatlichen Gerichten, insbesondere deren Bereitschaftsdienst, ist der Organisation der Schiedsgerichtsbarkeit überlegen und ermöglicht den Erlass von einstweiligen Maßnahmen binnen kürzester Zeit selbst an Feiertagen.[502] Zudem sehen die §§ 1025 ff. ZPO im einstweiligen Rechtsschutz keine Möglichkeit vor, einen vollstreckbaren Titel vom Schiedsgericht ohne Mitwirkung

---

495 MüKoZPO/Münch, § 1033, Rn. 1.

496 Bandel, Einstweiliger Rechtsschutz im Schiedsverfahren, S. 267.

497 Krimpenfort, S. 30.

498 Krimpenfort, S. 30.

499 Regierungsbegründung zu § 1033 ZPO, BT-Drs. 13/5274, S. 38.

500 Regierungsbegründung zu § 1033 ZPO, BT-Drs. 13/5274, S. 38; zustimmend MüKoZPO/Münch, § 1033, Rn. 2; Zöller/Geimer, § 1033, Rn. 1, 2.

501 Musielak/Voit, § 1033, Rn. 1.

502 Lachmann, Rn. 2868.

eines staatlichen Gerichts zu erlangen, §§ 1041, 1062 I Nr. 3 ZPO.[503] Die vom Gesetzgeber ausgestaltete Grundkonzeption gewährt somit einstweiligen Rechtsschutz mit Hilfe staatlicher Gerichte, bis im Schiedsverfahren eine vollstreckbare Entscheidung ergangen ist und steht aus diesem Grund auch meist im Einklang mit dem Willen der Parteien.[504] Diese Möglichkeit einstweiligen Rechtsschutzes vor staatlichen Gerichten gilt gemäß § 1025 II ZPO auch unabhängig davon, ob es sich um ein nationales oder internationales Schiedsverfahren handelt.[505]

3. Ausschluss der Zuständigkeit des staatlichen Gerichts

Bei der zuvor angesprochenen Formulierung der Schiedsklausel stellt sich ferner die Frage, ob damit nicht nur die Zuständigkeit des Schiedsgerichts begründet, sondern gleichzeitig auch die Zuständigkeit der staatlichen Gerichte im Sinne von §§ 1033, 1041 ZPO für den Erlass einstweiliger Verfügungen ausgeschlossen wird.[506] Immerhin haben die Parteien vereinbart,

> *„dass alle Streitigkeiten aus und im Zusammenhang mit dem am TT.MM.JJJJ geschlossenen Gesellschaftsvertrag unter Ausschluss des ordentlichen Rechtsweges durch ein Schiedsgericht entschieden werden sollen“.*

In Anbetracht des damit einhergehenden umfassenden Verzichts auf staatlichen Rechtsschutz gehen die Meinungen zu dieser Frage naturgemäß auseinander. Ähnlich formulierte Schiedsvereinbarungen existierten bereits zum alten Schiedsrecht, einen einheitlichen Standpunkt zu dieser Auseinandersetzung gibt es jedoch bis heute nicht.[507] Die Auswirkungen einer solchen Vereinbarung sind auch nicht unerheblich. Dem Beklagten stünde sodann nämlich nicht nur gegen ein gerichtlichtes Hauptverfahren die Rüge gemäß § 1032 I ZPO zu.[508] Vielmehr könnte er bereits in der Position des Antragsgegners im Verfahren des einstweiligen Rechtsschutzes die Rüge der Unzuständigkeit bei Anrufung eines staatlichen Gerichts erheben.[509] Die Diskussion zum Ausschluss der staatlichen Zuständigkeit unterscheidet sich nunmehr aber vor allem durch die Gesetzeslage. Das alte Recht enthielt keine dem

---

503 Schuschke/Walker/Schuschke, Vor § 935, Rn. 32.

504 Schuschke/Walker/Schuschke, Vor § 935, Rn. 32; Musielak/Voit, § 1033, Rn. 1; Stein/Jonas/Schlosser, § 1033, Rn. 1; Thomas/Putzo/Reichold, § 1033, Rn. 2; Calavros, S. 55.

505 Bandel, Einstweiliger Rechtsschutz im Schiedsverfahren, S. 268.

506 So sieht es auch Lindacher, ZGR 1979, S. 215.

507 Krimpenfort, S. 41; Lichtenstein, NJW 1957, S. 570.

508 Krimpenfort, S. 41.

509 Krimpenfort, S. 41.

heutigen § 1033 ZPO vergleichbare Regelung, weshalb die rechtliche Zulässigkeit einer solchen Ausschlussvereinbarung hauptsächlich anhand von allgemeinen rechtlichen Erwägungen erörtert wurde.[510] Die Eckpfeiler dieser Diskussion waren die Natur des einstweiligen Rechtsschutzes im Lichte des effektiven Rechtsschutzes und des Rechtsschutzauftrages des Staates.[511]

Zum neuen Recht stellt sich daher die Frage, ob vor dem Hintergrund der zum 1.1.1998 eingefügten §§ 1033, 1041 ZPO die Zuständigkeit der staatlichen Gerichtsbarkeit für einstweilige Verfügungen durch eine entsprechende Erklärung der Parteien in der Schiedsvereinbarung ausgeschlossen werden kann. Die Kompetenz des Schiedsgerichts für Maßnahmen des einstweiligen Rechtsschutzes ist gemäß § 1041 I 1 ZPO abhängig von der Parteivereinbarung („Haben die Parteien nichts anderes vereinbart, so kann das Schiedsgericht auf Antrag einer Partei vorläufige oder sichernde Maßnahmen anordnen,…“). Mittels Parteivereinbarung lässt sich daher die Kompetenz des Schiedsgerichts ausschließen. Haben die Parteien eine solche Vereinbarung getroffen, ist für Maßnahmen des einstweiligen Rechtsschutzes allein das staatliche Gericht zuständig.

Im wesentlichen Unterschied dazu beruht die Kompetenz des staatlichen Gerichts zum Erlass einstweiliger Maßnahmen nicht auf einer Schiedsvereinbarung bzw. den daran geknüpften Folgen.[512] Vielmehr entspringt die Zuständigkeit des staatlichen Gerichts unmittelbar dem Gesetz. Aus diesem Grund kann auch eine Abbedingung des staatlichen Rechtsweges nicht allein mit der entsprechenden Vereinbarung der Parteien begründet werden, wie das bei der Zuständigkeit des Schiedsgerichts der Fall ist.[513] Im Zuge der Beantwortung dieser Frage spielt dabei auch die – im Vergleich zum Zeitpunkt vor der Eingliederung des UNCITRAL-Modellgesetzes – gestiegene gesetzliche Anerkennung der Entscheidungen des Schiedsgerichts eine Rolle.[514] Es wird in der Abwägung am Ende entscheidend sein, ob hinreichende Argumente dafür vorhanden sind, um das vielfach zitierte Rechtsschutzdefizit bei Ausschluss der staatlichen Gerichtsbarkeit aufzuwiegen.[515]

Im Gesetz ist zunächst keine ausdrückliche Antwort auf die Ausschließbarkeit der staatlichen Zuständigkeit zu finden. Ebenso wenig gibt es Rechtsprechung zu dieser Frage, mit der man einer Beantwortung näher kommen könnte. Zwar

---

510 Krimpenfort, S. 41.

511 Krimpenfort, S. 41; Rahmann, S. 145.

512 Bandel, Einstweiliger Rechtsschutz im Schiedsverfahren, S. 309.

513 Bandel, Einstweiliger Rechtsschutz im Schiedsverfahren, S. 309.

514 Bandel, Einstweiliger Rechtsschutz im Schiedsverfahren, S. 309.

515 Bandel, Einstweiliger Rechtsschutz im Schiedsverfahren, S. 309; Krimpenfort, S. 44.

wird in diesem Zusammenhang regelmäßig die Entscheidung des *OLG Marienwerder*[516] genannt. Die einzelnen Interpretationen dieses Urteils gehen jedoch so weit auseinander, dass sie nicht als richtungweisend angesehen werden können.[517] Deswegen sind die Vorschriften zu analysieren, welche die gesetzliche Grundlage für die Zuständigkeit des staatlichen Gerichts für Maßnahmen des einstweiligen Rechtsschutzes darstellen. Diese Analyse wird zeigen, ob die Zuständigkeit des staatlichen Gerichts der Parteidisposition unterliegt.

a) Art. 9 UNCITRAL-Modellgesetz

Art. 9 UNCITRAL-Modellgesetz bildet die Grundlage des heutigen § 1033 ZPO und damit auch den Ausgangspunkt der Zuständigkeit der staatlichen Gerichte für Maßnahmen des einstweiligen Rechtsschutzes.[518] An dieser Stelle wird daher mit der Suche nach einer Antwort begonnen. Dafür ist zunächst der Wortlaut der Vorschrift zu lesen:

> *Art. 9: „It is not incompatible with an arbitration agreement for a party to request ... from a court an interim measure of protection and for a court to grant such measure".*

Aus dieser Formulierung wird ersichtlich, dass eine Untersuchung des Wortlautes des Art. 9 UNCITRAL-Modellgesetzes keine Antwort auf die Frage gibt, ob die Parteien mittels Schiedsvereinbarung die Zuständigkeit des staatlichen Gerichts ausschließen können.[519] Die Verfasser intendierten mit Art. 9 des UNCITRAL-Modellgesetzes ganz bewusst eine indifferente Regelung zu schaffen, die dem nationalen Gesetzgeber bei der Umsetzung keine Marschroute implizieren sollte.[520] Ausdruck dieser Bemühung um eine neutrale Formulierung ist auch die Bezeichnung „eine Schiedsvereinbarung" in § 1033 ZPO anstelle von „der Schiedsvereinbarung", wie es ursprünglich im Diskussionsentwurf stand.[521]

---

516 OLG Marienwerder, Urteil vom 18.12.1918, LZ 1919, S. 501.

517 Vgl. dazu Bandel, Einstweiliger Rechtsschutz im Schiedsverfahren, S. 311; Krimpenfort, S. 42

518 MüKoZPO/Münch, § 1033, Rn. 3.

519 Krimpenfort, S. 44.

520 MüKoZPO/Münch, § 1033, Rn. 17; Krimpenfort, S. 44, 45; Holtzmann/Neuhaus, S. 332, 333, 346; Granzow, S. 126; Hußlein-Stich, S. 53; Bandel, Einstweiliger Rechtsschutz im Schiedsverfahren, S. 312.

521 UN-Report A/40/17 para 97 Satz 3 und 4 zu Art. 9: „While the article should not be read as precluding such exclusion agreement, it should also not be read as positively giving effect to any such preclusion agreement. It was agreed that the correct understanding of article 9 might be made clearer using the „an arbitration

b) § 1033 ZPO

Somit lag die Möglichkeit der Integration einer Ausschlussvereinbarung in das deutsche Schiedsverfahrensrecht in den Händen des deutschen Gesetzgebers. Herausgekommen dabei ist § 1033 ZPO, der Art. 9 Modellgesetz vorgabekonform und inhaltsgleich ins deutsche Recht überträgt.[522] Der deutsche Gesetzgeber hat sich in seiner Gesetzesbegründung darauf beschränkt, die Vorteile einer parallelen Zuständigkeit von Schiedsgericht und staatlichem Gericht herauszustellen.[523] Über diese Vorteile hinaus wäre es dem Gesetzgeber jedoch möglich gewesen, die Frage der ausschließlichen Zuständigkeit des Schiedsgerichts durch Parteivereinbarung zu beantworten, wie er es z.B. auch bei § 1035 Abs. 1 ZPO und § 1037 Abs. 1 ZPO getan hat. Bezüglich der Disponibilität der staatlichen Zuständigkeit für einstweiligen Rechtsschutz im Schiedsverfahren artikuliert sich dieser § 1033 ZPO genauso vage wie das Modellgesetz. Mit der wortgetreuen Umsetzung wurde die Chance vertan, zumindest im deutschen Recht die Ungewissheit über die Möglichkeit einer Ausschlussvereinbarung mit einem klaren Gesetzeswortlaut zu beseitigen. Zudem hat der deutsche Gesetzgeber die Gelegenheit verpasst, die Intention des Modellgesetzes aufzugreifen und darüber zu entscheiden, ob die Zuständigkeit der staatlichen Gerichte für den einstweiligen Rechtsschutz kraft ausdrücklicher Schiedsvereinbarung ausgeschlossen werden kann.

c) Umsetzung des Art. 9 UNCITRAL-Modellgesetz im Ausland

Die Schwierigkeiten hinsichtlich der Auslegung des § 1033 ZPO sowie des Art. 9 UNCITRAL-Modellgesetz ergeben sich jedoch nicht nur in Deutschland. Auch im Ausland wird rege über die Auslegung des Modellgesetzes diskutiert.[524] Im Handbuch von *Bösch*[525] finden sich die Auswertungen der verschiedenen Rechtsordnungen von Praktikern aus 33 verschiedenen Staaten. Sie untersuchen ihre jeweilige Rechtsordnung daraufhin, ob eine Ausschlussvereinbarung in der hier angesprochenen Weise umsetzbar ist. Das Ergebnis dieser Auswertung zählt

---

agreement“ instead of the term „the arbitration agreement“; nachzulesen bei Krimpenfort, S. 44, 45.

522 MüKoZPO/Münch, § 1033, Rn. 3.

523 Vgl. BT-Drucks. 13/5274, S. 38, 39.

524 Bandel, Einstweiliger Rechtsschutz im Schiedsverfahren, S. 313.

525 Bösch, Provisional Remedies in International Commercial Arbitration.

„13 verneinende,[526] 18 bejahende[527] und zwei Stellungnahmen, die auf jede Festsetzung verzichten“[528]. Die Bedeutung dieser Auswertung ist allerdings insofern zu relativieren, als sich die Ergebnisse in den untersuchten Staaten nur in den seltensten Fällen auf ausdrückliche Ermächtigungen in Rechtsordnungen, Rechtsprechung oder Literatur zu Gunsten oder zu Lasten einer Parteidisponibilität hinsichtlich der staatlichen Zuständigkeit für einstweiligen Rechtsschutz stützen können.[529] Eine Ausnahme hierzu stellen alleine Frankreich und die USA dar. In diesen Ländern existieren gerichtliche Entscheidungen, aus denen die vertragliche Abdingbarkeit der Zuständigkeit staatlicher Gerichte entnommen wird.[530] Einschränkend muss aber auch bei diesen Entscheidungen beachtet werden, dass ihnen Schiedsverträge zugrunde lagen, welche dem UNÜ[531]

---

526 Bösch, Provisional Remedies in International Commercial Arbitration, die Berichte zu Australien, S. 38; Österreich, S. 67; Brasilien, S. 123; Dänemark, S. 187; England, S. 219; Hong Kong, S. 345; Liechtenstein, S. 418; Niederlande, S. 496; Norwegen, S. 514; Puerto Rico; Singapur, 628; Südarfrika, S. 643; Spanien, S. 666.

527 Bösch, Provisional Remedies in International Commercial Arbitration, die Berichte zu Belgien, S. 98; mit Einschränkung für Arreste u.ä; Kanada, S. 149;Frankreich, S. 269; mit starken Einschränkungen Finnland, S. 243; Deutschland, S. 294 f.; Griechenland, S. 324; mit Einschränkungen Irland, S. 365; Italien, S. 382; Südkorea, S. 397; Luxemburg, S. 434; Mexiko, S. 449; Marokko, S. 465; Panama, S. 530; Schottland, S. 607; Schweden, S. 686; Schweiz, S. 713; Türkei, S 736; USA, S. 754.

528 Bösch, Provisional Remedies in International Commercial Arbitration, die Autoren zu China, S. 169; Philippinen, S. 554; Bandel, Einstweiliger Rechtsschutz im Schiedsverfahren, S. 313.

529 Bandel, Einstweiliger Rechtsschutz im Schiedsverfahren, S. 313.

530 Cour de Cassation, arret 20.03.1989, Rev. de l'arb. 1989, S. 494, 496 (note Couchez); Gaillard, Juris-Classeur dr. international., fasc 586-8-2, Nr. 102 (S. 19 f.); Federal Court of Appeal, Entscheidung vom 08.07.1974 *McCreary Tire & Rubber Company v. CEAT* 501 F. 2d 1032, 1037 f.; Court of Appeal of New York, Entscheidung vom 18.11.1982 *Cooper v. Ateliers de la Motobécane S.A.* 57 442 N.E. 2d 1239, 1242 f. = N.Y. 2d 408 ff. (1982) = Yearbook Commercial Arbitration IX (1984), S. 482. Die genannten amerikanischen Entscheidungen sind in Bezug auf die Auslegung des UNÜ verfehlt (Besson, Nr. 261 ff. (S. 166 ff.)), doch ist ihnen zu entnehmen, dass eine Parteivereinbarung Wirkung dahin entfalten kann, dass die Zuständigkeit amerikanischer Gerichte, einstweilige Maßnahmen anzuordnen, ausgeschlossen ist; nachzulesen bei Bandel, Einstweiliger Rechtsschutz im Schiedsverfahren, S. 313; Schlosser, ZZP 99, S. 241, 242.

531 UN-Übereinkommen über die Anerkennung und Vollstreckung ausländischer Schiedssprüche vom 10.6.1958, BGBl. 1961 II, S. 123

unterfielen und keinen seehandelsrechtlichen Streitgegenstand hatten.[532] Noch dazu wurden diese Entscheidungen „in der übrigen Welt allerdings als eine unverständliche Trotzreaktion eifersüchtiger staatlicher Richter auf die Schiedsgerichtsbarkeit" aufgefasst.[533] Der Aussagewert dieser Entscheidungen ist entsprechend gering.

d) Zeitliche Einordnung des Meinungsstands zur Ausschlussvereinbarung

Nachdem sich eine Antwort auf die Frage der Möglichkeit einer Ausschlussvereinbarung weder unmittelbar aus dem Modellgesetz noch aus der ZPO entnehmen lässt, ist auf den Meinungsstand in der Literatur einzugehen. Vor dem Hintergrund der fehlenden sowohl nationalen als auch internationalen gesetzlichen Präzisierung ist der Nährboden für Meinungsstreitigkeiten zu diesem Aspekt denkbar fruchtbar. Bei der Diskussion um eine Ausschlussvereinbarung der Parteien kommt es neben der sachlichen Argumentation insbesondere auch auf eine zeitliche Eingrenzung an. Aus diesem Winkel lässt sich die Diskussion um die Möglichkeit einer Ausschlussvereinbarung auch auf einen gemeinsamen Nenner reduzieren. Dieser besteht in der Frage, warum für den einstweiligen Rechtsschutz eine parallele Zuständigkeit von Schiedsgericht und staatlichem Gericht besteht, während im Hauptverfahren die Zuständigkeit des Schiedsgerichts die Zuständigkeit des staatlichen Gerichts ausschließt, § 1032 I ZPO.[534] Wenn man schon die Abbedingung der staatlichen Gerichte zugunsten der Schiedsgerichtsbarkeit in der Hauptsache zulässt, so kann es dafür im einstweiligen Verfahren nur eine Antwort geben: „Es besteht die Gefahr, dass der schiedsgerichtliche einstweilige Rechtsschutz zu spät kommt, wenn die Schiedsgerichte nicht selbst in der Lage sind, rechtzeitig auch einstweiligen Rechtsschutz zu gewähren"[535]. Aus diesem Grund ist zwischen den Zeitpunkten vor und nach Konstituierung des Schiedsgerichts zu differenzieren.

---

532 Zur Sonderbehandlung solcher Schiedsverträge und Schiedsverfahren im vorliegenden Kontext: Drys Shipping Corp. vs. Freights, 558 F. 2d 1050 (2d Cir. 1977); Andros Compania Maritima S.A. vs. André & Cie S.A., 430 F. Supp. (1977) 88 = Yearbook of Commercial Arbitration III (1978), S. 293; weitere Nachweise bei Schlosser, ZZP 99, S. 242, Fn. 5.

533 Schlosser, ZZP 99, S. 242.

534 Schlosser, ZZP 99, S. 244.

535 Schlosser, ZZP 99, S. 244.

e) Zeitpunkt vor Konstituierung des Schiedsgerichts

Unter Berücksichtigung dieser Ausgangssituation herrscht hinsichtlich der Möglichkeit einer Ausschlussvereinbarung insoweit Einvernehmen für die Zeit, in der das Schiedsgericht noch nicht konstituiert ist und für den Erlass einstweiliger Anordnungen daher noch nicht zur Verfügung steht. Das Schiedsgericht ist zu diesem Zeitpunkt noch nicht handlungsfähig. Eine Verfügung beispielsweise zur Sicherung von Beweisen kann vom Schiedsgericht nicht ergehen.[536] In einer derartigen Situation lässt sich mit einer üblichen Schiedsvereinbarung der einstweilige Rechtsschutz vor staatlichen Gerichten nicht abbedingen.[537] Der schiedsrechtliche einstweilige Rechtsschutz stellt zu diesem Zeitpunkt kein vergleichbares Pendant zum staatlichen Rechtsschutz dar, weil in der Regel schon die Konstituierung des Schiedsgerichts zuviel Zeit in Anspruch nimmt.[538]

f) Meinungsstand zur Ausschlussvereinbarung nach Konstituierung des Schiedsgerichts

Für den Zeitraum nach der Konstituierung des Schiedsgerichts sieht der Meinungsstand hingegen anders aus. Dort steht der effektive Rechtsschutz als Argument für die Unabdingbarkeit der staatlichen Zuständigkeit dem Vorrang der Parteivereinbarung als Begründung für eine Ausschlussvereinbarung gegenüber.

aa) Vorrang des effektiven Rechtsschutzes durch Unabdingbarkeit der Zuständigkeit des staatlichen Gerichts

Für die Unwirksamkeit einer Ausschlussvereinbarung wird in erster Linie der Wortlaut des § 1033 ZPO ins Feld geführt, nach dem die Existenz einer Schiedsvereinbarung nicht ausschließt, dass ein staatliches Gericht auf Antrag einer Partei eine vorläufige oder sichernde Maßnahme anordnet.[539] Die Befürworter der unabdingbaren Zuständigkeit der staatlichen Gerichte für einstweiligen Rechtsschutz sehen diesen Zustand als Tribut an die grundgesetzlich verankerte Garantie effektiven Rechtsschutzes an.[540] Die Garantie eines effektiven Rechtsschutzes als Auswuchs

536 Bandel, Einstweiliger Rechtsschutz im Schiedsverfahren, S. 272 m.w.N.

537 Lindacher, ZGR 1979, S. 214. Großzügig für die Verzichtbarkeit und einzige Ausnahme: Bandel, Einstweiliger Rechtsschutz im Schiedsverfahren, S. 309 f.

538 Schuschke/Walker/Schuschke, Vor § 935, Rn. 32.

539 So MüKoZPO/Münch, § 1033, Rn. 17 a.E; Musielak/Voit, § 1033, Rn. 1, § 1041, Rn. 1.

540 Schuschke/Walker/Walker, Vor § 916, Rn. 24; Berger, Internationale Wirtschaftsschiedsgerichtsbarkeit, S. 245; Brinkmann, S. 41 f.; Schlosser, ZZP 99, S. 268;

des Justizgewährungsanspruches sei seinem Wesen nach ein unverzichtbares Grundrecht und überlagere aus diesem Grund selbst eine anders lautende Vereinbarung der Parteien.[541] Das gelte selbst für den Fall, in dem ein Schiedsvertrag ausdrücklich die Kompetenz des Schiedsgerichts zum Erlass einstweilige Anordnungen oder materiellrechtliche Zwischenlösungen durch Teilschiedsspruch vorsehe.[542] Die Gewährung effektiven Rechtsschutzes erlange im Schiedsverfahren besondere Bedeutung, weil die Anordnungen des Schiedsgerichts nicht ohne Mitwirkung des staatlichen Gerichts vollziehbar sind und der unterlegene Antragsgegner sich daher einer Durchsetzung mühelos entziehen könne. Die Vollziehung einer schiedsgerichtlichen einstweiligen Maßnahme ist somit abhängig von der freiwilligen Erfüllung durch den Antragsgegner.[543] Beispielhaft dafür ist zum einen die Unfähigkeit des Schiedsgerichts zur Abnahme eidesstattlicher Versicherungen, zum anderen die Abhängigkeit schiedsgerichtlicher Eilmaßnahmen von einer gerichtlichen Vollziehungsanordnung (§ 1041 II ZPO) und des Schiedsspruchs von einer Vollstreckbarkeitserklärung (§ 1060 I ZPO) durch ein staatliches Gericht.[544] Nach Ansicht des *OLG München* liegt ein weiterer Grund für die parallele Zuständigkeit des staatlichen Gerichts für einstweiligen Rechtsschutz in dem zwingenden organisatorischen Defizit eines Schiedsgerichts, in einigen Fällen keinen effektiven Rechtsschutz gewähren zu können.[545] Dazu zählen insbesondere solche Maßnahmen, die binnen weniger Stunden erlassen werden müssen.

Nicklisch, RIW/AWD 1978, S. 639; Thümmel, DZWir 1997, S. 135 linke Spalte; Vollkommer, NJW 1983, S. 726, 727; alle m.w.N.

541 Schwab/Gottwald, Verfassung und Zivilprozess, S. 36 ff., letztere je in Bezug auf das Hauptsacheverfahren; Vollkommer, NJW 1983, S. 726, 727; Stein/Jonas/Schlosser, § 1033, Rn. 1 und § 1041, Rn. 1; MüKoZPO/Münch, § 1033, Rn. 14; Schütze, BB 1998, S. 1650 hierzu dezidierte Ausführungen von Bandel, Einstweiliger Rechtsschutz im Schiedsverfahren, S. 312 ff: Er fordert eine genaue Überprüfung dieser vielfach verwendeten, aber selten begründeten Argumentation. Sollten nämlich das Grundgesetz oder die EMRK tatsächlich ein Verbot solcher Ausschlussvereinbarungen enthalten, wäre die Rechtslage eindeutig und jede einfachrechtliche Thematisierung des Problems überflüssig.

542 Schuschke/Walker/Schuschke, Vor § 935, Rn. 32.

543 Laschet, ZZP 99, S. 281.

544 LG Frankfurt, NJW 1983, S. 761, 763; Schuschke/Walker/Walker, Vor § 916, Rn. 24 und Vor § 935, Rn. 32; Laschet, ZZP 99, S. 281; zum begrenzten Wert des einstweiligen Rechtsschutzes im Schiedsverfahren siehe Schütze, BB 1998, S. 1650; Wolf, DB 1999, S. 1101, 1103.

545 Kröll, NJW 2001, S. 1179 m.w.N.

Gerade in solchen Fällen kann jedoch das Schiedsgericht die meist notwendige Vollstreckbarerklärung nicht erlassen.[546]

Aus gutem Grund habe der Gesetzgeber daher die unumstößliche Zuständigkeit der staatlichen Gerichte für einstweiligen Rechtsschutz auch in den Wortlaut des § 1033 ZPO integriert. Dass sei auch das Ergebnis der grammatikalischen Auslegung des § 1033 ZPO, welches sich einerseits ausdrücklich aus dem Wortlaut des § 1033 ZPO entnehmen ließe.[547] „Andererseits sei in diesem Zusammenhang noch aufschlussreicher, welcher Inhalt dem § 1033 ZPO eben gerade fehle"[548]. Einige schiedsverfahrensrechtliche Vorschriften wie z.B. §§ 1035, 1036 und insbesondere § 1041 ZPO als zweite Vorschrift zum einstweiligen Rechtsschutz bieten dem Anwender bereits durch Passagen ihres Wortlaut wie „Sofern die Parteien nichts anderes vereinbart haben", „Fehlt eine Vereinbarung der Parteien" oder „Haben die Parteien nichts anderes vereinbart" eine abweichende Parteivereinbarung zum gesetzlichen Regelfall an.[549] Im Gegenteil dazu enthält § 1033 ZPO keine Formulierung mit einer Dispositionsbefugnis der Parteien.[550] Umso mehr beweise der Wortlaut des § 1033 ZPO die gesetzgeberische Entscheidung, eine Ausschlussvereinbarung der Parteien auch dann für unwirksam zu halten, wenn die Parteien eine solche ausdrücklich in der Schiedsabrede vereinbart haben.[551] Schließlich solle sich der Antragsteller – neben der Auseinandersetzung, welche Anlass für das Schiedsgerichtsverfahren ist – nicht noch auf eine weitere Streitigkeit konzentrieren müssen. Das müsse erst Recht für die Frage gelten, welches Gericht aufgrund des bisherigen Sachstandes geeigneter ist zum Erlass von Maßnahmen des einstweiligen Rechtsschutzes.[552] Die Zuständigkeit der staatlichen Gerichte für Eilverfahren sei mithin zwingend und könne daher keinesfalls ausgeschlossen werden.[553]

---

546 Kröll, NJW 2001, S. 1179 m.w.N.; Nicklisch, RIW/AWD 1978, S. 639

547 Krimpenfort, S. 46.

548 Krimpenfort, S. 46.

549 Krimpenfort, S. 46.

550 Krimpenfort, S. 46; Musielak/Voit, § 1033, Rn. 1, § 1041, Rn. 1; a.A.: Bandel, Einstweiliger Rechtsschutz im Schiedsverfahren, S. 312 und S. 327, der allerdings keine Aussage über diese fehlende Formulierung trifft.

551 Krimpenfort, S. 46; Musielak/Voit, § 1033, Rn. 1, § 1041, Rn. 1.

552 So Stein/Jonas/Schlosser, § 1033, Rn. 1.

553 Ebbing, Private Zivilgerichte, S. 106; Baumbach/Lauterbach/Hartmann, § 1033, Rn. 4; Habscheid, JZ 1998, S. 447; MüKoZPO/Münch, § 1033, Rn. 17, 18; Stein/Jonas/Schlosser, § 1033, Rn. 1; Thümmel, DZWir 1997, S. 135; Musielak/Voit, § 1033, Rn. 3, Voit, JZ 1997, S. 120, 122; Wolf, DB 1999, S. 1101, 1103; Schuschke/Walker/Walker, Vor § 916, Rn. 24; OLG München, NJW-RR 2001, S. 711; Thomas/Putzo/Reichold, § 1033, Rn. 2.

Für die Vertreter dieser Ansicht ergeben sich sodann zweierlei Möglichkeiten für die Zuständigkeiten der Gerichte: So bleibt es nach einer Ansicht bei der gesetzlich geregelten kumulativen Konkurrenz von staatlicher Gerichtsbarkeit und Schiedsgericht. Nach der anderen Ansicht bleibt es im einstweiligen Rechtsschutz beim Grundgedanken der subsidiären Zuständigkeit des staatlichen gegenüber dem schiedsrichterlichen einstweiligen Rechtsschutz, der auch durch eine erweiterte Schiedsklausel nicht ausgeschlossen werden kann.[554] Diese Subsidiarität wird erst durchbrochen, sofern das Schiedsgericht zur Gewährung effektiven einstweiligen Rechtsschutzes nicht in der Lage ist.[555]

bb) Vorrang der Parteivereinbarung

Nach gegenteiliger Ansicht sind die Parteien befugt, in der Schiedsvereinbarung oder in einer späteren Ergänzung[556] den einstweiligen Rechtsschutz durch staatliche Gerichte auszuschließen und damit die exklusive Zuständigkeit des Schiedsgerichts zu begründen.[557] Aufgrund der Schiedsvereinbarung bestehe eine schiedsgerichtliche Präferenz, die Streitentscheidung durch das Schiedsgericht erfolgen zu lassen. Das Verfahren des einstweiligen Rechtsschutzes beende eine Auseinandersetzung jedoch auch häufig, bevor es zum Hauptsacheverfahren komme, weshalb die Präferenz der schiedsgerichtlichen Zuständigkeit auch dafür gelte.[558]

Eine tragende Rolle in der Argumentation zu Gunsten der Anerkennung einer Ausschlussvereinbarung nimmt dabei die Parteivereinbarung ein, welcher eine

---

554 Nicklisch, RIW/AWD 1978, S. 639 m.w.N.; Brinkmann, S. 38, 41; Schlosser, ZZP 99, S. 245; meist sind die Anhänger schiedsgerichtlicher Eilzuständigkeit freilich nur für eine konkurrierende Zuständigkeit der staatlichen Gerichte und der Schiedsgerichte: Herdegen, RIW/AWD 1981, S. 304 f.; diese Möglichkeit diskutiert auch Lindacher, ZGR 1979, S. 202, 210 ff., bei Fehlen abweichender Parteivereinbarung.

555 Schlosser, ZZP 99, S. 245.

556 Schütze, Rn. 478, 479.

557 Zöller/Geimer, § 1033, Rn. 6; Baur, Neuere Probleme der privaten Schiedsgerichtsbarkeit, S. 25; Bösch, Einstweiliger Rechtsschutz in der internationalen Handelsschiedsgerichtsbarkeit, S. 173 ff.; Lichtenstein, NJW 1957, S. 570, 571; früher auch Schlosser, Einverständliches Parteihandeln, S. 73; Schütze, BB 1998, S. 1650; Schütze, Rn. 478, 479; Schwab/Walter, Kap. 17a, Rn. 24; Stein/Jonas/Grunsky, Vor § 916, Rn. 31 (2. Abs.); OLG Frankfurt/Main, NJW-RR 2000, S. 1117, 1119 (II 2); OLG Marienwerder LZ 1919, S. 501 („jedes Gerichtsverfahren soll auf alle Fälle ausgeschlossen sein“); Lindacher, ZGR 1979, S. 201, 214, 216.

558 Kröll, NJW 2001, S. 1179.

Schlüsselposition im Schiedsverfahren zukomme.[559] Unterwerfen die Parteien in der Schiedsvereinbarungen ihre Auseinandersetzung dem Schiedsgericht, um die Zuständigkeit des staatlichen Gerichts auszuschließen, entspreche auch die ausschließliche Zuständigkeit des Schiedsgerichts im einstweiligen Rechtsschutz ihrem Interesse.[560] Denn erst mit Hilfe der Ausschlussvereinbarung werde der Ausschluss der staatlichen Gerichtsbarkeit konsequent umgesetzt. Zudem dürfe man im Vergleich dazu nicht die Möglichkeit im staatlichen Gerichtsverfahren außer Acht lassen, die den Parteien erlaubt, im Wege eines Prozessvertrages die Klagbarkeit eines Anspruches und die Geltendmachung einstweiligen Rechtsschutzes auszuschließen.[561] Berücksichtigt man diese Möglichkeit vor dem staatlichen Gericht, sogar die Klagbarkeit eines Anspruches bzw. den einstweiligen Rechtsschutz vollständig auszuschließen, müsse eine ausschließliche Zuständigkeit des Schiedsgerichts für einstweiligen Rechtsschutz erst Recht zulässig sein.[562]

Werde in der Argumentation gegen die Möglichkeit einer Ausschlussklausel auf die fehlende Vollstreckungsmöglichkeit durch das Schiedsgericht Bezug genommen, so habe diese Aussage nur hinsichtlich der Vollziehung der Maßnahme seine Richtigkeit, nicht aber für die Anordnung.[563] Diese ergeht in einem (summarischen) Erkenntnisverfahren sui generis, unabhängig von dem Verfahren der Zwangsvollstreckung.[564] Die irritierende Systematik des 8. Buches der ZPO, in dem beide Verfahren verortet sind, verdecke jedoch diesen Umstand.[565] Die Anordnung des Arrestes oder der einstweiligen Verfügung stelle damit einen von der Zwangsvollstreckung separaten Prozess dar.[566] Die dazu ergehende Entscheidung des Schiedsgerichts entfalte ihre Gestaltungswirkung

---

559 Herdegen, RIW/AWD 1981, S. 304; Nicklisch, RIW/AWD 1978, S. 638; Bandel, Einstweiliger Rechtsschutz im Schiedsverfahren, S. 312, 313.

560 Bösch, Einstweiliger Rechtsschutz in der internationalen Handelsschiedsgerichtsbarkeit, S. 173.

561 Lindacher, ZGR 1979, S. 201, 214; Schlosser, Einverständliches Parteihandeln, S. 73; Bösch, Einstweiliger Rechtsschutz in der internationalen Handelsschiedsgerichtsbarkeit, S. 174.

562 Lindacher, ZGR 1979, S. 201, 214; Schlosser, Einverständliches Parteihandeln, S. 73; Bösch, Einstweiliger Rechtsschutz in der internationalen Handelsschiedsgerichtsbarkeit, S. 174.

563 Herdegen, RIW/AWD 1981, S. 304.

564 Nicklisch, RIW/AWD 1978, S. 639; Herdegen, RIW/AWD 1981, S. 304.

565 Nicklisch, RIW/AWD 1978, S. 639; Herdegen, RIW/AWD 1981, S. 304.

566 Baumbach/Lauterbach/Hartmann, Grundz. § 916, Rn. 1, Nicklisch, RIW/AWD 1978, S. 639.

daher bereits mit Eintritt der Rechtskraft und damit unabhängig von und zeitlich vor der Vollstreckbarkeitserklärung.[567] Auf die Möglichkeit einer Vollstreckbarkeitserklärung komme es häufig auch gar nicht an, weil insbesondere bei internationalen Schiedsgerichten die Mehrzahl aller Entscheidungen freiwillig befolgt wird.[568] Als Beispiel dafür können gestaltende einstweilige Verfügungen angeführt werden, wie sie im Fall von Auseinandersetzungen unter Gesellschaftern – etwa bei einem Ausschluss eines Gesellschafters – erforderlich werden können.[569] Sieht der Schiedsvertrag der Parteien für solche Fälle eine rasche Konstituierung des Schiedsgerichts vor bzw. hat sich das Schiedsgericht bereits konstituiert, sei keine Notwendigkeit mehr für eine Entscheidung eines staatlichen Gerichts vorhanden.[570]

In der Praxis wurde laut *Schlosser* auch schon nach diesem Muster verfahren, wie eine ältere Vergleichs- und Schiedsordnung der IHK zeigte. Nach dieser IHK Ordnung war die Zuständigkeit staatlicher Gerichte für Maßnahmen des einstweiligen Rechtsschutzes auf Ausnahmesituationen beschränkt.[571] Haben die Parteien eine solche Vereinbarung in dem Schiedsvertrag getroffen, seien sie damit zumindest schuldrechtlich verpflichtet, die vom Schiedsgericht erlassene Maßnahme anzuerkennen.[572] Die Vereinheitlichung von einstweiligem Rechtsschutz und Entscheidung in der Hauptsache in den Händen des Schiedsgerichts bringe darüber hinaus den Vorteil einer harmonischen rechtlichen Bewertung mit sich.[573] Richtig zum Tragen komme die Abdingbarkeit der Zuständigkeit der staatlichen Gerichte insbesondere bei ständigen Schiedsgerichten. Diese können aufgrund des fehlenden Konstituierungsprozesses binnen kurzer Zeit einstweiligen Rechtsschutz gewähren.[574] Bestehe darüber hinaus noch die Notwendigkeit, die schiedsgerichtlich verfügte einstweilige Maßnahme zu vollstrecken, bleibe diese Option nach Vollstreckbarkeitserklärung durch das staatliche Gericht weiterhin möglich.[575]

567 Lindacher, ZGR 1979, S. 209 m.w.N.; Herdegen, RIW/AWD 1981, S. 304.
568 Nicklisch, RIW/AWD 1978, S. 639; Böckstiegel, RIW/AWD 1979, S. 165; Herdegen, RIW/AWD 1981, S. 304.
569 Schlosser, ZZP 99, S. 268; Lindacher, ZGR 1979, S. 209, 210.
570 Schlosser, ZZP 99, S. 268; Lindacher, ZGR 1979, S. 209, 210.
571 Schlosser, ZZP 99, S. 268; Böckstiegel, RIW/AWD 1979, S. 163.
572 Schlosser, ZZP 99, S. 252.
573 Nicklisch, RIW/AWD 1978, S. 638; Herdegen, RIW/AWD 1981, S. 305.
574 Stein/Jonas/Grunsky, Vor § 916, Rn. 31.
575 Brinkmann, S. 89 f.; Herdegen, RIW/AWD 1981, S. 304.

cc) Zwischenergebnis: Entscheidung zugunsten des maßgeblichen Parteiwillens

Im Ergebnis ist es der Parteiwille, der bei der Beantwortung der Frage nach der Abdingbarkeit der staatlichen Zuständigkeit im einstweiligen Rechtsschutz den Ausschlag gibt.[576] Im Rahmen der vorstehenden Diskussion um die Ausschlusklausel werden vielfach Argumente über das Wohl der Parteien und das Wesen des Schiedsverfahrens abgewogen. Der Wille der Parteien bezüglich der vorliegenden Schiedsvereinbarung wird dabei aber auffälligerweise weitestgehend unberücksichtigt gelassen. Eine positive Ausnahme dazu stellen die Ausführungen von *Lindacher* und *Lichtenstein* dar, die sich ausführlicher des Themas des relevanten Parteiwillens annehmen.[577] Nach der Ansicht von *Lindacher* entspricht die konkurrierende Zuständigkeit des Schiedsgerichts und des staatlichen Gerichts üblicherweise den Interessen des Antragstellers bei der Beantragung einer einstweiligen Verfügung: „Er kann wählen, ob er, etwa aus Gründen der Nichtpublizität und gegebenenfalls um den Preis geringerer Promptheit, einstweiligen Rechtsschutz beim Schiedsgericht nachsucht, oder ob er – vielleicht eben wegen der mutmaßlich größeren Promptheit – das staatliche Gericht anruft“[578]. In gleicher Weise wird damit aber auch den Interessen des Antragsgegners entsprochen.

Allerdings haben beide Parteien des Schiedsvertrages beispielweise bei gesellschaftsrechtlichen „Statusfragen“ die Schiedsgerichtsbarkeit auch aus dem Interesse an größtmöglicher Nichtöffentlichkeit gewählt.[579] Diesem Interesse entspricht es gerade nicht, wenn der Antragsteller für eine Maßnahme des einstweiligen Rechtsschutzes das staatliche Gericht anrufen könnte.[580] Diese Gefahr ist aber für das Verfügungsverfahren vor den staatlichen Gerichten geradezu typisch. Selbstverständlich hat der Antragsteller seinen Antrag auf Erlass der Verfügung zu begründen und muss dafür im Zweifel Betriebsinterna offenlegen.[581] Je nach Eingriffsintensität der einstweiligen Maßnahme kann der Richter vor Erlass eine mündliche Verhandlung gemäß § 922 I 1 ZPO zur Wahrung des rechtlichen Gehörs anordnen. Auf diese Weise kann es dann – umso eher wenn mit der Bestellung des Konkurrenten eine undichte Stelle im Verfahren vorhanden ist – eben

576 Zu diesem Themenbereich inklusive Art. 2 I GG und der Möglichkeit eines pactum de non petendo siehe Krimpenfort, S. 48 ff;.

577 Lindacher, ZGR 1979, S. 201 ff.; Lichtenstein, NJW 1957, S. 571 f.; aber auch Baur, Neuere Probleme der privaten Schiedsgerichtsbarkeit, S. 25.

578 Lindacher, ZGR 1979, S. 213.

579 Lindacher, ZGR 1979, S. 213.

580 Lindacher, ZGR 1979, S. 213.

581 Lindacher, ZGR 1979, S. 206.

aufgrund der Öffentlichkeit der mündlichen Verhandlung zur unerwünschten Publizität kommen.[582] Werden die Interna im Wege des Verfahrens des einstweiligen Rechtsschutzes erst einmal öffentlich, verliert die davon betroffene Partei auch den Vorteil der Nichtöffentlichkeit des anschließenden Hauptsacheverfahrens.[583] Vor dem Hintergrund des Interesses der Schiedsparteien, Gesellschaftsinterna nicht in die Öffentlichkeit tragen zu müssen, kommt der Parteiwille bei einer nicht auszuschließenden Zuständigkeit des staatlichen Gerichts also zu kurz.[584]

Zutreffend an der Kritik bezüglich der Ausschlussvereinbarung ist die Gefahr der Verzögerung der Gewährung einstweiligen Rechtsschutzes.[585] Richtig ist auch, dass die Vollstreckung der einstweiligen Maßnahme auf der freiwilligen Einhaltung der Parteien beruht. Der Ausschluss der staatlichen Zuständigkeit für einstweiligen Rechtsschutz im Schiedsverfahren beinhaltet somit den Verzicht auf einen umfassenden Rechtsschutz.[586] Oder um es mit den Worten von *Schütze*[587] zu sagen: „ Der schiedsgerichtliche einstweilige Rechtsschutz ist zwar kein Papiertiger, aber seine Krallen sind ziemlich stumpf. Der ordentliche einstweilige Rechtsschutz ist regelmäßig schneller und effizienter, wenngleich nicht näher am Fall als das Schiedsgericht." Dieser Umstand allein sollte jedoch nicht dazu Anlass geben, die Diskussion um eine Ausschlussvereinbarung vorzeitig zu beenden. Insbesondere sollte sich der optimale Rechtsschutz[588] an den Interessen der Schiedsparteien orientieren und nicht allein an einem Vergleich zwischen dem einstweiligen Rechtsschutz vor staatlichen Gerichten und Schiedsgerichten. Wenn man beide Verfahren aber nebeneinander stellt, muss man den Parteien vor beiden Verfahren auch identische Gestaltungsmöglichkeiten einräumen. Unter Berücksichtigung der – allgemein anerkannten – Möglichkeit des Ausschlusses der Klagbarkeit eines Anspruches wird auch der isolierte Ausschluss des Verfahrens des einstweiligen Rechtsschutzes vor staatlichen Gerichten als zulässig erachtet.[589] Die Parteien

582 Lindacher, ZGR 1979, S. 206.
583 Lindacher, ZGR 1979, S. 213.
584 Lindacher, ZGR 1979, S. 213.
585 Lindacher, ZGR 1979, S. 213.
586 Lindacher, ZGR 1979, S. 213.
587 Schütze, BB 1998, S. 1653
588 Auf den Lindacher, ZGR 1979, S. 213 abzielt.
589 Schlosser, Einverständliches Parteihandeln im Zivilprozess, S. 73 f. und ZZP 99, S. 268; Lindacher, ZGR 1979, S. 214: Kontrovers ist nur, ob die entsprechende Prozessvereinbarung „unmittelbar" wirkt (so vor allem Schlosser), oder ob sie als materiellrechtlicher Vertrag zu konstruieren ist, der die beiderseitige Verpflichtung begründet, keine einstweilige Verfügung zu beantragen und bei Verstoß gegen die

können sich im Verfahren des einstweiligen Rechtsschutzes sowohl vergleichen als auch vorab vereinbaren, einen grundsätzlich begründbaren Arrest nicht zu beantragen.[590] Eine entgegenstehende Regelung ist weder aus dem Verfahrensrecht noch aus dem materiellen Recht ersichtlich.[591] Ist daher eine Vereinbarung der Parteien hinsichtlich des umfassenden Ausschlusses des einstweiligen Rechtsschutzes zulässig, muss das erst recht auch für eine ausschließliche Zuweisung des einstweiligen Rechtsschutzes zu einem Schiedsgericht gelten.[592] Eine diesbezügliche Vereinbarung kann auch bereits in der Schiedsabrede getroffen werden.[593]

Das objektive und öffentliche Interesse an einem effektiven Rechtsschutz muss daher im Einzelfall hinter der Regelung der Parteien zurückstehen. Diese Parteiinteressen dürfen im Einzelfall auch nicht mit fremden Wertungen überladen werden. Entscheidend ist allein, ob die Parteien bereit sind, die Nachteile in Kauf zu nehmen, die mit einer derartigen Schiedsabrede verbunden sind. Die Gründe für eine solche „erweiterte Schiedsabrede", denen eine Ausschlussklausel immanent ist, können vielfältig sein. Ausschlaggebend dafür kann zum einen die Überzeugung sein, die Entscheidung des Schiedsgerichts reiche zur Veranlassung der Gegenseite zur Leistung aus.[594] Zum anderen können die Parteien die Ansicht vertreten, das einstweilige Verfahren als Zwangsmittel nicht zu benötigen, weil das Schiedsgerichts bereits in der Hauptsache schnell genug entscheidet.[595] Wenn die Parteien es weniger prompt oder sogar effizient wünschen, dann ist das als Preis für die Nichtöffentlichkeit des Verfahrens zu akzeptieren. Mit den Worten *Lindachers* gilt deshalb dem Grundsatz nach: „Den Parteien steht es nicht nur frei, eine konkurrierende Zuständigkeit von Schiedsgericht und Staatsgericht zum

---

entsprechende Verpflichtung der anderen Seite ein (prozessuales) Einrederecht gewährt (so Niese); Stein/Jonas/Grunsky, Vor § 916, Rn. 21; Zöller/Greger, Vor § 253, Rn. 19 und Vor § 128, Rn. 32: „Ein vollständiger Ausschluss der Klagbarkeit („des Rechtsweges") kann vertraglich nur wirksam vereinbart werden, wenn er auf dem völlig freien Willen gleichberechtigter Parteien beruht"; ablehnend: Stein/Jonas/Roth, Vor § 253, Rn. 129.

590 Lichtenstein, NJW 1957, S. 571.

591 Lichtenstein, NJW 1957, S. 571.

592 Lindacher, ZGR 1979, S. 214; Stein/Jonas/Grunsky, Vor § 916, Rn. 31; Lichtenstein, NJW 1957, S. 571; § 1042 III wird an dieser Stelle nicht angeführt, weil er sich nur auf die freie Gestaltung des Schiedsverfahrens konzentriert und nicht auf das Verfahren des einstweiligen Rechtsschutzes vor den staatlichen Gerichten.

593 Lichtenstein, NJW 1957, S. 571.

594 Lichtenstein, NJW 1957, S. 571.

595 Lichtenstein, NJW 1957, S. 571; Baur, Neuere Probleme der Schiedsgerichtsbarkeit, S. 25.

Erlass einstweiliger Verfügungen zu begründen; sie vermögen dem Schiedsgericht vielmehr selbst die ausschließliche Zuständigkeit dafür einzuräumen"[596]. Dieser Meinung ist daher zu folgen, weil nur auf diese Weise der Sinn der Schiedsvereinbarung aufrechterhalten und das Interesse der Parteien an einer Geheimhaltung des Streitgegenstandes verwirklicht wird. Das Argument des zwingenden Rechtsschutzes hinsichtlich der Ausschlussklausel verfängt daher jedenfalls für den Zeitpunkt nach Konstituierung des Schiedsgerichts nicht.

Nach übereinstimmender Ansicht bedarf es für die Wirksamkeit einer Ausschlussvereinbarung allerdings einer ausdrücklichen Vereinbarung der Parteien.[597] Erforderlich ist dafür nicht nur eine explizite, sondern vor allem auch eindeutige, umfassende und unmissverständliche Ermächtigung durch die Parteien innerhalb der Schiedsvereinbarung, so dass den Parteien – und nicht nur ihren Anwälten – keine Zweifel mehr bleiben, auf den staatlichen Rechtsschutz bewusst verzichtet zu haben.[598] Diese hohen Anforderungen spiegeln zu Recht auch den Willen der Parteien wieder. Die Parteien wollen in ihrer rechtlichen Auseinandersetzung kaum das Risiko eines unbewussten Rechtsschutzdefizits in Kauf nehmen.

4. Ergebnis zur Zuständigkeit für die einstweilige Verfügung bei unvollständigen Schiedsvereinbarungen

Schließlich sind die Auswirkungen dieser Entscheidung auf unvollständige Schiedsvereinbarungen im Zusammenhang mit der Bestellung von Konkurrenten als Schiedsrichter festzustellen. Bei unvollständigen Schiedsvereinbarungen herrscht regelmäßig Unsicherheit bezüglich der Zuständigkeit für Maßnahmen des einstweiligen Rechtsschutzes, weil sie dazu meist keine Regelung enthalten. Zudem fehlt ebenso regelmäßig ein Verweis auf eine bereits bestehende Schiedsordnung, welche den Schiedsrichtern „ex lege die Kompetenz zu einstweiligen Maßnahmen zuerkennt"[599]. Gleichermaßen sind Schiedsabreden mit einer ausdrücklichen Regelung der Zuständigkeit im einstweiligen Rechtsschutz in der Praxis die Ausnahme.[600] Die „übliche" Schiedsvereinbarung macht daher zur Klärung

596 Lindacher, ZGR 1979, S. 214.

597 So z.B. Zöller/Geimer, § 1033, Rn. 6; Bandel, Einstweiliger Rechtsschutz im Schiedsverfahren, S. 312.

598 Zöller/Geimer, § 1033, Rn. 6.

599 Schlosser, ZZP 99, S. 255.

600 Lindacher, ZGR 1979, S. 215.

der Zuständigkeitsfrage eine Auslegung notwendig.[601] Fehlen der Schiedsvereinbarung hierzu auslegungsfähige Ausführungen, ist der Parteiwille im Wege ergänzender Vertragsauslegung zu ermitteln.[602] Als zweiter Aspekt ist das Stadium zu betrachten, in dem sich das Schiedsverfahren zum Zeitpunkt des Antrags auf einstweiligen Rechtsschutz befindet. Maßgeblicher Wendepunkt dabei ist die Konstituierung des Schiedsgerichts. Sobald das Schiedsgericht konstituiert ist, ist es zumindest nach der hier vertretenen Auffassung in der Lage, den Antrag auf einstweiligen Rechtsschutz anzunehmen.

Auch wenn der Schiedsvertrag bezüglich der Zuständigkeitsregelung keine klare Aussage trifft, wird die Auslegung auch im Falle der Bestellung eines Konkurrenten zum Schiedsrichter an dieser Stelle doch maßgeblich durch eben diese Schiedsvereinbarung der Parteien erleichtert. Denn bereits das Bestehen einer Schiedsvereinbarung verdeutlicht, dass die Schiedsparteien jedenfalls nicht auf Rechtsschutz verzichten, sondern lediglich in nichtöffentlicher Weise davon Gebrauch machen wollen. Zeitlich befindet sich das Schiedsgerichtsverfahren im Zeitraum vor Konstituierung des Schiedsgerichts. Das ergibt die chronologische Abfolge der Bestellung und Ablehnung eines Konkurrenten als Schiedsrichter. Der Konkurrent wird als parteiernannter Schiedsrichter notwendigerweise vor dem Obmann bestellt. Durch Benachrichtigung erhält die gegnerische Partei von seiner Bestellung Kenntnis, wodurch zugleich die Bindungswirkung des § 1035 II ZPO eintritt.[603] Der Einigungsprozess der beiden parteiernannten Schiedsrichter auf einen Vorsitzenden Schiedsrichter nimmt seine Zeit in Anspruch. Reagiert die gegnerische Partei daher – was mit höchster Wahrscheinlichkeit der Fall sein wird – zeitlich bereits vor Auswahl des Obmanns mit der einstweiligen Verfügung auf die Bestellung des Konkurrenten zum Schiedsrichter, befindet sich das Schiedsgericht zum relevanten Zeitpunkt noch in der Phase vor der Konstituierung.

Bei dieser Ausgangslange ist nach übereinstimmender Auffassung das staatliche Gericht aus Gründen des effektiven Rechtsschutzes weiterhin für den Erlass einstweiliger Maßnahmen zuständig. Neben der noch fehlenden Konstituierung des Schiedsgerichts fehlt es der unvollständigen Schiedsvereinbarung dafür insbesondere an der notwendigen ausdrücklichen und präzisen Klausel zum Ausschluss der Zuständigkeit des staatlichen Gerichts. Vor allem entspricht dieses Ergebnis aber dem Willen der Parteien. Ausschlaggebend für die Zuständigkeit des staatlichen Gerichts ist an dieser Stelle nämlich nicht nur die allgemeine Überzeugung, den

601 Lindacher, ZGR 1979, S. 215.
602 Lindacher, ZGR 1979, S. 215.
603 MüKoZPO/Münch, § 1035, Rn. 11.

Parteien in der Phase der Konstituierung des Schiedsgerichts optimalen Rechtsschutz zu gewähren, welcher zu diesem Zeitpunkt nur über die Einräumung einstweiligen Rechtsschutzes vor den staatlichen Gerichten möglich ist.[604] Der Ursprung für die Zuständigkeit der staatlichen Gerichte im einstweiligen Rechtsschutz bis zum Zeitpunkt der Konstituierung des Schiedsgerichts liegt vor allem im Willen der Parteien begründet, zu jeder Zeit (einstweiligen) Rechtsschutz ersuchen zu können. Darin findet sich das Argument von *Lichtenstein* wieder, nach dessen Ansicht ein Arrest oder eine einstweilige Verfügung bei überraschenden Umständen beantragt wird, die eine zeitnahe Sicherung des Rechts erfordern.[605] Nach der Auslegung von *Lichtenstein* enthält die „einfache" Schiedsvereinbarung daher im Zweifel nicht den Verzicht auf die Zuständigkeit des staatlichen Gerichts zum Erlass einstweiliger Maßnahmen.[606] Vor dem Hintergrund der Bestellung eines Konkurrenten zum Schiedsrichter ist diese Ansicht – wenn auch unbewusst – umso vorausschauender.

VI. Vereinbarkeit der einstweiligen Verfügung am Maßstab des § 1026 ZPO

Im Fall eines parallel laufenden Schiedsgerichtsverfahrens ist zusätzlich darüber zu entscheiden, ob die einstweilige Verfügung eines staatlichen Gerichts einen unmittelbaren und damit unzulässigen Eingriff in das Schiedsverfahren darstellt.[607] Gemäß § 1026 ZPO darf ein staatliches Gericht in den im 10. Buch der ZPO (§§ 1025 bis 1061 ZPO) geregelten Angelegenheiten nur tätig werden darf, soweit dieses Buch es vorsieht. Dafür sind in § 1062 ZPO die Befugnisse aufgezählt, in denen die staatlichen Gerichte ausnahmsweise zuständig sind. Gemäß § 1062 I Nr. 1 2. Var. ZPO entscheidet das nach der Schiedsvereinbarung zuständige OLG auch über die Ablehnung eines Schiedsrichters. Diese Entscheidung darf das OLG aber erst dann treffen, wenn das entsprechende Verfahren dem OLG die Zuständigkeit zuweist, wie z.B. bei § 1037 III 1 ZPO. Daraus folgt die gefestigte Meinung, dass ein staatliches Gericht die Durchführung eines Schiedsverfahrens durch einstweilige Verfügung jedenfalls nicht untersagen bzw. einstellen oder durch eine Aussetzung des Verfahrens erzwingen darf.[608] Darüber hinaus darf

604 So mit allen anderen auch Lindacher, ZGR 1979, S. 216.
605 Lichtenstein, NJW 1957, S. 570.
606 Lichtenstein, NJW 1957, S. 570.
607 Zöller/Geimer, § 1032, Rn. 26.
608 Allgemeine Meinung: vgl. z.B. Lachmann, Rn. 667; Stein/Jonas/Schlosser, § 1026, Rn. 1, § 1032, Rn. 22; MüKoZPO/Münch, 2. Auflage, § 1032, Rn. 13, 14; Zöller/

das staatliche Gericht den Schiedsrichtern durch einstweilige Verfügung keine Weisungen erteilen.[609]

Tatsächlich ist in den §§ 1025–1066 ZPO der Erlass einer einstweiligen Verfügung des beantragten Inhalts durch ein staatliches Gericht nicht vorgesehen. Darüber hinaus hat die Untersagung der Weitergabe von weder öffentlich bekannten noch öffentlich zugänglichen Informationen die zeitliche Unterbrechung des Schiedsverfahrens zur Folge, bis das zuständige OLG über die Besetzung des Schiedsgerichts entschieden hat. Einer gesonderten Rechtsgrundlage im 10. Buch der ZPO bedarf es für die beantragte einstweilige Verfügung dennoch nicht. § 1026 ZPO regelt die Einbruchstellen für das staatliche Gericht im generellen Zuständigkeitsbereich des Schiedsgerichts nämlich nicht abschließend.[610] Vielmehr sind diese Einbruchstellen in den verschiedenen staatlichen Vorbehalten und den dazugehörigen Einschätzungen über deren abschließende Wirkung enthalten.[611] Ein gesetzlicher Vorbehalt für das staatliche Gericht ist somit nur dann notwendig, wenn es quasi als „Hilfsorgan" für das Schiedsgericht tätig werden würde, wie insbesondere bei den in §§ 1050, 1062 I Nr. 1 bis 4 ZPO geregelten Fällen.[612] Dies folgt aus dem Wortlaut des § 1026 ZPO, der ein Tätigwerden staatlicher Gerichte nur auf die „in den §§ 1025 bis 1061 ZPO geregelten Angelegenheiten" beschränkt.[613]

Von dieser Sperrwirkung ist der vorliegende Fall jedoch nicht erfasst. Das zuständige staatliche Gericht wird bei Erlass der einstweiligen Verfügung nämlich nicht in Bezug auf den Streitgegenstand des schiedsrichterlichen Verfahrens bzw. nicht in einer in den §§ 1025 bis 1061 ZPO geregelten Angelegenheiten tätig.[614] Vielmehr steht die Frage im Mittelpunkt, ob die Weitergabe gesellschaftsinterner Informationen an einen Schiedsrichter, dessen Bestellung von einer Partei für unwirksam

---

Geimer, § 1026, Rn. 2 und § 1032, Rn. 26; Schwab/Walter, Kap. 7, Rn. 19; einschränkend allerdings Musielak/Voit, § 1032, Rn. 15, wonach in Ausnahmefällen, wenn ernsthafte Zweifel an der Zulässigkeit des schiedsrichterlichen Verfahrens bestehen und die Folgen des Schiedsspruchs irreversibel sind, ausnahmsweise eine einstweilige Verfügung zugelassen werden solle. Für diese Einschränkung fehlt jedoch die rechtliche Grundlage.

609 Stein/Jonas/Schlosser, § 1026, Rn. 1; Zöller/Geimer, § 1026, Rn. 2 und § 1032, Rn. 26.

610 MüKoZPO/Münch, § 1026, Rn. 3.

611 MüKoZPO/Münch, § 1026, Rn. 3.

612 MüKoZPO/Münch, 2. Aufl., § 1026, Rn. 4.

613 MüKoZPO/Münch, § 1026, Rn.5.

614 Zur Harmonisierung mit § 1037 ZPO siehe unten Teil 2, B, 6 b).

gehalten wird und die diesbezüglich Klärung durch das Oberlandesgericht beantragt hat, vorübergehend durch eine einstweilige Verfügung verhindert werden kann. Das ist gerade deshalb möglich, weil die dahingehende einstweilige Verfügung nicht die Untersagung des Schiedsverfahrens vorschreibt.

Mit der beantragten einstweiligen Verfügung des Inhalts, der Partei jeglichen Kontakt zu „ihrem" Schiedsrichter zu untersagen, wird auch nicht das Verbot unterlaufen, dass das staatliche Gericht den Schiedsrichtern keine Weisungen erteilen darf. Der Schiedsrichter ist – auch bei Erlass der einstweiligen Verfügung – in seinem Verhalten weiterhin ungebunden. Allein die betroffene Partei hat sich strengstens an die ihr aus anderen Rechtsgründen obliegende Verschwiegenheitsverpflichtung zu halten. Ebenso wenig verfängt diesbezüglich das Argument, durch die einstweilige Verfügung werde auf Umwegen vorläufig eine faktische Ablehnung des in Frage stehenden Schiedsrichters herbeigeführt. Im Falle des Erlasses der einstweiligen Verfügung ist es dem Antragsgegner nur bis zur Entscheidung des zuständigen OLG über die Ablehnung des Schiedsrichters untersagt, dem Schiedsgericht bzw. den bisher benannten Schiedsrichtern Informationen bezüglich des Streitgegenstandes zuzuleiten. Ansonsten würden diese notwendigerweise auch dem abgelehnten, aber noch amtierenden Schiedsrichter bekannt werden, was unter den besonderen Umständen unzumutbar erscheint.

Die einstweilige Verfügung führt auch nicht zu einer von § 1026 ZPO verbotenen, durch das staatliche Gericht auferlegten Aussetzung des Schiedsgerichtsverfahrens. Vielmehr entscheiden die Schiedsrichter nach Erlass der Verfügung freiwillig über eine Aussetzung des Verfahrens, was nicht von § 1026 verboten werden soll. Diesbezüglich stellt der Erlass der einstweiligen Verfügung keinen Unterschied zum Ablehnungsverfahren des § 1032 II ZPO oder des § 1037 III ZPO dar. Die Schiedsrichter können in diesen Fällen ebenfalls ihr Verfahren freiwillig auszusetzen, sofern keine Anzeichen für eine Verschleppungsgefahr bestehen und die Entscheidung des staatlichen Gerichts z.B. bei Ablehnung eines Schiedsrichters abwarten.[615] Der Grund dafür ist – auch wenn beispielsweise § 1032 III ZPO oder § 1037 III 2 ZPO die Fortsetzung des Schiedsverfahrens erlauben – die drohende Ungewissheit über den Ausgang des Ablehnungsverfahrens, die wie ein Damoklesschwert über dem Fortgang des Schiedsverfahrens schwebt.[616] Die Wirksamkeit

615 Zöller/Geimer, § 1032, Rn. 26; MüKoZPO/Münch, § 1032, Rn. 33; Schwab/Walter, Kap. 7, Rn. 19; Baumbach/Lauterbach/Hartmann, § 1032, Rn. 10; Stein/Jonas/Schlosser, § 1032, Rn. 22.

616 Schwab/Walter, Kap. 7, Rn. 19; Stein/Jonas/Schlosser, § 1032, Rn. 22; Baumbach/Lauterbach/Hartmann, § 1032, Rn. 10

sämtlicher Entscheidungen des Schiedsgerichts, die auf dem Mangel beruhen, ist gemäß § 1059 I, II Nr. 1 d) ZPO von der Aufhebung durch das staatliche Gericht bedroht.[617] Bestehen also von Seiten des Schiedsgerichts begründete Zweifel an der Wirksamkeit der Schiedsvereinbarung, wird es das Verfahren nicht fortsetzen, sondern bis zur Entscheidung des staatlichen Gerichts aussetzen.[618] Einschränkend wird das Gericht daher vor Erlass der einstweiligen Verfügung berücksichtigen, ob der Antragsteller auch tatsächlich das Verfahren vor dem staatlichen Gericht betreibt.[619] Eine Möglichkeit zur Prozessverschleppung soll die Aussetzung nämlich gerade nicht bieten. Mit der Unabhängigkeit des Schiedsverfahrens unvereinbar wäre in diesem Zusammenhang auch eine Erzwingung der Aussetzung des Schiedsgerichts mittels eine einstweiligen Verfügung durch ein staatliches Gericht.[620]

Aus diesem Grund richtet sich die einstweilige Verfügung auch gegen die gegnerische Partei. Sollte sich das Schiedsgericht in der Zwischenzeit konstituieren, könnte es sich unabhängig von der Verfügung autonom beraten. Bis zur Klärung über die Besetzung des Schiedsgerichts ist es daher unerlässlich, die Weitergabe der Geschäftsgeheimnisse und damit auch die Einreichung einer Schiedsklage mittels der einstweiligen Verfügung zu unterbinden. Dies ist in Anbetracht der Bedeutung der in Rede stehenden Interessen angezeigt und steht auch nicht im Widerspruch zur Autonomie des Schiedsgerichts. Ebenso wenig droht hierdurch eine Verschleppung des Verfahrens, weil der Antrag an das zuständige OLG zur Entscheidung über die Besetzung des Schiedsgerichts bereits auf den Weg gebracht ist. Hat das OLG über die Ablehnung entschieden, hat sich auch die einstweilige Verfügung erledigt und die Weiterführung des Schiedsverfahrens ist ohne weitere Probleme möglich.

1. *LG Hamburg*, Beschluss vom 8. August 2006

Diese Einschätzung formuliert auch das *LG Hamburg* in dem bereits in dieser Arbeit erwähnten, nicht veröffentlichten Beschluss vom 8. August 2006, Az.: 329 O 222/06. Sie lautet:

---

617 Schwab/Walter, Kap. 7, Rn. 19; Stein/Jonas/Schlosser, § 1032, Rn. 22; Baumbach/Lauterbach/Hartmann, § 1032, Rn. 10.

618 Jedoch nicht, wenn ein Beweisverlust droht: MüKoZPO/Münch, § 1032, Rn. 33; Baumbach/Lauterbach/Hartmann, § 1032, Rn. 10; Schwab/Walter, Kap. 7, Rn. 19; Stein/Jonas/Schlosser, § 1032, Rn. 22.

619 Stein/Jonas/Schlosser, § 1032, Rn. 22.

620 Stein/Jonas/Schlosser, § 1032, Rn. 22 m.w. N. und Wieczorek/Schütze, § 1037, Rn. 11; Schwab/Walter, Kap. 7, Rn. 19.

„Die einstweilige Verfügung ist nicht unzulässig. In das Schiedsverfahren wird dadurch nicht eingegriffen. Dem Antragsgegner wird nicht untersagt, eine bestimmte Person als Schiedsrichter zu benennen. Ihm wird lediglich untersagt, bis zu einer Entscheidung über einen Antrag der Antragsteller keine Interna an den benannten Schiedsrichter weiterzugeben. ...“

2. *HansOLG Hamburg*, Beschluss vom 23. Februar 2007

Noch präziser sind die Ausführungen des *HansOLG Hamburg*, welches ebenfalls über die Zulässigkeit der einstweiligen Verfügung entscheiden musste. Es führt dazu in einem ebenfalls bereits erwähnten, nicht veröffentlichten Beschluss vom 23. Februar 2007, Az.: 11 W 111/06, 329 O 222/06 aus:

„Der Antrag auf Erlass einer einstweiligen Verfügung ist zulässig. Zwar darf das staatliche Gericht nicht unmittelbar in das Schiedsverfahren eingreifen und eine Einstellung eines Schiedsverfahrens durch einstweilige Verfügung anordnen[621], oder den Parteien im Wege der einstweiligen Verfügung ein bestimmtes Verhalten im Schiedsverfahren vorgeben oder untersagen.[622] Die Vorschrift des § 1026 ZPO schließt aber nicht aus, dass staatliche Gerichte aus zwingenden rechtsstaatlichen Gründen gleichwohl tätig werden.[623] Ein solcher Grund liegt vor, wenn der Antragsgegner als Schiedsrichter einen unmittelbaren Wettbewerber benennt.“

VII. Begründetheit der einstweiligen Verfügung und deren Vereinbarkeit mit dem Schiedsgerichtsverfahren

Abschließend ist die Begründetheit der einstweiligen Verfügung sowie deren Vereinbarkeit mit den Vorschriften des Schiedsverfahrensrechts zu prüfen. Die begehrte einstweilige Verfügung soll dem Antragsgegner untersagen, dem von ihm benannten Schiedsrichter Informationen welcher Art auch immer zu erteilen oder durch Dritte erteilen zu lassen, die das gegenständliche Unternehmen betreffen und weder öffentlich bekannt noch zugänglich sind, bis über das Ablehnungsgesuch rechtskräftig durch ein staatliches Gericht entschieden worden ist. Die Begründetheit einer einstweiligen Verfügung hängt von einem Verfügungsanspruch und einem

621 Zöller/Geimer, § 1032, Rn. 26.
622 Stein/Jonas/Schlosser, § 1026, Rn. 1.
623 Stein/Jonas/Schlosser, § 1026, Rn. 2.

Verfügungsgrund des Antragstellers ab. Im Rahmen dieser Prüfung ist die Vorwegnahme der Hauptsache zusammen mit dem Ergebnis des materiellen Rechts nach summarischer Prüfung, den Erfolgsaussichten in der Hauptsache, dem Ausmaß des bevorstehenden Nachteils der unterliegenden Partei wie auch die Schützbedürftigkeit und Schützwürdigkeit der Parteien ins Kalkül zu ziehen.[624] Ergibt die summarische Prüfung noch keine Tendenz hinsichtlich des Ausgangs des Hauptsacheverfahrens, ergibt die Abwägung zwischen der Dauer des zeitweiligen Rechtsverlustes beim Antragsgegner gegenüber dem Maß der drohenden Beeinträchtigung beim Antragsteller den Ausschlag zu Gunsten oder zu Lasten des Erlasses der Verfügung.[625]

1. Verfügungsgrund

Ein Verfügungsgrund ist dann gegeben, wenn zur Abwendung einer Gefährdung von Gläubigerinteressen eine vorläufige Sicherung im Eilverfahren notwendig ist. Dafür müssen „Umstände bestehen, die nach dem objektiven Urteil eines vernünftigen Menschen befürchten lassen, dass die Verwirklichung des Individualanspruchs durch bevorstehende Veränderung des bestehenden Zustands gefährdet ist“[626]. Eine solche Gefährdung des Individualinteresses der Antragsteller steht nach dem objektiven Urteil eines vernünftigen Menschen bei der Bestellung eines Konkurrenten zum Schiedsrichter zu befürchten. Die Antragsteller müssen befürchten, dass ohne die beantragte einstweilige Verfügung ihr Interesse an der Geheimhaltung ihrer schutzwürdigen Interna verletzt wird. Als Möglichkeiten dafür kommen nach der Bestellung des Schiedsrichters die Einreichung der Schiedsklage oder anderer Dokumente beim Schiedsgericht als auch jede Konversation zwischen Schiedsrichter und Antragsgegner in Betracht. Demzufolge müssen die Antragsteller davon ausgehen, dass der Konkurrent als Schiedsrichter kurzfristig Kenntnis von dem Streitgegenstand und damit verbundenen, betriebsinternen Informationen nehmen wird. Allein dieser Umstand begründet für jeden vernünftig denkenden Menschen eine erhebliche Gefahr dahingehend, dass der Konkurrent als Schiedsrichter sensible Informationen über die streitbefangene Gesellschaft erhält und sie für eigene Zwecke verwendet oder zumindest verwenden könnte. Es sind somit genügend Anhaltspunkte für einen Verfügungsgrund vorhanden.

---

624 Zöller/Geimer, § 1032, Rn. 9; Walker, Der einstweilige Rechtsschutz, Rn. 73; MüKoZPO/Heinze, 2.Aufl., Vor § 916, Rn. 69; Leipold, ZZP 90, S. 266; Stein/Jonas/Grunsky, Vor § 935, Rn. 32; Musielak, Rn. 757; Baur, ZFA 1997, S. 482.

625 Baur, ZFA 1997, S. 482.

626 Thomas/Putzo/Reichold, ZPO, § 935, Rn. 6.

2. Verfügungsanspruch

Schließlich braucht der Antragsteller einen Verfügungsanspruch. Orientiert am Inhalt der einstweiligen Verfügung zielt dieser Anspruch nicht auf eine Ablehnung des Schiedsrichters, sondern auf die Bewahrung von Geschäftsgeheimnissen bis zur Entscheidung des OLG über die Ablehnung des Schiedsrichters. Dementsprechend stützt der Antragsteller seinen Anspruch auch auf die wechselseitigen Verschwiegenheitspflichten der Schiedsparteien. Die Verschwiegenheitsverpflichtung kann sich aus mehreren Verhältnissen ergeben.[627] Sind die Parteien Gesellschafter einer gemeinsamen Gesellschaft, ergibt sich die Verschwiegenheitspflicht als Teil ihrer gesellschaftsrechtlichen Treuepflicht. Besteht zwischen den Parteien eine Geschäftsbeziehung, ergibt sich die Pflicht zur Verschwiegenheit aus der Pflicht zur Rücksichtnahme gemäß § 241 II BGB.[628] Das Ausmaß dieser Pflicht hängt davon ab, welchen Gefahren sich die Parteien gegenseitig aussetzen.[629] Schließlich kann sich die Verschwiegenheitspflicht aus dem reinen Prozessrechtsverhältnis der Parteien ergeben, welches ein Rechtsverhältnis begründet, aus dem sich ebenfalls Treue- und damit auch Verschwiegenheitspflichten ergeben.[630] Dem gegenüber steht das Interesse des Antragsgegners an der zügigen Durchführung des Schiedsgerichtsverfahrens unter dem von ihm benannten Schiedsrichter. Dazu gehört auch der notwendige und – wie bereits erörtert – in Grenzen zulässige Kontakt zwischen Partei und Schiedsrichter. Die Entscheidung über die Begründetheit des Verfügungsanspruches erfordert schließlich eine Abwägung der betroffenen Interessen, ob die einstweilige Verfügung unter Berücksichtigung der vorgestellten möglichen Konsequenzen ein angemessenes Mittel zur Unterbindung des Informationsflusses zwischen Schiedsrichter und Partei darstellt.

Im Ergebnis überwiegen die Interessen des Antragsstellers diejenigen des Antragsgegners und führen zu einem Verfügungsanspruch. Zwar ist der Antragsgegner für die Dauer der einstweiligen Verfügung, also bis zur Entscheidung des OLG über die Ablehnung des Schiedsrichters, daran gehindert, Schriftsätze beim Schiedsgericht einzureichen und mit seinem Schiedsrichter zu kommunizieren. Für diesen Zeitraum entfaltet die einstweilige Verfügung nämlich ihre befriedigende Wirkung. Dieser Nachteil ist aber im Verhältnis zur Gefahr des Verlustes von Geschäftsgeheimnissen angemessen. Denn zum einen befindet sich das

627 Näheres dazu siehe unten Teil 4.

628 Palandt/Grüneberg, § 241, Rn. 6, 7; MüKo/Bachmann/Roth, § 241, Rn. 48.

629 MüKo/Bachmann/Roth, § 241, Rn. 51.

630 Allgemeine Meinung, statt aller: MüKoZPO/Rauschner, Einleitung, Rn. 29 ff.

Schiedsgericht zum Zeitpunkt der Beantragung der einstweiligen Verfügung noch im internen Konstituierungsprozess. Es kann zu diesem Zeitpunkt daher noch keinen materiellen Fortschritt im Schiedsgerichtsverfahren gewährleisten und wird mithin auch nicht aufgehalten. Aufgehalten wird hingegen der schiedsgerichtsinterne Prozess der Konstituierung. Je nach Substanz des Ablehnungsvortrages werden die beiden bereits benannten Schiedsrichter die Entscheidung des OLG hinsichtlich der Ablehnung des Schiedsrichters abwarten, bevor sie Gefahr laufen, den Einigungsprozess bezüglich des Vorsitzenden Schiedsrichters wiederholen zu müssen. Aber auch dieses Abwarten ist angemessen, schließlich ist die Situation vergleichbar mit der Fortsetzung des Schiedsgerichtsverfahrens bei der Entscheidung des OLG über die Ablehnung gemäß § 1037 III 2 ZPO, bei der das Schiedsgericht die gleiche Entscheidung zu treffen hat.

Zum anderen hat die einstweilige Verfügung tatsächlich nur eine vorläufige und keine endgültig befriedigende Wirkung und nimmt auch nicht die Hauptsache vorweg. Die Einschränkung des Antragsgegners reicht nur bis zur Entscheidung des OLG über die Ablehnung des Schiedsrichters. Die bis dahin untersagte Einreichung von Schriftsätzen beim Schiedsgericht kann nämlich – nach der Entscheidung des OLG über die Besetzung des Schiedsgerichts – ohne bleibenden Nachteil und vertretbarer zeitlicher Verzögerung für den Antragsgegner nachgeholt werden. Damit wird auch klar, dass die einstweilige Verfügung keine Aussage darüber trifft, ob der benannte Schiedsrichter auch tatsächlich vom OLG abgelehnt wird. Auf diese Weise wird eine Vorwegnahme der Hauptsache vermieden. Der Grund dafür ist die Natur der beantragten einstweiligen Verfügung als eine vorübergehende Maßnahme zur Sicherung der Integrität der Geschäftsinterna, nach deren Ende das Schiedsverfahren weitergeführt werden kann. Die einstweilige Verfügung selbst steht mit dem Schiedsverfahren nur mittelbar in Verbindung. Ihre Wirkung beschränkt sich vielmehr unmittelbar auf die Sicherung der Geschäftsgeheimnisse und die dahinterstehenden Gesellschafterpflichten.

Sollte das zuständige OLG die Besetzung des Schiedsgerichts mit einem Konkurrenten für rechtmäßig erachten, setzt sich das Verfahren allein mit zeitlicher Verzögerung fort. Gibt das OLG aber dem Ablehnungsantrag statt, beginnt das Bestellungsverfahren zumindest für den Antragsgegner von vorne. Auf einen etwaigen Zeitverlust kann der Antragsgegner sich dann ohnehin nicht berufen, weil er diesen Umstand durch seine Schiedsrichterwahl selbst hervorgerufen hat („venire contra factum proprium“). Aber selbst dann ist bei den in Rede stehenden, möglicherweise beeinträchtigten Interessen, ein Zeitverlust hinnehmbar. Bei der beantragten einstweiligen Verfügung handelt es sich damit zwar um eine Leistungs- oder Befriedigungsverfügung, mit der aber gerade kein Ergebnis des

Schiedsverfahrens vorweggenommen, sondern nur das berechtigte Interesse des Antragstellers an der Integrität der Betriebsgeheimnisse gewahrt wird. Bis zur Entscheidung des zuständigen OLG darf der Kontakt zwischen Schiedsrichter und Schiedspartei daher mittels einstweiliger Verfügung unterbunden werden. Gleichzeitig wird an diesem Ergebnis deutlich, dass Unterlassungsverfügungen die Möglichkeit bieten, ein vermittelndes Ergebnis zu erreichen und nicht nur der Alternative des „Alles oder Nichts"-Prinzips folgen.[631]

a) Entscheidung des *LG Hamburg* vom 8. August 2006

Zu einem identischen Ergebnis kommt das *LG Hamburg* in seinem Beschluss vom 8. August 2006, Az.: 329 O 222/06, in dem es über eine vergleichbare Situation zu entscheiden hatte:

> *„... Gegenstand des vorliegenden Verfügungsverfahrens ist es nicht, abschließend zu entscheiden, ob der Konkurrent Schiedsrichter sein kann oder nicht. Es geht lediglich darum, ob die Antragsteller einen Anspruch darauf haben, dass der Wettbewerber keine Informationen über die streitgegenständliche Gesellschaft erhält, bis über diese Frage entschieden ist. Angesichts der Gefahr, die besteht, wenn ein Konkurrent Informationen über Geschäftsinterna erhält, und angesichts dessen, dass für den Antragsgegner keine wesentlichen Nachteile ersichtlich sind, wenn er vor der Weitergabe von Informationen die Klärung der Frage, ob der Konkurrent zurecht als Schiedsrichter abgelehnt wird, abwartet, sind an die Untersagungsverfügung keine allzu hohen Anforderungen zu stellen. ... In einer Abwägung der betroffenen Interessen erscheint es zur Gewährleistung effektiven Rechtsschutzes lediglich geboten, die Weitergabe von Interna zu verhindern, bis von dem dazu berufenen Gericht über den entsprechenden Antrag entschieden worden ist."*

b) Entscheidung des *HansOLG Hamburg* vom 23. Februar 2007

Dieser Einschätzung schließt sich das *HansOLG Hamburg* in seinem nichtöffentlichen Beschluss vom 23. Februar 2007, Az.: 11 W 111/06; 329 O 222/06 an. Das Gericht hatte im Fall einer Auseinandersetzung unter Gesellschaftern derselben Gesellschaft zu entscheiden:

> *„... [Mit der Bestellung eines Konkurrenten zum Schiedsrichter] würden einem Wettbewerber, unabhängig von der ihm obliegenden Verschwiegenheitspflicht, Interna*

631 Dafür aber Minnerop, Materielles Recht und einstweiliger Rechtsschutz, S. 78 in Fn. 155; Ahrens/Ahrens, Kap. 48, Rn. 1 (das gilt besonders für das Wettbewerbsrecht); Minnerop, Materielles Recht und einstweiliger Rechtsschutz, S. 78 in Fn. 155; Pastor, Der Wettbewerbsprozess, 3. Aufl., S. 286, 354.

der Gesellschaft offenbart, wenn das Schiedsverfahren mit der von dem Antragsgegner angestrebten Besetzung durchgeführt werden würde. Angesichts dieser Besonderheit muss es den Antragstellern ausnahmsweise gestattet sein, sich gegen eine Offenbarung von Firmeninterna im Wege des einstweiligen Rechtsschutzes für einen befristeten Zeitraum zur Wehr zu setzen. ...

Mit dem Erlass der einstweiligen Verfügung [wird] dem Antragsgegner im übrigen nicht die Möglichkeit genommen, sich [im Fall eines erfolglosen Ablehnungsverfahrens] in einem dann durchzuführenden Schiedsverfahren umfassend zu äußern. [Ist] die Ablehnung erfolgreich [...], [muss ein] anderer Schiedsrichter benannt werden, [damit der Antragsgegner] gegenüber dem abweichend zusammengesetzten Schiedsgericht umfassend Stellung nehmen [kann]. Die dem Antragsgegner obliegende gesellschaftsrechtliche Treuepflicht die auch im Rahmen der Benennung eines Schiedsrichters für ein durchzuführendes Schiedsverfahren zu beachten ist, gebietet es im vorliegenden Fall, zum Schutz der Gesellschaft und der Interessen der Mitgesellschafter ausnahmsweise die Freiheit der Unterrichtung des Schiedsrichters bis zur Entscheidung im Ablehnungsverfahren einzuschränken. ... Vielmehr ist es in einem solchen Fall ausnahmsweise gerechtfertigt, einen Informationsfluss vertraulicher, unternehmensinterner Daten zwischen Schiedspartei und von ihr benanntem Schiedsrichter bis zur Entscheidung über das Ablehnungsverfahren im Wege der einstweiligen Verfügung zu untersagen.

Teil 4: Bestellung bzw. Ablehnung eines Konkurrenten als Schiedsrichter

Schließlich ist im letzten Teil nach der Freiheit bei der Unterrichtung des Schiedsrichters nun die Freiheit bei der Auswahl des Schiedsrichters zu untersuchen. Die Freiheit bei der Auswahl der Schiedsrichter bestimmt schließlich, welche Person als Schiedsrichter bestellt und welche abgelehnt werden kann. Die Auseinandersetzung um die Besetzung des Schiedsrichteramtes stellt damit sowohl den abschließenden Teil des Verfahrens als auch dieser Arbeit dar. Es handelt sich um die Hauptsache, die in letzter Instanz vor dem OLG verhandelt wird und aus diesem Grund auch außerhalb des Verfahrens der einstweiligen Verfügung zur vorläufigen Regelung des Kommunikationsstopps dargestellt wird.

Wie bei den vorherigen Untersuchungen wird auch die Bestellungsfreiheit von Schiedsrichtern maßgeblich durch die Schiedsvereinbarung beeinflusst. Eine unvollständige Schiedsvereinbarung birgt daher auch in diesem Fall weitere Unsicherheiten für die Parteien und erlangt aufgrund der besonderen Treuepflichten und ihren Folgen bei deren Zuwiderhandlung besondere Brisanz bei gesellschaftsinternen Streitigkeiten. Denn nicht selten hat das Ende einer intensiv geführten Auseinandersetzung unter Gesellschaftern für eine der Parteien auch das Ausscheiden aus der Gesellschaft zur Folge. Die Beantwortung der aufgeworfenen Frage soll daher im Folgenden am Beispiel eines gesellschaftsinternen Verhältnisses dargestellt werden. Besteht nämlich zwischen den Parteien „bloß" eine Geschäftsbeziehung wie im beispielhaften Fall zwischen Edeka und Coca-Cola, drohen solche Konsequenzen nicht. Zwar bleibt auch dort das Vertrauensverhältnis der Parteien gestört. Gleichwohl sind sie nicht als Gesellschafter miteinander verbunden und können sich daher neue Geschäftspartner suchen.

Um die Gestaltungsfreiheit bei der Auswahl der Schiedsrichter bestimmen zu können, bedarf es eines Überblicks über die Grundprinzipien bei der Besetzung eines Schiedsgerichts. Dieser soll am Beispiel gesellschaftsrechtlicher Pflichten der Gesellschafter einer Personengesellschaft erfolgen. Hierbei wird sichtbar, dass sich die dort gewonnenen Erkenntnisse im Wesentlichen auch auf Gesellschaften anderer Rechtsform übertragen lassen. Als Beispiel dient dafür folgende Ausgangssituation:

> Die Partner einer hoch spezialisierten Rechtsanwaltskanzlei streiten sich über die Bewertung ihrer Geschäftsanteile. Dafür werden Mandantenverträge, Vertriebsstatistiken und der unter den Partnern ausgetauschte Schriftwechsel ausgewertet. Der

Gesellschaftsvertrag sieht für interne Auseinandersetzungen die Zuständigkeit des Schiedsgerichts vor. Als Qualifikation für die Schiedsrichter wird die Zulassung als Rechtsanwalt festgelegt. Eine der Parteien erhebt Schiedsklage und bestellt einen Rechtsanwalt eines konkurrierenden Dienstleisters als Schiedsrichter.

I. Besetzung des Schiedsgerichts bei einer Auseinandersetzung unter den Gesellschaftern über interne Angelegenheiten der Gesellschaft

Die Bestellung von Konkurrenten zu Schiedsrichtern ist im Schiedsgerichtsverfahren nicht unüblich.[632] Sie dient im besonderen Maße dem Zweck, die notwendige und von den Parteien angestrebte Sachkompetenz des Schiedsgerichts zu gewährleisten. Die Bestellung von Konkurrenten kann aber auch zu den bereits aufgezeigten Problemen führen, wobei der Verlust von Geschäftsgeheimnissen sicher zu den dringendsten Problemen gehört. Die Tauglichkeit von Konkurrenten insbesondere bei gesellschaftsinternen Auseinandersetzungen ist damit zweifelhaft, weil in diesen Fällen beinahe durchweg Geschäftsinterna zum Streitgegenstand gehören. Die Legitimität ihrer Bestellung ist daher am Fall einer Auseinandersetzung unter Gesellschaftern über interne Angelegenheiten der Gesellschaft zu untersuchen.

1. Einschränkung des Wahlrechts durch den Schiedsvertrag

Die Bestellung der Schiedsrichter wird in erster Linie durch die Vereinbarungen im Schiedsabrede bestimmt. Die Schiedsabrede ist bei einer gesellschaftsinternen Auseinandersetzung nicht selten bereits im Gesellschaftsvertrag formuliert. Im Idealfall bestimmen die Parteien dort, welche Personen als Schiedsrichter ernannt werden dürfen. Die Kompetenz hierzu gibt ihnen § 1035 I ZPO, wonach das Verfahren zur Bestellung des Schiedsrichters oder der Schiedsrichter den Parteien obliegt. Ebenso können die Parteien gemäß § 1036 II 1 2. Var. ZPO eigenständig Ablehnungsgründe vereinbaren. Beispielsweise können die Parteien positive (Ausübung eines bestimmten Amtes, Abschluss eines bestimmten Studiums) wie negative (Nichtausübung eines bestimmten Berufs, fehlende Verwandtschaftsbeziehungen) Voraussetzungen für die Ausübung des Schiedsrichteramtes bestimmen.[633] Die

632 Siehe dazu bereits Teil 1, IV.
633 MüKoZPO/Münch, § 1036, Rn. 7.

Herausforderung besteht hier wie im gesamten Schiedsgerichtsverfahren darin, eine vorausschauende und gleichzeitig greifbare Formulierung zu finden.[634] Andernfalls fehlt den antizipierten Ablehnungsgründen die Durchschlagskraft.[635]

Ihren Ursprung findet die Parteiernennung in der die Schiedsgerichtsbarkeit prägenden Vertragsfreiheit, wie sie auch in § 1035 ZPO zum Ausdruck kommt. Im Gegensatz zum staatlichen Gericht, dem der Bürger kraft staatlich gesetztem Recht unterworfen ist, beruht das Schiedsverfahren im Sinne der §§ 1025 ff. ZPO stets auf einem Rechtsgeschäft des Privatrechts[636], nämlich auf dem von den Parteien geschlossenen Schiedsvertrag gem. § 1029 ZPO.[637] Einer Entscheidung des Rechtsstreits durch einen Schiedsrichter, der nicht die vereinbarte Qualifikation besitzt, steht damit ein Ablehnungsgrund entgegen, sofern die betroffene Partei dieses Recht ausüben möchte.[638]

Bei der Erstellung des Schiedsvertrags besteht jedoch typischerweise die Gefahr, dass die Parteien diese Gestaltungsmöglichkeit nicht voll auszunutzen wissen bzw. mit einem derartigen Bestellungsverhalten des anderen Gesellschafters nicht rechnen. Unvollständige Vereinbarungen zur Bestellung der Schiedsrichter sind daher nicht die Ausnahme, sondern vielmehr die Regel. Zwar achten die Parteien im Rahmen des Schiedsvertrages noch darauf, eine bestimmte Qualifikation der Schiedsrichter zu vereinbaren, dass diese also beispielsweise Rechtsanwälte sein müssen. Gleichzeitig werden jedoch keine weiteren negativen Kriterien bestimmt, etwa dergestalt, dass der Schiedsrichter kein Rechtsanwalt sein darf, dessen ausgeübte Tätigkeit auf dem besonderen Gebiet der eigenen Gesellschaft liegt.

Die hier behandelte Konstellation – dass ein Konkurrent als Schiedsrichter bei einer gesellschaftsinternen Auseinandersetzung in einer Sozietät von Rechtsanwälten benannt wird – greift eine solche typische Formulierung der Schiedsparteien auf. Die beteiligten Gesellschafter haben sich im Schiedsvertrag darauf geeinigt, dass Schiedsrichter ausschließlich Rechtsanwälte sein dürfen. Das Recht, sich in Rechtsangelegenheiten aller Art „durch einen Rechtsanwalt seiner Wahl“ beraten zu lassen oder ihn als Schiedsrichter zu bestellen, ergibt sich aus § 1042 II ZPO, § 3 III BRAO. Die gesetzliche Verpflichtung des Rechtsanwaltes zur Verschwiegenheit gilt dabei gleichermaßen auf für sein Amt als Schiedsrichter, § 43 a II BRAO, §§ 18

634 MüKoZPO/Münch, § 1036, Rn. 42.

635 MüKoZPO/Münch, § 1036, Rn. 42.

636 RGZ 107, S. 352, 353; 108, S. 194, 198; 157, S. 106, 114; BGHZ 48, S. 35, 43; 128, S. 380, 383; MüKoZPO/Münch, Vor § 1025, Rn. 1.

637 Zur Rechtsnatur des Schiedsvertrages siehe z.B. MüKoZPO/Münch, § 1029, Rn. 6.

638 Kröll, ZZP 116, S. 204.

und 2 BORA.[639] Dieser Pflicht unterliegen nicht nur Geschäftsgeheimnisse, sondern auch der Gegenstand des Verfahrens. Darüber hinaus haben die Schiedsrichter bei entsprechender Weisung der Parteien sogar über das Verfahren selbst zu schweigen. Die Verschwiegenheitspflicht folgt aus dem Schiedsvertrag selbst, so dass ihre Missachtung zum Schadensersatz wegen Vertragsverletzung führt, aber nicht nach § 203 StGB strafbewehrt ist.[640] Damit scheint die Vereinbarung auf den ersten Blick dem Zweck des Schiedsverfahrens und vor allem den Interessen der Gesellschafter bei einer internen Auseinandersetzung zu genügen, weil dadurch scheinbar sichergestellt ist, dass keine Informationen des Schiedsverfahrens nach außen getragen werden. Das Gegenteil ist jedoch der Fall. Die Vielzahl der Anwälte und ihr breit gefächertes Betätigungsfeld haben zur Folge, dass auch einem konkurrierendem Rechtsanwalt das Amt des Schiedsrichters angetragen werden kann. Anhand der Schiedsklausel, die eine Qualifikation des Schiedsrichters als Rechtsanwalt vorsieht, lässt sich argumentieren, dass es sich bei dem Schiedsrichter zwar auch um einen Konkurrenten, in erster Linie aber um ein weiteres Mitglied des zum typischen Berufsbild gehörenden Rechtsanwalts handelt. Es ist daher festzuhalten, dass die Formulierung im Schiedsvertrag „Der Schiedsrichter muss ein Rechtsanwalt sein“ zunächst keine klaren Verhältnisse in Bezug auf die Bestellung eines Konkurrenten zum Schiedsrichter schafft. Sie ist in dieser Form nicht präzise genug, um die Bestellung eines Konkurrenten zum Schiedsrichter von vornherein zu verhindern. Unter diesen Umständen ist es notwendig zu erörtern, welche anderen Faktoren bei der Bestellung eines Konkurrenten zum Schiedsrichter zu beachten sind.

2. Pflichten aus der gesellschaftsrechtlichen Treuepflicht

Ein Leitfaden bei der Bestellung von Schiedsrichtern ist neben dem Schiedsvertrag die gesellschaftsrechtliche Treuepflicht, welcher jedes Mitglied einer Gesellschaft unterliegt.[641] Die gesellschaftsrechtliche Treuepflicht ist ein zentraler Rechtssatz des Gesellschaftsrechts auf der Grundlage des Gesellschaftsvertrages. Aus dieser Treuepflicht können sich je nach Lage des Falles und Gesellschaftsform Unterlassungs- und Handlungspflichten der Gesellschafter ergeben. Die Treuepflicht

---

639 Glossner/Bredow/Bühler, Rn. 252; MüKoZPO/Münch, § 1052, Rn. 3; grundlegend: Prütting, FS Schwab, S. 409 ff.; differenzierend: Stein/Jonas/Schlosser, Vor § 1025, Rn. 13; Schütze/Tschernig/Wais, S. 119.

640 MüKoZPO/Münch, Vor § 1025, Rn. 57.

641 MüKo/Ulmer, § 705, Rn. 221; Bamberger/Roth/Schöne, § 705, Rn. 101; Soergel/Hadding, § 705, Rn. 58; Erman/H.P. Westermann, § 705, Rn. 49.

bezieht sich nicht einseitig auf das Verhältnis des Gesellschafters zur Gesellschaft, sondern verpflichtet den Gesellschafter ebenso gegenüber seinen Mitgesellschaftern.[642] Sie trifft sämtliche Geschäftsführungsorgane unabhängig von der Rechtsform der Gesellschaft, der sie angehören. Damit gilt sie für Vorstände einer AG gleichermaßen wie für die Geschäftsführer eine GmbH sowie für die geschäftsführenden Gesellschafter einer Personengesellschaft.[643] Bei der Wahrnehmung ihrer vielfältigen Aufgaben haben sich die Geschäftsführer in erster Linie an den Interessen der Gesellschaft zu orientieren und Nachteile von ihr abzuwenden.[644] Die Treuepflicht verpflichtet die Gesellschafter ferner, bei der Leitung der Gesellschaft ihre eigenen Interessen mit denen der Gesellschaft zu harmonisieren und – sofern diese eine Schnittmenge bilden – sogar zurückzustellen, um ihre Aufmerksamkeit ganz der Verwirklichung des Gesellschaftszwecks zu widmen.[645].

Die Ausprägung der Treuepflicht wird dabei zum einen maßgeblich bestimmt durch die Vereinbarungen im Gesellschaftsvertrag, dem Gesellschaftszweck sowie die Anzahl der Gesellschafter.[646] Zum anderen wird die Treuepflicht davon geprägt, in welchem Maß das Erreichen des Gesellschaftszwecks mit dem Einsatz der Gesellschafter verbunden ist.[647] Gleicher Meinung ist *Karsten Schmidt*, der hierzu ausdrücklich hervorhebt, dass das Ausmaß der Treuepflicht von der Realstruktur der Gesellschaft und von den Umständen des Einzelfalls abhängt: „Je personalistischer die Struktur der Gesellschaft ist, um so intensiver sind die Treuepflichten."[648]

a) Pflicht zur Verschwiegenheit

Ausfluss der einem Gesellschafter obliegenden Treuepflicht ist die Pflicht zur Verschwiegenheit.[649] Die Einhaltung dieser Verschwiegenheitsverpflichtung ist im Fall der Bestellung eines Konkurrenten von besonderer Bedeutung, weil

---

642 MüKo/Ulmer, § 705, Rn. 223; Bamberger/Roth/Timm/Schöne, § 705, Rn. 105; Soergel/Hadding, § 705, Rn. 58; Erman/H.P. Westermann, § 705, Rn. 49.

643 Staub/Ulmer, HGB, § 114, Rn. 37, 38. Gemäß § 6 III PartGG findet in einer Personengesellschaft § 114 HGB auf die Partnergesellschaft entsprechende Anwendung.

644 Vgl. Staudinger/Habermeier, § 705, Rn. 50 f.; Staub/Ulmer, HGB, § 114, Rn. 37; MüKo/Ulmer, § 705, Rn. 226.

645 Staub/Ulmer, HGB, § 114, Rn. 45; Bamberger/Roth/Timm/Schöne, § 705, Rn. 102.

646 Bamberger/Roth/Timm/Schöne, § 705, Rn. 102; MüKoHGB/Schmidt, § 105, Rn. 190.

647 Bamberger/Roth/Timm/Schöne, § 705, Rn. 102; MüKo/Ulmer, § 705, Rn. 224.

648 MüKoHGB/Schmidt, § 105, Rn. 190 f.

649 Großkommentar AktG/Hopt, § 93, Rn. 72; MüKoAktG/Spindler, § 93, Rn. 96; Müller, NJW 2000, S. 3452, 3453; Hüffer, AktG, § 93, Rn. 6.

der Konkurrent von einer Partei verschwiegenheitspflichtige Informationen erhält. Eine gesetzliche Regelung zur Verschwiegenheitspflicht findet sich zwar weder im Rahmen des BGB noch des HGB. Es entspricht jedoch allgemeiner Meinung, dass die korrespondierenden Grundsätze, die für Vorstände einer AG (§ 93 I 1, 3 AktG) bzw. Geschäftsführer einer GmbH (§ 43 I GmbHG) gelten, nicht rechtsformspezifischer Art sind, sondern auf die Leitung von Personengesellschaften inhaltsgleich zu übertragen sind.[650] Damit gehört zu den Treuepflichten des geschäftsführenden Gesellschafters gegenüber seiner Gesellschaft auch die – zumindest in § 93 I 3 AktG ausdrücklich geregelte – Verschwiegenheitspflicht. Der Gesetzgeber konkretisiert die Verschwiegenheitspflicht in § 93 I 3 AktG dabei ausdrücklich auf Angaben und Geheimnisse der Gesellschaft, die den Vorstandsmitgliedern durch ihre Tätigkeit im Vorstand bekannt geworden sind. Dazu gehören zum einen Betriebs- und Geschäftsgeheimnisse wie beispielsweise Daten über Herstellungsprozesse, Kostenstrukturen oder Investitionsmaßnahmen.[651] Die Verschwiegenheitspflicht erfasst zum anderen aber auch die gesellschaftsinternen Angelegenheiten, insbesondere das Abstimmungsverhalten der Gesellschafter, an deren Geheimhaltung die Gesellschaft ein objektives Interesse hat.[652] Kommt es daher zu einer gesellschafterinternen Auseinandersetzung, ist davon auszugehen, dass auch Geschäftsgeheimnisse Gegenstand des Verfahrens werden.

Vor diesem Hintergrund ist zu berücksichtigen, dass die Verschwiegenheitsverpflichtung gegenüber der Gesellschaft besteht und im Falle ihrer Verletzung einen die Gesellschaft begünstigenden Unterlassungsanspruch begründet. Daher kommt den Interessen der Gesellschaft auch dort, wo die Rechte des Gesellschafters nicht nachteilig tangiert werden, absoluter Vorrang zu.[653] Drohen die Interessen von Gesellschafter und Gesellschaft zu kollidieren, darf der Gesellschafter unter dem Gesichtspunkt der Treuepflicht seine Gesellschaftsrechte nicht willkürlich und ohne Rücksicht auf die gemeinsamen Interessen, sondern nur im schonendsten Maße unter Berücksichtigung des Verhältnismäßigkeitsgrundsatzes ausüben.[654] Das gilt umso mehr, wenn es sich um eine Personengesellschaft handelt, in der das Vertrauen der Gesellschafter untereinander einen noch höheren Stellenwert einnimmt als z.B. in Kapitalgesellschaften, weil der Kreis der Gesellschafter in der

650 Staub/Ulmer, HGB, § 114, Rn. 37, 38 a.E.; Schlegelberger/Martens, HGB, § 114, Rn. 29.
651 Staub/Ulmer, HGB, § 114, Rn. 38.
652 Staub/Ulmer, HGB, § 114, Rn. 38; MüKoHGB/Enzinger, § 118, Rn. 29.
653 Staub/Ulmer, HGB, § 105, Rn. 239.
654 Staub/Ulmer, HGB, § 105, Rn. 240.

Regel deutlich kleiner ist. Zwar kann in Ausnahmefällen auch die Schweigepflicht zurücktreten. Im Regelfall genießt sie jedoch Priorität vor dem Eigeninteresse des Gesellschafters.[655] Tritt die Schweigepflicht eines Gesellschafters tatsächlich einmal hinter seinen Eigeninteressen zurück, verpflichtet die Treuepflicht den Gesellschafter gleichwohl zur schonenden Ausübung seiner Rechte gegenüber der Gesellschaft als auch seinen Mitgesellschaftern.[656]

b) Grenzen der Verschwiegenheitspflicht des Gesellschafters

Die Verschwiegenheitsverpflichtung der Gesellschafter findet allerdings dort ihre Grenze, wo die Weitergabe von Informationen im Interesse der Gesellschaft liegt.[657] Im Rahmen des Gesellschafterverhältnisses können Umstände eintreten, bei denen die Schweigepflicht des Gesellschafters mit seinen Eigeninteressen kollidiert.[658] Bedeutet die Einhaltung der Schweigepflicht für den Gesellschafter eine unzumutbare Beeinträchtigung seiner Eigeninteressen, tritt die Schweigepflicht ausnahmsweise dahinter zurück.[659] Typischerweise kommt es dazu bei Auseinandersetzungen innerhalb des Gesellschafterkreises, etwa bei der Hinauskündigung eines Gesellschafters.[660] Im Interesse des betroffenen Gesellschafters kann es in so einer Situation erforderlich – aber auch verpflichtend[661] – sein, betriebsfremde, insbesondere selbst zur Verschwiegenheit verpflichtete Personen, wie z.B. Rechtsanwälte, Wirtschaftsprüfer oder Steuerberater, über vertrauliche Angelegenheiten der Gesellschaft zu informieren, damit diese dessen Rechte wahrnehmen oder sie beraten können.[662] Es sind weitere Fälle denkbar, in denen der Gesellschafter aufgrund seiner Treuepflicht gegenüber der Gesellschaft dazu verpflichtet ist, nachteilige und rechtswidrige Beschlussfassungen seiner Mitgesellschafter anzufechten, obwohl staatliche Gerichtsverfahren bis auf die ausdrücklich geregelten Ausnahmen in §§ 170 ff. GVG öffentlich sind. Vor diesem Hintergrund kann

655 MüKoAktG/Spindler, § 93, Rn. 116.

656 Großkommentar AktG/Hopt, § 93, Rn. 206; KölnerKommAktG/Mertens, § 93, Rn. 82; MüKo/Ulmer, § 705, Rn. 229; Erman/H.P. Westermann, § 705, Rn. 52.

657 MüKoAktG/Spindler, § 93, Rn. 116.

658 MüKoAktG/Spindler, § 93, Rn. 116.

659 MüKoAktG/Spindler, § 93, Rn. 116.

660 MüKoAktG/Spindler, § 93, Rn. 116; Großkommentar AktG/Hopt, § 93, Rn. 215

661 Großkommentar AktG/Hopt, § 93, Rn. 84.

662 BGHZ 64, S. 325, 331 f.; Großkommentar AktG/Hopt, § 93, Rn. 211, 212; MüKoAktG/Spindler, § 93, Rn. 116; Hüffer, AktG, § 93, Rn. 8; KölnerKommAktG/Mertens, § 93, Rn. 82.

auf die Offenbarungspflicht der Vorstandsmitglieder für die Durchführung von Anfechtungsklagen gegen Hauptversammlungsbeschlüsse hingewiesen werden, die keine Verletzung der Pflicht zur Verschwiegenheit darstellen, auch wenn der Verschwiegenheit unterliegende Tatsachen in den Prozess eingeführt werden.[663] In diesem Zusammenhang begründet der zur entsprechenden Anwendung herangezogene § 93 AktG auch keine Unterlassungsverpflichtung. Denn § 93 AktG verbietet allein die Offenbarung an Dritte. Staatliche Gerichte und auch Schiedsgerichte sind aber nicht als „Dritte" im Sinne des Aktiengesetzes zu qualifizieren. Vertraut sich der Gesellschafter im Rahmen einer solchen Auseinandersetzung einer Person an, die notwendigerweise ebenfalls der Schweigepflicht unterliegt, so kann er die Entscheidung darüber alleine treffen.[664] Eine Ausnahme besteht nur in den Fällen, in denen es sich um zentrale Geschäftsgeheimnisse handelt. In diesen Fällen ist die Zustimmung sämtlicher Gesellschafter erforderlich.[665]

3. Auslegung der Schiedsvereinbarung im Licht der gesellschafterlichen Treuepflicht und abschließende Beurteilung der Bestellung eines Konkurrenten zum Schiedsrichter

Anhand der dargestellten Pflichten ist nun die Bestellung eines Konkurrenten als Schiedsrichter zu bewerten. Dafür ist die isolierte Darstellung der gesellschafterlichen Treuepflicht in dieser Konstellation nicht ausreichend. Vielmehr ist die Verankerung der Schiedsabrede im Gesellschaftsvertrag zu berücksichtigen. Hierüber kommt der Bestellung eines Schiedsrichters gesellschaftsrechtlicher Charakter zu, wodurch die Ausübung dieses Rechts der gesellschaftsrechtlichen Treuepflicht unterliegt. Um die zulässigen Verhaltensregeln der Schiedsparteien zu bestimmen, ist es angezeigt, den Schiedsvertrag – als Fundament des Bestellungsrechtes der Schiedsparteien – im Lichte der gesellschafterlichen Treuepflicht auszulegen. Dafür werden die bestehende Interessenlage und der mit dem Rechtsgeschäft verfolgte Zweck begutachtet, um den Bedeutungsgehalt dieser Erklärung festzustellen.[666] Nach Auffassung der Rechtssprechung ist dabei das Gesamtverhalten

663 Großkommentar AktG/Hopt, § 93, Rn. 209.

664 MüKoAktG/Spindler, § 93, Rn. 116, 124; Müller, NJW 2000, S. 3452, 3453; Veith, NJW 1966, S. 526, 528; weniger weitgehend: Spieker, NJW 1965, S. 1942.

665 MüKoAktG/Spindler, § 93, Rn. 124.

666 BGHZ 2, S. 379, 385; BGH, NJW 1994, S. 2228; BGH, NJW 2002, S. 746, 747.

der Erklärenden einschließlich aller Nebenumstände, etwaiger Vorbesprechungen, sowie des Zwecks der Erklärung zu werten.[667]

a) Sachkompetenz des Schiedsrichters

Bei der Auslegung sind das Wesen des Schiedsgerichtsverfahrens und die Gründe, die zum Abschluss der Schiedsvereinbarung geführt haben, zu berücksichtigen. Die Schiedsvereinbarung dient hauptsächlich dem Ziel, durch das Schiedsgericht eine besondere Sachkunde bei der Beurteilung des Streitgegenstandes zu gewährleisten. So gesehen könnte der Eindruck entstehen, dass die Parteien bewusst davon abgesehen haben, in dem Schiedsvertrag ausdrücklich zu regeln, dass konkurrierende Rechtsanwälte nicht Schiedsrichter sein können. Nicht umsonst betont daher auch *Franzen*, dass in einem gesellschaftsinternen Streit um ein Auseinandersetzungsguthaben der Beisitzer spezielle Branchenkenntnisse haben sollte.[668] Ähnlich formuliert es *Lachmann*, der fordert: „Jeder Schiedsrichter muss in der Materie, um die es in dem schiedsrichterlichen Verfahren geht, „Zu Hause“ sein. ... Es gibt keinen Schiedsrichter für alle Fälle“[669].

Verständigen sich die Parteien jedoch darauf, als Schiedsrichter nur Rechtsanwälte zu bestellen, ist dabei der „übliche Fall“ eines Rechtsanwaltes anzunehmen, den auch § 1 und § 3 I BRAO ansprechen, wenn sie den Rechtsanwalt als unabhängiges Organ der Rechtspflege (§ 1 BRAO) bzw. als unabhängigen Berater und Vertreter in allen Rechtsangelegenheiten bezeichnen (§ 3 I BRAO). Im Gegensatz dazu erscheint es aus Sicht der ablehnenden Partei abwegig, die Vollziehung einer Vereinbarung zu dulden, die im Fall einer internen Auseinandersetzung die Bestellung eines Wettbewerbers zum Schiedsrichter und diesem damit Zugriff und Zugang zu wesentlichen Geschäftsinterna ermöglicht. Hat der Konkurrent bei seiner Bestellung bereits von den Differenzen unter den Gesellschaftern erfahren, so werden ihm mit der nachfolgenden Einreichung der Klageschrift und den Verhandlungen die Geschäftsgeheimnisse auf dem Silbertablett serviert. Entsprechend dem Zweck des Schiedsgerichtsverfahrens, die Auseinandersetzung im besonderen Maße vertraulich zu halten, würden Sinn und Zweck des Schiedsvertrages konterkariert, weil man einem direkten Konkurrenten alle Details der Auseinandersetzung auf direktem Wege zuführte. Damit ist die Richtung über die Entscheidung der Ablehnung des Konkurrenten vorgegeben.

667 BGH, NJW-RR 2000, S. 1002, 1003; BGH, WM 1964, S. 906, BGH, DB 1975, S. 442; BAG, NJW 1971, S. 639, 640.

668 Franzen, NJW 1986, S. 299, 300.

669 Lachmann, Rn. 819.

Eine Ablehnung des Konkurrenten verstößt auch nicht gegen das Recht der Parteien, an der freien Auswahl ihres Schiedsrichters nicht gehindert zu werden. Anlass für das Schiedsverfahren ist, sach- und fachkundige Richter zur Entscheidung zu berufen. Die Argumentation, der darin liegende Vorteil würde durch die Ablehnung des Konkurrenten zunichte gemacht, verfängt gerade nicht. Der Ausschluss eines konkurrierenden Rechtsanwalts stellt keinen Eingriff in das Bestellungsrecht des Gesellschafters dar. Der Konkurrent ist nämlich nicht der einzige taugliche Vertreter, der die Interessen des Gesellschafters sachgerecht beurteilen kann. Bei genauer Betrachtung ist sogar das Gegenteil der Fall, weil der Konkurrent für die Beurteilung der gesellschaftsinternen Auseinandersetzung gerade nicht die nötige Sachkompetenz mitbringt. Zur Beurteilung der notwendigen fachlichen Kompetenz des Schiedsrichters ist in der Hauptsache der Gegenstand der Auseinandersetzung maßgeblich. Im Fall einer gesellschaftsinternen Auseinandersetzung ist daher derjenige Experte, der sich mit gesellschaftsrechtlichen Fragestellungen bei einer Auseinandersetzung von Gesellschaftern beschäftigt und nicht derjenige, der im selben potentiellen Mandantenkreis mit denselben Aufträgen aktiv ist. Das gleiche Betätigungsfeld auf dem Gebiet einer Großkanzlei bietet nur vordergründig die geforderte Expertise. Die Sachkunde des Konkurrenten liegt womöglich mehr im Fachwissen über die Beratungsfelder des Wettbewerbers, nicht aber im Fachwissen über die Beilegungen gesellschaftsinterner Streitigkeiten. Diese stehen zwar in einem Zusammenhang mit dem nach außen sichtbaren Betätigungsfeld bzw. dem Kerngeschäft der in Rede stehenden Gesellschaft, sind aber in der Auseinandersetzung unter den Gesellschaftern nur von sekundärer Bedeutung. Am Maßstab der Kompetenz des Schiedsrichters orientiert hätte der Gesellschafter vielmehr einen erfahrenen Gesellschaftsrechtler bestellen können, der gerade nicht Gesellschafter eines der Hauptkonkurrenten ist. Unter diesen Voraussetzungen hätte er nicht nur ein weites Feld an potentiellen Schiedsrichtern vorfinden können, sondern auch einen echten Experten in das Schiedsrichtergremium entsandt, der auch aufgrund seiner beruflichen Spezialisierung nicht in Konflikt mit den Geschäftsgeheimnissen der streitbefangenen Gesellschaft gestanden hätte. Zuvorderst aber hätte er damit auch auf seine eigenen Interessen Rücksicht genommen, weil der Gesellschaftsrechtler aufgrund seiner Erfahrung ein qualifiziertes Urteil zu der internen Auseinandersetzung hätte abgeben können.

b) Schweigepflicht und Unteilbarkeit des Schiedsrichters

Der Konkurrent kann auch unter Berücksichtigung seiner Schweigepflicht nicht als Schiedsrichter verpflichtet werden. Zwar ist jeder Gesellschafter zur Wahrung seiner rechtlichen Interessen berechtigt, den strittigen Sachverhalt einem Gericht, einem Schiedsgericht oder einem zur Verschwiegenheit verpflichteten Berater vorzutragen. Die Schweigepflicht ist aber nicht das einzige Kriterium, das bei der Auswahl des Schiedsrichters zu berücksichtigen ist. In Fällen der vorliegenden Art, in denen dem zur Verschwiegenheit verpflichteten Gesellschafter das Recht zusteht, einen eigenen Schiedsrichter zu bestellen, hat er gleichzeitig auch immer die Treuepflicht gegenüber der Gesellschaft zu beachten. Im Rahmen seines Auswahlermessens hat der Gesellschafter infolgedessen dafür Sorge zu tragen, dass die Belange der Gesellschaft bestmöglich geschützt werden. Er hat zu bedenken, dass für die Ausübung der grundlegenden Gesellschafterrechte bzw. –pflichten sowohl einem Gericht als auch den beteiligten Schiedsrichtern betriebliche Interna mitgeteilt werden müssen.

Dieses Auswahlermessen ist nicht sorgfältig ausgeübt, wenn der Gesellschafter einen – wenn auch – zur Verschwiegenheit verpflichteten Konkurrenten als Schiedsrichter bestellt. Bei der – isolierten – Diskussion um die Verschwiegenheitspflicht des Schiedsrichters bleibt nämlich unberücksichtigt, dass diese mit seiner Eigenschaft als Schiedsrichter und Konkurrent in Personalunion unvereinbar ist. Die Schweigepflicht, die prinzipiell für den Konkurrenten als Schiedsrichter spricht, stößt in diesem Fall an ihre Grenzen, weil es für den Schiedsrichter nicht möglich ist, diese auch sich selbst gegenüber einzuhalten. Zwar ist es möglich, dass der Schiedsrichter die während des Schiedsverfahrens zu Tage getretenen Informationen für sich behält. Um der Schweigepflicht jedoch zur vollständigen Wirksamkeit zu verhelfen, müsste es dem Konkurrenten möglich sein, auch gegenüber dem anderen Teil in ihm, also gegenüber sich selbst als Konkurrenten, zu schweigen. Das ist jedoch nicht möglich, weil sich seine Person nicht zweiteilen lässt, sondern vielmehr unteilbar ist. Die Hauptursache, warum der Konkurrent daher nicht Schiedsrichter in einer gesellschaftsinternen Auseinandersetzung werden kann, ist also in der eigenen Person des Schiedsrichters begründet. Er kann sich eben außerhalb des Schiedsverfahrens – nämlich in seiner Rolle als Konkurrent – nicht mehr von dem im Schiedsverfahren erlangten Wissen trennen. Dass ein Wettbewerber in diesem Fall nicht Schiedsrichter werden kann wird vor dem Hintergrund der Schweigepflicht umso deutlicher, weil diese gerade dem Erhalt und Schutz der Wettbewerbsfähigkeit der Gesellschaft zu dienen bestimmt ist.[670] Dieser Zweck würde durch die Bestellung des Konkurrenten gerade konterkariert. Die Unzulässigkeit seiner Bestellung gründet daher nicht in dem Vorwurf, dass der Schiedsrichter seine Schweigepflicht

670 Großkommentar AktG/Hopt, § 93, Rn. 190.

willentlich verletzt. Sie besteht vielmehr in dem natürlichen Unvermögen des Schiedsrichters, sich selbst nicht vor dem Gewinn fremder Betriebskenntnisse bewahren zu können, außer durch sein Fernbleiben vom Schiedsrichteramt. Daher lässt sich auch die Behauptung „Auch kommerzielle Konkurrenten einer Schiedspartei als Schiedsrichter sind nicht schon wegen dieser ihrer Eigenschaft befangen, auch nicht, wenn sie einem Unternehmen verbunden sind, dass sich um den streitgegenständlichen Auftrag beworben hatte“[671] nicht ohne die dafür nötige Einzelabwägung aufstellen.

Aufgrund der Personalunion von Schiedsrichter und Konkurrent fällt die Bestellung eines Konkurrenten damit gerade nicht unter die ausnahmsweise Befreiung von der Verschwiegenheitspflicht, die ansonsten bei der Hinzuziehung eines Rechtsanwaltes besteht.[672] Die Partei, die den Konkurrenten als Schiedsrichter ernannt hat, kann sich also nicht darauf auf dessen Verschwiegenheitspflicht als Schiedsrichter und Rechtsanwalt berufen, weil der Konkurrent in seiner Person unteilbar ist. Der Konkurrent kann sich bezogen auf das Schiedsverfahren nicht von seiner Tätigkeit als Schiedsrichter trennen. Im Hinblick auf das Schiedsverfahren kann daher gerade nicht in zulässiger Weise zwischen einerseits anwaltlicher und andererseits geschäftlich-konkurrierender Kenntniserlangung von Geschäftsgeheimnissen differenziert werden.

Tatsächlich ist diese Unteilbarkeit der Kenntniserlangung bereits Gegenstand der Rechtsprechung des BGH gewesen.[673] Die Entscheidung betraf das Wettbewerbsverbot eines Geschäftsführers einer GmbH und seine damit einhergehende Verpflichtung, die Geschäftschancen der Gesellschaft zu wahren und die eigenen Pläne der Selbstständigkeit hinter den Gesellschaftsinteressen zurück zu stellen. In diesem Urteil lehnte der BGH es ab zwischen privater und geschäftlicher Kenntniserlangung zu unterscheiden und bezeichnet die Loyalitätspflichten eines Geschäftsführungsmitgliedes als unteilbar.[674] Die Bestellung des Konkurrenten zum Schiedsrichter stellt in jedem Fall einen Nachteil für die Gesellschaft in Form des Geheimnisverlustes und damit auch eine Verletzung der Loyalitätspflichten des Gesellschafters dar. Vor diesem Hintergrund darf ein Gesellschafter keinen Konkurrenten zum Schiedsrichter bestellen. Die Möglichkeit der Bestellung eines Konkurrenten zum Schiedsrichter scheidet daher auch unter dem Gesichtspunkt der Verletzung der Treuepflicht aus.

---

671 Stein/Jonas/Schlosser, § 1036, Rn. 25.

672 Siehe Teil 4, 2. b).

673 BGH, ZIP 1985, S. 1481, 1485; BGH, NJW 1986, S. 585, 586.

674 MüKoHGB/Rawert, § 114, Rn. 48.

c) Entscheidung des HansOLG Hamburg

Zu diesem Ergebnis kommen auch die nicht veröffentlichten Beschlüsse des *HansOLG Hamburg*, die sich mit diesem Sachverhalt anlässlich eines Rechtsstreits in einer großen Rechtsanwaltsgesellschaft auseinandergesetzt haben.

aa) HansOLG Hamburg, Beschluss vom 23. Februar 2007, AZ 11 W 111/06; 329 O 222/06:

„[Mit der Benennung eines Konkurrenten zum Schiedsrichter...] würden einem Wettbewerber, unabhängig von der ihm obliegenden Verschwiegenheitspflicht, Interna der Gesellschaft offenbart, wenn das Schiedsverfahren mit der von dem Antragsgegner angestrebten Besetzung durchgeführt werden würde. Angesichts dieser Besonderheit muss es den Antragstellern ausnahmsweise gestattet sein, sich gegen eine Offenbarung von Firmeninterna [...] zur Wehr zu setzen, zumal die von den Antragstellern angeführten Gründe eine Ablehnung rechtfertigen dürften.

Denn selbst wenn ein Schiedsrichter von Vorteil sein mag, der über Spezialwissen in dem Geschäftsfeld der in Rede stehenden Gesellschaft verfügt, müssen dennoch Belange der Gesellschaft berücksichtigt werden und bürgt die Spezialisierung allein nicht für eine zufriedenstellende Lösung. Eine Ablehnung des Schiedsrichters kommt in Betracht, wenn der Schiedsrichter aus dem berufsständischen Milieu der einen Seite stammt und das Verfahren verallgemeinerungsfähige Belange dieser Seite berührt.[675] *Folglich kommt eine Ablehnung auch in dem Fall in Frage, in dem der Schiedsrichter besondere Belange und Interna der anderen Partei beurteilen und berücksichtigen muss, die für ihn selbst als Wettbewerber dieser Partei von wesentlicher Bedeutung sind oder sein können.“*

bb) HansOLG, 14. Senat, 10. Juli 2006, AZ: 14 Sch 2/06:

„Auch die Ausübung der Schiedsabrede, insbesondere das Verfahren zur Bestellung eines Schiedsrichters, dürfte maßgeblich mit beeinflusst werden durch die gesellschaftsrechtliche Treuepflicht der Mitglieder der Gesellschaft. Das hat auch Einfluss auf die Auswahl der in Betracht kommenden Schiedsrichter und setzt der freien Auswahl Grenzen. Diese Grenzen könnten dort überschritten werden, wo ein Wettbewerber mit sich überschneidenden Mandaten zum Schiedsrichter bestimmt wird und auf diese Weise Einblick in zentrale und geheimhaltungsbedürftige Vorgänge erhalten muss.“

---

675 Stein/Jonas/Schlosser, § 1036, Rn. 25.

4. Ergebnis

Die Treue- und Verschwiegenheitspflicht verpflichtet den Gesellschafter, das Wohl und die Interessen der Gesellschaft zu wahren und Nachteile von ihr abzuwenden.[676] Die unter die Treuepflicht fallende Schweigepflicht hat aber gerade gegenüber einem Konkurrenten in einem internen Verfahren höchste Priorität. Aufgrund der Unteilbarkeit des Schiedsrichters kann diese Pflicht zur Wahrung des gesellschafterlichen Interesses trotz Verschwiegenheitsverpflichtung nicht eingehalten werden, wenn der bestellte Schiedsrichter in Konkurrenz zu der Gesellschaft steht, deren Gesellschafter sich streiten. Der konkurrierende Schiedsrichter stößt bei der Ausübung seiner richterlichen Tätigkeit an seine Grenzen.[677] „Diese kennt keine halbe Neutralität"[678], genauso wenig wie eine halbe Verschwiegenheit. In Anbetracht der Bedeutung der gesellschafterlichen Treuepflicht und der Tatsache, dass den Interessen der Gesellschaft dort, wo die Rechte des Gesellschafters nicht negativ tangiert werden, absoluter Vorrang zukommt, kann die Bestellung eines Konkurrenten zum Schiedsrichter im Rahmen einer gesellschaftsinternen Auseinandersetzung nicht zugelassen werden.

Die Bestellung eines Schiedsrichters darf daher nicht willkürlich und ohne Rücksicht auf die gemeinsamen Gesellschaftsinteressen ausgeübt werden. Vielmehr hat der Gesellschafter zur Wahrung seiner Rechte das schonendste Mittel zu wählen. Dies liegt in der Einleitung des Schiedsverfahrens mit der Bestellung eines Schiedsrichters, welcher nicht einem unmittelbaren Wettbewerber des eigenen Unternehmens angehört. Nur auf diese Weise können sowohl die Interessen der Gesellschaft als auch die des Gesellschafters harmonisiert werden. Aus diesem Grund kommt die Bestellung eines Konkurrenten zumindest in solchen Fällen nicht in Betracht, in denen er als Schiedsrichter von der Kenntnisnahme aus dem Streitgegenstand zu Ungunsten einer Schiedspartei profitiert. Eine ungeschützte und vor allem ungerechtfertigte Weitergabe von Betriebsgeheimnissen an einen Konkurrenten ist mit der gesellschaftsrechtlichen Treuepflicht nicht zu vereinbaren. Zur Rechtfertigung der Bestellung des Konkurrenten zum Schiedsrichter kann

676 Staudinger/Habermeier, § 705, Rn. 50 f.

677 Lachmann, Rn. 974.

678 Jedenfalls zur Neutralität: Lachmann, Rn. 974; So im Ergebnis – gleiche Anforderungen an alle Schiedsrichter – auch: Zöller/Geimer, § 1036, Rn. 2; Lionnet, S. 252; MüKoZPO/Münch, 1036, Rn. 15 ff.; Raeschke-Kessler, FS Schlosser, 2005, S. 722, 723; Thomas/Putzo/Reichold, § 1036, Rn. 2; Lörcher/Lörcher, SchiedsVZ 2005, S. 179.

insofern auch nicht seine fachliche Kompetenz herangezogen werden. Wurde ein Konkurrent bereits als Schiedsrichter bestellt, kann er abgelehnt werden.

Welche Person als Schiedsrichter benannt werden darf hängt damit grundsätzlich vom Streitgegenstand ab. Handelt es sich um extern bekannte Daten, stehen der Bestellung eines Konkurrenten gemessen an denen in dieser Arbeit aufgezeigten Richtlinien keine Hindernisse im Weg. Stehen im Zentrum der Auseinandersetzung aber gesellschaftliche Interna, ist ein Konkurrent als Schiedsrichter von der Auseinandersetzung ausgeschlossen und kann im Falle seiner Bestellung abgelehnt werden. Im Rahmen einer gesellschaftsinternen Auseinandersetzung bedarf es zudem nicht der Besetzung des Schiedsgerichts mit einem Schiedsrichter aus dem Umfeld der Geschäftstätigkeit der Gesellschaft, sondern eines Experten für gesellschaftsrechtliche Themen.

II. Undurchführbarkeit des Schiedsverfahrens gemäß § 1032 ZPO:

Vor dem Hintergrund der Unzulässigkeit der Bestellung eines Konkurrenten zum Schiedsrichter kann man anschließend die Frage diskutieren, ob sich aus diesem Grund auch eine Undurchführbarkeit des Schiedsverfahrens herleiten lässt. Damit könnte die Partei, deren Schiedsrichter abgelehnt wurde, die Schiedsvereinbarung gemäß § 1032 ZPO kündigen. Üblicherweise wird dieser Einwand von der Partei kommen, deren Schiedsrichter abgelehnt wurde und die damit versucht, das Schiedsverfahren zu Fall zu bringen. Eine Undurchführbarkeit liegt vor, wenn sich die Durchführung des Schiedsverfahrens praktisch als unmöglich erweist, und zwar selbst dann, wenn der Grund von dem die Schiedsvereinbarung Kündigenden selbst verursacht oder gar verschuldet ist.[679] Präziser gesagt fallen darunter – insbesondere bei unvollständigen Schiedsverträgen – auch solche Fälle, in denen sich die Parteien über die Besetzung des Schiedsgerichts nicht einigen können und auch die ersatzweise vorgesehenen Bestellungsverfahren gemäß §§ 1035, 1039 ZPO erfolglos bleiben.[680] Entscheidend ist allein, ob es der sich auf die Undurchführbarkeit berufenden Partei zumutbar ist, in der schiedsvertraglichen Bindung

679 Lachmann, 2. Auflage, Rn. 401 mit Verweis auf BGHZ 41, S. 104, 108; BGHZ 51, S. 79, 82; BGHZ 77, S. 65, 67; Baumbach/Lauterbach/Hartmann, § 1029, Rn. 28; MüKoZPO/Münch, § 1029, Rn. 128.

680 Schwab/Walter, Kap. 7, Rn. 9; Baumbach/Lauterbach/Hartmann, § 1029, Rn. 27, 28.

zu verbleiben.[681] Gemäß § 1032 II i.V.m. § 1032 I ZPO entscheidet hierüber ebenfalls das zuständige OLG.

Abstrakt betrachtet ist Anlass für diese Überlegung die Ablehnung eines Schiedsrichters mit Sachverstand bezüglich des Geschäftsfeldes des streitbefangenen Unternehmens. Eine der herausgehobenen Vorzüge des Schiedsverfahrens ist gerade die Einberufung einer Expertenkommission. Mit der Entscheidung, dass es einer Partei bei einer gesellschaftsinternen Auseinandersetzung unter Gesellschaftern nicht möglich sei, einen solchen Experten – also den bereits benannten und auch jeden weiteren – einzusetzen, würde damit der betroffenen Partei möglicherweise der Wegfall einer der Standpfeiler des Schiedsverfahrens drohen. Die betroffene Partei könnte damit in der freien Wahl der Schiedsrichter eingeschränkt sein, wodurch sich die Schiedsvereinbarung für sie als undurchführbar erweisen würde.

Bezogen auf eine Auseinandersetzung unter den Gesellschaftern ist es aber nicht zwingend notwendig, einen direkten Wettbewerber als Schiedsrichter zu bestellen, weil die Auseinandersetzung in der Regel vor allem gesellschaftsrechtlicher Natur ist. Und darin liegt gerade nicht der berufliche Schwerpunkt der streitbefangenen Gesellschaft. Daher ist es der betroffenen Partei ohne weiteres möglich, einen Experten, der gleichzeitig Rechtsanwalt aber nicht Konkurrent ist, zu bestellen. Tatsächlich kommen für eine solche Aufgabe viele in Betracht. Rechtsanwälte führen Prozesse in den unterschiedlichsten Rechtsmaterien. Es ist nicht ungewöhnlich, dass ein Rechtsanwalt einen Anlagenbauprozess oder eine Auseinandersetzung um einen Softwarentwicklungsvertrag führt, ohne vorher ein Studium der Ingenieurswissenschaften oder der Informatik absolviert zu haben. Daher ist der Kreis der in Frage kommenden Juristen groß, weil das berufliche Tagesgeschäft regelmäßig eine Auseinandersetzung mit nicht bekannten Thematiken mit sich bringt.

Darüber hinaus begegnet der Antrag nach § 1032 II ZPO noch anderen Bedenken. Für den Fall der erfolgreichen Durchführung des Verfahrens gemäß § 1032 II ZPO läge die Zuständigkeit für die Auseinandersetzung wieder beim staatlichen Gericht, das die Angelegenheit gemäß Geschäftsverteilungsplan an die zuständige Kammer verweist. Die Auswahl des Entscheidungsgremiums wäre damit vollständig – entgegen der ursprünglichen Absicht im Schiedsvertrag – dem Belieben der Parteien entzogen. Damit sinkt für die antragstellende Partei die Wahrscheinlichkeit, dass es sich bei dem Richter um einen Experten bezüglich des Streitgegenstandes handelt. Vor diesem Hintergrund kann eine Undurchführbarkeit des Schiedsverfahrens nicht angenommen werden.

---

681 BGH, NJW 1964, S. 1129.

Teil 5: Endergebnis in Thesen, Entwurf einer Schiedsvereinbarung und Ausblick

I. Ergebnis in Thesen

1. Das Schiedsgerichtsverfahren soll verhindern, dass Geschäftsgeheimnisse öffentlich bekannt werden, die im Verlauf der gerichtlichen Verhandlungen Gegenstand des Verfahrens werden. Ein solcher Geheimnisverlust ist jedoch auch im Schiedsverfahren möglich, insbesondere wenn eine der beteiligten Parteien einen Konkurrenten zum Schiedsrichter bestellt. Ein erster Informationsgewinn des Konkurrenten ist sogar für die Gegenseite unvermeidlich. Er tritt ein, wenn der Schiedsrichter gefragt wird, ob er das Amt übernehmen möchte.
2. Das Bestellungsverfahren von Schiedsrichtern ist einerseits geprägt durch seinen privaten Charakter, andererseits durch das Gebot überparteilicher Rechtspflege. Das führt dazu, dass die Bestellung eines Schiedsrichters für die gegnerische Seite erst transparent wird, wenn ein Schiedsrichter benannt ist. Dieser Zeitpunkt bestimmt damit auch über den Beginn eines potentiellen Ablehnungsverfahrens.
3. Ausschlaggebend für die Bestellung eines Konkurrenten und die damit verbundenen Herausforderungen für die Bewahrung von Geschäftsgeheimnissen ist gerade bei ad hoc-Schiedsverfahren eine unvollständige Schiedsvereinbarung, die den Parteien eine freie Wahl der Schiedsrichter ermöglicht. Die Unvollständigkeit beruht auf der Vorstellung, dass Schiedsverfahren garantiere aus seiner Natur heraus bereits eine höhere Vertraulichkeit als das Verfahren vor den staatlichen Gerichten. Dabei steht bei der Wahl der Schiedsrichter regelmäßig deren berufliche Kompetenz im Vordergrund, die sie sich nicht selten auf dem selben Gebiet wie die Parteien erworben haben. Ihre berufliche Erfahrung wird dabei nicht lediglich als zulässig angesehen, sondern als besonderer Vorteil des Schiedsgerichtsverfahrens anerkannt. Das geht so weit, dass Schiedsrichter beispielweise nicht schon dann als befangen gelten, wenn sie einem Unternehmen verbunden sind, das sich selbst um den streitgegenständlichen Auftrag beworben hat. *Schlossers*[682] Standpunkt stellt

682 Stein/Jonas/Schlosser, § 1036, Rn. 25 a.E.

diesbezüglich eine der wenigen Ausnahmen dar. Er führt zutreffend aus, dass die grundsätzlich vorteilhafte Konstellation eines Wettbewerbers als Schiedsrichter dann anders einzuschätzen sei, wenn der Konkurrent als Schiedsrichter aus dem berufsständischen Milieu der einen Seite stammt und das Verfahren verallgemeinerungsfähige Belange dieser Seite berührt.

4. Schiedsrichter sollen über ihr hohes Maß an Kompetenz hinaus auch das Vertrauen der beteiligten Parteien genießen. Bei gesellschaftsinternen Auseinandersetzungen vor einem Schiedsgericht ist das Vertrauen der Parteien zueinander aber regelmäßig bereits zerbrochen. Auf dieser Basis ist es höchst unwahrscheinlich, dass beide Parteien dem jeweils von der anderen Partei benannten Schiedsrichter Vertrauen schenken werden. Es ist daher zutreffender, nur den Obmann des Schiedsgerichts als wahren neutralen Faktor des Schiedsverfahrens anzusehen.[683]
5. Für die Ablehnung eines Schiedsrichters stehen vier Verfahren zur Auswahl. Die Verfahren gemäß §§ 1036, 1037 und 1038 ZPO kommen zur Anwendung, wenn der Schiedsrichter nach Konstituierung des Schiedsgerichts abgelehnt werden soll. Insbesondere das Verfahren gemäß §§ 1036, 1037 ZPO bringt Herausforderungen bei der Ablehnung eines Konkurrenten mit sich. Haben die Parteien kein eigenes Ablehnungsverfahren vereinbart, entscheidet der abgelehnte Schiedsrichter nach dem Gesetzeswortlaut gemäß § 1037 II 2 ZPO über seine eigene Ablehnung mit und kommt auf diese Weise weiterhin mit den Geschäftsgeheimnissen in Berührung. Eine Ausnahme davon hat das *HansOLG Hamburg* dann in Aussicht gestellt, wenn es aus Gründen des effektiven Rechtsschutzes zum Schutz von Unternehmensgeheimnissen unabkömmlich ist. Im Fall der Ablehnung eines Konkurrenten als Schiedsrichter hat das Gericht einen solchen Ausnahmefall gesehen. Treffen die Parteien allerdings eine Vereinbarung über das Ablehnungsverfahren gemäß § 1037 I ZPO, können sie damit den Schiedsrichter von dieser Entscheidung ausschließen, die Entscheidung einem anderen Gremium übertragen oder das Vorschaltverfahren gänzlich abbedingen und damit den Weg zum zuständigen OLG freimachen.
6. Vor Konstituierung des Schiedsgerichts finden zur Ablehnung eines Schiedsrichters die Maßnahmen der §§ 1035 IV und 1032 II ZPO Anwendung. Hier entscheidet unmittelbar das zuständige OLG über die Ablehnung des Schiedsrichters. Diese Maßnahmen finden bei der Bestellung eines Konkurrenten zum Schiedsrichter Anwendung, weil die Ablehnungserklärung regelmäßig vor Konstituierung des Schiedsgerichts erfolgen wird. Mit den Verfahren

683 Siehe dazu noch einmal Stein/Jonas/Schlosser, § 1036, Rn. 16.

gemäß § 1035 IV ZPO und § 1032 II ZPO kann eine Partei unmittelbar auf die Bestellung eines Konkurrenten reagieren. Auf diese Weise ist auch eine harmonische Abgrenzung der verschiedenen Ablehnungsverfahren möglich. Die Ablehnungsvorschriften der §§ 1036, 1037 und 1038 ZPO sind auf eine Ablehnung nach Konstituierung des Schiedsgerichts zugeschnitten.

7. Mit keinem der Ablehnungsverfahren kann verhindert werden, dass Partei und Schiedsrichter von der Bestellung des Schiedsrichters bis zur Entscheidung des Ablehnungsantrages miteinander in Kontakt treten. Eine solche Kontaktaufnahme ist bis zu einem gewissen Maß zulässig und stellt damit eine Gefährdung für die Vertraulichkeit der betroffenen Geschäftsgeheimnisse dar. Der Kontakt zwischen Partei und Schiedsrichter kann aber mit einer einstweiligen Verfügung unterbunden werden. Dem Antragsgegner wird dafür untersagt, bis zu einer Entscheidung des zuständigen staatlichen Gerichts mit dem von ihm benannten Schiedsrichter zu kommunizieren.
8. Eine solche einstweilige Verfügung ist zulässig. Zuständig für den Erlass der einstweiligen Verfügung ist im Regelfall sowohl das staatliche Gericht als auch das Schiedsgericht. Vor der Konstituierung des Schiedsgerichts lässt sich die parallele Zuständigkeit aus Gründen des effektiven Rechtsschutzes auch nicht vertraglich abbedingen. Mit Hilfe einer ausdrücklichen und expliziten Vereinbarung steht es den Parteien frei, die Zuständigkeit des staatlichen Gerichts für einstweilige Verfügungen für den Zeitraum nach Konstituierung des Schiedsgerichts abzubedingen. Zuständig ist dann ausschließlich das Schiedsgericht.
9. Zulässig ist die einstweilige Verfügung auch deshalb, weil die Kontaktsperre zwischen Partei und Schiedsrichter nicht mit der Sperrwirkung des § 1026 ZPO kollidiert. Das staatliche Gericht erteilt dem Schiedsgericht mit der einstweiligen Verfügung keine Weisung. Der Schiedsrichter ist – auch bei Erlass der einstweiligen Verfügung – in seinem Verhalten weiterhin ungebunden. Allein die betroffene Partei hat sich strengstens an die Verschwiegenheitsverpflichtung zu halten.
10. Die einstweilige Verfügung ist auch begründet. Bei der Abwägung überwiegt der Anspruch des Antragstellers auf Bewahrung der Geschäftsgeheimnisse gegenüber dem Anspruch des Antragsgegners auf zügige Durchführung des Schiedsgerichtsverfahrens unter Mitwirkung des von ihm benannten Schiedsrichters. Zudem hat die beantragte Verfügung auch tatsächlich nur vorübergehende Wirkung bis zur Entscheidung in der Hauptsache über die Ablehnung des Schiedsrichters. Der Antragsgegner ist allein für die Dauer der einstweiligen Verfügung daran gehindert, mit dem Schiedsrichter und dem

Schiedsgericht zu arbeiten. Die bis zur Entscheidung untersagten Handlungen können anschließend nachgeholt werden.

11. Die abschließende Frage, welchen Schiedsrichter eine Partei bestellen kann, wird maßgeblich durch den Inhalt des Schiedsvertrages bestimmt. Enthält dieser nur unvollständige Regelung, begrenzen die vertraglichen Treuepflichten, bei gesellschaftsinternen Auseinandersetzungen insbesondere die gesellschaftsrechtliche Treuepflicht, die Auswahl der zur Verfügung stehenden Schiedsrichter. Bei der Bestellung von Schiedsrichtern unter Berücksichtigung der gesellschaftsrechtlichen Treuepflicht kommt insbesondere der Verschwiegenheitspflicht eine besondere Bedeutung zu. An der Schweigepflicht scheitert dann auch die Bestellung des Konkurrenten. Der Schiedsrichter kann die Schweigepflicht nicht einhalten, weil er unteilbar ist. Er kann gegenüber dem Konkurrenten nicht schweigen. Wurde daher ein Konkurrent in einer Auseinandersetzung zum Schiedsrichter bestellt, die Geschäftsgeheimnisse zum Gegenstand hat, kann er abgelehnt werden.
12. Unvollständige Schiedsvereinbarungen, insbesondere in ad-hoc-Schiedsverfahren, bleiben auch nicht ohne Auswirkungen auf die Dauer des Schiedsverfahrens. Im geschilderten Fall ist es die Unterbindung des Informationstransfers einer Partei an ihren Schiedsrichter, die auch aufgrund der beantragten einstweiligen Verfügung zu einer zeitlichen Belastung des Schiedsverfahrens führt. Ein die Interessen der Parteien berücksichtigendes Schiedsgerichtsverfahren benötigt daher seine Zeit, damit das Gericht nicht nur rasch, sondern auch richtig entscheidet. Eine bedeutende Rolle spielt dabei die Vollständigkeit der Schiedsgerichtsvereinbarung. Regeln die Parteien darin ihre Vorstellungen vom Schiedsgerichtsverfahren präzise und umfassend, lassen sich bereits im Vorfeld viele Unstimmigkeiten vermeiden.684
13. Sind in einem Schiedsgerichtsverfahren Geschäftsgeheimnisse einer Partei Gegenstand der Auseinandersetzung, werden diese im Fall der Bestellung eines Konkurrenten bereits bei dessen Bestellung verletzt. Im worst-case-scenario setzt sich dieser Verlust bis zur Erlangung der einstweiligen Verfügung fort. Das ist für die betroffene Partei schlimmer als eine Beteiligung der Öffentlichkeit, weil die sensiblen Informationen unmittelbar in die Hände eines Konkurrenten gelangen. Das Schiedsgerichtsverfahren kann bei der Verhandlung von verschwiegenheitspflichtigen Interna daher den Trumpf der besonderen Vertraulichkeit nicht ausspielen, wenn Konkurrenten als Schiedsrichter bestellt wurde.

---

684 MüKoZPO/Münch, Vor § 1025, Rn. 53.

II. Entwurf einer Schiedsvereinbarung

Bei der Erstellung eigener Schiedsklauseln besteht nach den Angaben der IHK Frankfurt die Gefahr deren Nichtanerkennung durch das Gericht.[685] Gleichwohl soll hier der Entwurf einer Schiedsvereinbarung, die Rücksicht auf die Interessen der Parteien in dem hier dargestellten Sinn nimmt, dargestellt werden.

Besetzung des Schiedsgerichts

(1) Das Schiedsgericht besteht aus dem Obmann und zwei Schiedsrichtern.
(2) Jede Partei darf einen Schiedsrichter bestellen. Von einer Partei dürfen als Schiedsrichter nur Rechtsanwälte bestellt werden.
(3) Die gemäß Absatz 2 gewählten Schiedsrichter haben den Obmann zu wählen.
(4) Vom Amt des Schiedsrichters ist ausgeschlossen,
   1. wessen Geschäftsfeld in seiner tatsächlichen Ausübung eine solche Ähnlichkeit mit dem einer Partei aufweist, dass er selbst von den im Schiedsverfahren offenbarten Informationen profitieren kann.
   2. …

Ablehnung eines Schiedsrichters

(1) Ein Schiedsrichter kann abgelehnt werden, wenn Umstände vorliegen, die berechtigte Zweifel an seiner Unparteilichkeit oder Unabhängigkeit aufkommen lassen. Das Ablehnungsgesuch steht in jedem Falle beiden Parteien zu.
(2) Über das Ablehnungsgesuch entscheidet das Schiedsgericht weder in der Beratung noch in der Entscheidung ohne jegliche Mitwirkung des abgelehnten Schiedsrichters.

Abwandlung 1

(2) Über das Ablehnungsgesuch entscheidet unmittelbar und ohne weitere Zwischenschritte das HansOLG Hamburg.

Abwandlung 2

(2) Über das Ablehnungsgesuch entscheidet das Ständige Schiedsgericht der Rechtsanwaltskammer Frankfurt am Main.

III. Ausblick

Parteien, die mit den Einzelheiten des Schiedsgerichtsverfahrens nicht vertraut sind oder sich nicht ausreichend qualifiziert mit der Ausarbeitung – auch unter

685 Mit Verweis auf die DIS, http://www.frankfurt-main.ihk.de/recht/themen/streitbeilegung/schiedsgericht/klausel/.

Hinzuziehung fachkundiger Beratung – einer umfassenden Schiedsvereinbarung befasst haben, haben letztlich zwei Optionen: Sie sollten die Auseinandersetzug entweder einer standardisierten Schiedsverfahrensordnung unterwerfen[686] oder von vornherein den ordentlichen Gerichtsweg einschlagen. Die Wahl des ad hoc-Schiedsgerichts mit seinen großen rechtlichen Gestaltungsspielräumen setzt Erfahrung beim Verfassen von Schiedsvereinbarung, Schiedsrichtervertrag und der Schiedsverfahrensordnung voraus.[687] Das gilt umso mehr, weil Schiedsvereinbarungen regelmäßig nur im worst-case Anwendung finden und daher besonders präzise sein müssen. Ohne vorherige Erfahrung oder zumindest aber einer eingehenden Auseinandersetzung mit den Möglichkeiten im Bereich des Schiedsgerichtswesens lässt dieses Verfahren den Parteien zu viele Freiräume, als dass sie in der Lage wären, es zu planen oder geschweige denn zu kontrollieren. Vor diesem Hintergrund schneiden sich die Parteien ins eigene Fleisch, wenn sie entweder schlicht vereinbaren, sämtliche Streitigkeiten einem Schiedsgericht zu unterwerfen oder sogar eine vollständig eigene Schiedsvereinbarung entwerfen wollen. Vielmehr sind sie gut beraten, auch im Falle eines ad hoc-Schiedsgerichts eine Standardverfahrensordnung zu wählen, die sie nach eingehender Analyse für zweckmäßig halten.[688] Damit befreien sich die Parteien von der Pflicht, eine eigene Verfahrensordnung zu entwerfen, die – mangels ihrer Erfahrung – häufig ihren eigenen Anforderungen nicht standhält.[689]

Aufgrund der aufgezeigten Gefahren, die sich aus unvollständigen Schiedsvereinbarungen für die Interessen der Schiedsparteien ergeben können, ist in diesem Bereich ein Umdenken angeraten. Die nicht selten vorherrschende Herangehensweise an das Schiedsverfahren wird weder den Möglichkeiten des Schiedsverfahrens, noch seinen Gefahren und erst recht nicht den betroffenen Interessen der Parteien gerecht. Die vom Gesetzgeber in den §§ 1025–1065 ZPO großzügig eingeräumte Flexibilität wirkt sich daher in vielen Fällen zum Nachteil der Schiedsparteien aus. Aus diesem Grund erübrigt sich ein Vorwurf an den Gesetzgeber, weil er die am Schiedsverfahren beteiligten Parteien mit ausreichenden Kompetenzen ausgestattet hat, um ihren Konflikt in ein interessengerechtes Verfahren zu betten. Der Appell richtet sich vielmehr an die Beteiligten, in Zukunft die ihren Geschäften gewidmete Aufmerksamkeit und Sorgfalt auch auf ihre Schiedsvereinbarungen zu übertragen.

686 Kröll, SchiedsVZ 2003, S. 83.
687 Schütze, Rn. 38.
688 Schütze/Tschernig/Wais, Rn. 26, 27.
689 Schütze/Tschernig/Wais, Rn. 27.

www.ingramcontent.com/pod-product-compliance
Ingram Content Group UK Ltd.
Pitfield, Milton Keynes, MK11 3LW, UK
UKHW041830290926
8980IPUK00013B/939

9 783631 650844